U1000350

深圳市人文社会科学重点研究基地成果
国家高端智库综合开发研究院（中国·深圳）出品

飞地经济研究

基于区域合作和可持续发展的视角

刘 祥 郭 毅◎著

Enclave Economy

A Perspective of Regional Cooperation and Sustainable Development

中国经济出版社
CHINA ECONOMIC PUBLISHING HOUSE
北 京

图书在版编目（CIP）数据

飞地经济研究：基于区域合作和可持续发展的视角 / 刘祥，郭毅著．--北京：中国经济出版社，2024.9.

ISBN 978-7-5136-7882-7

Ⅰ．F127

中国国家版本馆 CIP 数据核字第 2024FV3922 号

责任编辑　赵静宜
责任印制　马小宾
封面设计　久品轩

出版发行　中国经济出版社
印 刷 者　北京艾普海德印刷有限公司
经 销 者　各地新华书店
开　　本　710mm×1000mm　1/16
印　　张　18.25
字　　数　290 千字
版　　次　2024 年 9 月第 1 版
印　　次　2024 年 9 月第 1 次
定　　价　98.00 元
广告经营许可证　京西工商广字第 8179 号

中国经济出版社 **网址** http：//epc. sinopec. com **社址** 北京市东城区安定门外大街 58 号 **邮编** 100011

本版图书如存在印装质量问题，请与本社销售中心联系调换（联系电话：010-57512564）

版权所有　盗版必究（举报电话：010-57512600）

国家版权局反盗版举报中心（举报电话：12390）　　服务热线：010-57512564

顾问委员会

主　任：刘　祥

副主任：曲　建　郭　毅　陈颖仪

委　员：刘容欣　钱　成　陈昱江　尹小蒙
陈　健　张哲韬　肖　盛　时　鲲
张静越　王　振　黄　睿　刘建党
贾清利　付永嘉　杨　兴

序言一　飞地经济可持续发展与利益平衡机制

“飞地”的概念早在1526年罗马帝国与法国所签订的《马德里条约》里就有表述。《现代汉语词典》的解释是，“位居甲地区而行政上隶属乙地区的土地”“指甲国境内的隶属乙国的领土”。《土地大辞典》则将飞地解释为“一个单位的土地与其成片土地相分离，而坐落于其他单位土地范围内的零星土地。这类土地应经有关单位协商，予以调整，以利用土地”。飞地经由有关区域或者部门共同研究、决策，在此基础上进行调整，按照规定进行使用。两地地理上是相互分隔的，但在职能、发展、管理上保持着紧密联系。

飞地经济（Enclave Economy）指经济发展有比较大差距且独立的两个地区，通过一定的行政体制来超越空间的阻隔以促进双方的经济增长——它改变了原来旧有的行政条件限制，是有助于两地经济发展以及资源互补的一类新的区域合作经济发展模式。它突破了原有行政区划，是一种通过跨空间的行政管理和经济开发，实现两地资源互补、经济协调发展的区域经济合作模式。

飞地经济的产生源于地方经济社会发展的现实需求，通常是飞出地将资金和项目转移到飞入地，双方达成飞地经济合作协议，对规划、建设、管理和税收等事权进行分配，飞出地政府对飞入地享有一定的经济事务管辖权，从而实现各方的互利共赢。当前我国多地已开展了飞地经济合作，是区域合作与发展的新路径。

过去，飞地经济更多强调发达地区将一部分生产制造环节在异地布局，形成飞地，进行“本土总部研发+飞地生产制造”的分工协作，这是留着生产环节的分工。随着时代的发展，飞地经济出现了新的内涵，飞地经济不仅在传统制造领域开展合作，还开始在科技创新领域开展合作。通过科技创新的飞地经济，对接全球创新资源，构建全球创新网络体系。飞地管理体制主要指管理系统的机构和组成方式，其以一种合理的组织形式整合两地管理系统，通过一定的手段、方法来实现管理的任务和目的，核心构成要素包括权责体系、组织结构体系、运行机制、规章制度等。

当前，各地都在探索发展飞地经济模式，通过区域协作立法和跨区域协调组织来为行政管辖权提供合法性依据成为普遍的路径。飞入地政府为了获得合法性依据往往会通过飞入地与飞出地的共同上级政府进行经济事务管辖权的授予与让渡，最大限度上避免出现“通过协议方式来创造出具有管辖权的行政机关”的局面。两地协议在双方合作治理和权责划分方面的作用逐渐增强，聚焦利益共享、责任共担，形成了飞地经济协议为主、跨区域协调组织为辅的两地合作治理飞地的主要机制，并在持续创新拓展中。

实践证明，利益平衡问题是制约飞地经济的核心因素之一，也是当前大部分飞地产业园区运行效果不佳和难以持续的主要原因。目前，鲜有学者针对飞地经济构建多元化盈利模式和利益共享机制，以及中央层面如何加强顶层设计引导地方发展政策等问题，提出有效路径和科学建议。

盈利模式和商业模式是飞地经济利益平衡机制的两个核心问题，需要深入研究。飞地经济本身很难盈利，需要多从园区之外做文章，注重“小平衡”，更要“大平衡”。以推动飞地产业园区可持续发展为总体目标，统筹园区内和园区外两个市场的可经营性资源，分阶段做到项目平衡、财务平衡和经济平衡，挖潜“开发建设+特许经营+城市运维+增量共享”四种合作路径，构建集“土地经济、设施经济、房产经济、服务经济、商务经济、产业经济”等六大业务于一体的多元化园区盈利模式，推动飞地产业园区的可持续发展。

飞地园区的建设过程中，既需要算政治账、算社会账，也需要算飞地园区的“大账”（园区外平衡）和“小账”（园区内平衡），需要强化顶层设计、统筹兼顾。充分挖潜飞地园区合作资源，在传统土地开发、物业开发的基础上，寻求城市基础设施开发、水电燃气等能源设施特许经营、优质产业项目投资、数字城市智慧城市运营服务等，长期为园区和城市提供投资、建设、运营服务，最大限度满足项目投资收益需求。实现飞地经济的可持续发展，需要消除传统房地产依赖路径，多渠道挖潜收益来源。

因此，本书围绕利益平衡机制问题，从“财务账、经济账、社会账”等多个方面思考如何突破现行区划的行政壁垒和统计体系障碍，明确财税分成机制，构建多元化盈利模式，为推进飞地经济可持续发展，提出一系列政策建议。

序言二　建议中央加强统筹，开展飞地园区试点，逐步推进跨区域利益共享机制改革

我国存在区域发展不平衡、不协调的难题，长期困扰我国经济增长和高质量发展。《中共中央关于进一步全面深化改革　推进中国式现代化的决定》要求构建跨行政区合作发展新机制，深化东中西部产业协作。飞地园区一般指在两地政府共同指导下，发达地区在欠发达地区投资、建设、运营和管理的跨行政区域产业园区。截至 2023 年底，全国飞地园区数量约 800 个，但总体运行效果不佳，核心问题是缺乏中央层面的财税分成政策指导，尚未建立跨区域的利益共享机制，飞出地不能跨行政区域分享 GDP、税收等指标，导致其积极性不高。再加上房地产开发行情下行，园区开发内部收益率（IRR）远低于市场水平，飞地园区难以持续。

一、飞地园区是当前推动跨区域合作，解决区域发展不平衡问题的重要抓手

飞地园区是两地打破行政区划界限，在特定区域合作建设开发各种产业园区，通过规划、建设、管理和利益分配等合作及协调机制，实现互利共赢的区域经济发展模式。飞地园区一般以制造业为主要业态。

飞地园区的建设是双赢的。对于飞出地而言，能够解决当地土地资源紧张、生产成本高昂、市场空间有限、企业无序外迁的难题。对于飞入地而言，能够解决开发资金不到位、提高土地产出、开拓当地市场，提升园区招商和运营能力。飞出地与飞入地的合作，有助于双方取长补短、互利共赢，实现

可持续发展。以深圳为例，深圳“7+6”[①] 飞地园区体系中，飞地园区工业用地面积超过 300 平方千米，相当于再造一个“深圳工业基地”；飞地园区地均产值、税收高出当地周边区域 3 倍以上，有助于提升当地产业发展水平。例如，汕尾市与深圳市合作建设深汕合作区，通过飞地经济带动，主动对标深圳营商环境，大力招商引资，飞地经济本身及其溢出效应明显，在飞地园区发展的同时实现溢出效应，经济增速近 5 年一直居广东省前茅，GDP 排名 5 年上升 4 位。

实践证明，从目前全国飞地调研来看，无论是飞出地政府还是飞入地政府，对飞地合作都有强烈的需求，特别是飞入地——飞地经济的溢出效应是巨大的。飞地经济对破解区域不平衡问题，实现“先富带动后富”具有重要意义。

二、飞地园区盈利能力弱，如果没有利益分成激励机制，很难长期持续发展

由于飞地园区以工业园区为主，普遍投资大、回收期长，盈利能力弱，且传统房地产模式已难以为继，导致全国飞地园区内部收益率普遍偏低或出现亏损。目前飞地园区的收益来源主要是工业厂房的出租和出售，以及一部分园区增值服务。

以某飞地园区为例，园区规划面积 1500 亩，工业厂房建筑面积 68.25 万平方米。按照工业用地 40 万元/亩，建安成本 3700 元/平方米；厂房 50%出售，售价 3800 元/平方米；厂房 50%出租，租金 20 元/平方米/月计算。按照 8 年建设期，22 年运营期计算，项目总投资 50.26 亿元，包括土地成本 5.84 亿元，建安成本 39.32 亿元，利息成本 5.10 亿元。收入合计 65.30 亿元，其中销售收入 30.82 亿元，租金收入 29.96 亿元。项目静态收益-14.89 亿元。项目整体内部收益率（动态）小于 0。

对此，结合中央对飞地经济的政策指引，各飞地城市纷纷探索利益分成

① 深圳对外合作的飞地为“7+6”，包括 7 个省内城市和 6 个省外城市。省内城市分别为汕头、潮州、河源、汕尾、中山、江门和惠州，省外城市分别为赣州、南宁、广安、喀什、哈尔滨、海南（儋州）。

机制，约定一段时间内，按照“成本共担、利益共享”的原则，将园区的税收分成作为对飞地产业园区的盈利补充，一般协议约定发展初期（一般约定前10年）GDP、税收留存当地，运营期按照比例分成。双方希望通过利益共享的机制，保障飞地园区的长期可持续发展。

深圳目前推进的“7+6”飞地园区财务测算显示，在没有利益分成的条件下，平均内部收益率为2.1%，远低于市场主体6%的社会平均收益率要求。通过实施利益共享机制后（前10年税收全部留存当地，后20年税收两市五五分成），内部收益率基本达到5%~6%，具备开发可行性。

三、中央层面出台了飞地经济指导性文件，但没有实施细则，地方执行缺乏依据

2017年国家发展和改革委员会等八部门联合印发的《关于支持飞地经济发展的指导意见》指出，在政府内部考核时，对于地区生产总值、工业总产值、固定资产投资额、进出口额、外商投资额等经济指标，允许合作方综合考虑权责关系和出资比例，以及能源消费、污染物排放等资源环境因素，进行协商划分。该文件为指导性文件，仅提出利益分成的方向，未明确分成机制，且强调仅为政府内部考核使用。因此，在实践执行过程中，该规范性文件不能为地方政府让渡部分经济事务管辖权提供直接的法律依据。很多飞地经济模式仍然需要通过区域协作立法和跨区域协调组织来为行政管辖权提供合法性依据。

在财税分成方面，2015年财政部和国家税务总局出台了《京津冀协同发展产业转移对接企业税收收入分享办法》，支持京津冀地区实施增值税、企业所得税、营业税三税地方分成，且仅限规模以上企业，具体企业名单由迁入地区、迁出地区省级政府分别统计、共同确认。这一文件对于明确飞地园区利益分成具有较大突破，但有其局限性，文件仅针对京津冀地区，没有明确其他地区是否适用该政策。此外，企业认定缺乏明确的操作流程，使得地方执行时难以确定具体步骤和程序，导致执行效率低下，增加了执行成本。企业迁出缺乏明确的监管规则，导致监管难度增加，地方政府难以有效地监督企业转移的执行情况，难以确保政策的有效性和公正性。

四、建议中央加强统筹，开展飞地园区试点，逐步推进跨区域利益共享机制改革

一是建议国家发展和改革委员会联合财政部、国家税务总局、国家统计局等实施飞地园区备案管理，每年认定一批具有合作基础、合作意愿的飞地园区（白名单制度），开展利益共享改革试点，推动跨区域合作利益分成先行先试，有效解决区域合作难题。经备案的跨省、跨市飞地园区可以实现 GDP、税收分成，实现干部的跨省、跨市任职（仅限飞地园区管委会）。督促各省、市出台支持飞地经济利益共享的实施细则，明确飞地操作流程、分成比例等关键要素，细则应包括具体的执行步骤、确认机制、监管措施等内容，推动飞地园区利益分成政策落地。

二是争取国家对备案的飞地园区给予一定政策倾斜。备案的飞地园区实行用地计划指标重点保障，优先安排省/自治区级预留建设用地指标。鼓励政策性金融机构结合职能定位和业务范围加大对飞地园区的支持力度，鼓励商业性金融机构通过市场化方式积极参与飞地园区建设发展，支持符合条件的飞地园区重点企业上市融资。支持省/自治区的税收分成部分或全部留存于飞地园区。

三是优化飞出地考核激励机制。建议国家在对飞出地的考核中加入城市辐射带动力的考核指标，将带动飞地产业园区建设的数量、质量作为考核依据。探索完善飞出地 GDP 的统计和考核机制，除考核飞出地自身 GDP 外，还将考核带动飞地园区的 GDP 增量汇总值。

四是加强飞地园区评估督促。国家发展和改革委员会要加强对备案飞地园区的统筹协调，会同有关部门跟踪工作进展，组织开展工作成效评估，对于积极主动开展工作并取得明显成效的地区，给予通报表扬并通过适当方式予以鼓励。督促各省市开展飞地园区的政策宣讲和业务培训工作，建立年度评估和督促落实机制，确保将各项任务落到实处。

目　录

第一章　飞地经济的理论研究

飞地经济是指在行政上互不隶属的两个及以上地区，打破行政区划界限，以各类开发区为主要载体，在平等协商、自愿合作的基础上，以生产要素的互补和高效利用为直接目的，在特定区域合作建设开发各种产业园区，通过规划、建设、管理和利益分配等合作与协调机制，实现互利共赢的区域经济发展模式。对飞地经济的研究已成为国内外公共治理领域的热点，在我国区域协调发展战略提出后，国内学者对飞地经济的内涵、特点、类型、发展条件提出了完整的理论体系，各地政府在实践中也积极应用，推动了飞地经济的发展。

第一节　研究背景

1. 飞地的概念

所谓飞地（Enclave），原指远离本国领土用于外交、军事、科学或其他目的的地块。20 世纪 70 年代之前，有关“国家空间”的概念根植于威斯特伐利亚式的地缘政治秩序中，被理解为固化的、封闭的、天然的实体容器。20 世纪 70 年代以后，伴随以满足个性化需求为目的，以信息和通信技术为基础，生产过程和劳动关系都具有灵活性（弹性）的后福特制的出现、全球化的扩张，以及区域主义和地方主义等保守主义的兴起，一部分持有激进理念的城市主义学者突破国家空间传统界限，通过辩证的思维理解空间动态转化的过程，将对国家空间的思考聚焦到了两个核心议题，即空间尺度重构和地域管理重构。空间尺度重构侧重强调权力关系在不同地域组织上的变化，地域管理重构则更注重社会关系在特定地理空间的变化，二者共同反映了权力、社会与空间的互动变化。有关“尺度”的概念，最早应用于地理学中的制图测量方法，其本质具有客观性、固定性和工具性。20 世纪 70 年代开始，一些学者基于列斐伏尔（Lefebvre）的空间生产理论，进一步提出作为空间维度的尺度同样具备社会建构和社会生产的人文含义。泰勒（Taylor）提供了“城市—国家—世界”垂直嵌套的多尺度分析框架；史密斯（Smith）首次提出“尺度政治”的概念，通过案例研究阐述了利用尺度的扩张以达成某种政治目的，即尺度政治的基本过程。

20 世纪 90 年代，对传统尺度概念的批判性认知在地理学、政治学、社会学等多个领域引起了更为广泛和集中的讨论，空间尺度不再被视为客观存在的物质实体，而是越来越多地被视为社会建构和政治策略语境下的历史产物。到了 21 世纪，一些学者开始反思尺度在方法论上的局限性，即对尺度单一维度的泛化使用容易造成对现实解释的过度简化，进而从多重维度出发，对尺度与政治地理学中其他社会空间概念进行整合。杰索普（Jessop）积极倡导“尺度转向”，主张更加系统地认识多种形式的社会空间关系，将地域（Territories）、地方（Places）、尺度（Scales）、网络（Networks）四个维度整合为“TPSN 框架”。“地域”则是地理学中的传统概念，指具有明确边界范围的空间。自 20 世纪 70 年代起，基于地域视角的研究经历了从相对静态向历史维度的转变，开始承认地域的动态性，不再把地域看作一个由单一组织支配的固定范围。过程性描述的词汇开始大量出现并被广泛应用，“地域化”（Territorialization）、“去地域化”（Deterritorialization）等在理论著作中日益突出，时间性开始成为地域重构中不可缺少的重要维度。在 20 世纪 80 年代全球化兴起的背景下，许多西方学者开始强调社会、经济和政治关系与地域先决条件的明显脱离。例如，有学者认为“流动空间”正在取代“场所空间”、地域甚至地理本身正在被消灭、国家边界已经变得无关紧要，变得多余或过时。但是，他们忽略了当前全球化是基于相对固定的地域范围开展的现实情况，因而被一部分学者批判。例如，哈维（Harvey）提出，相对固定的地域空间结构与空间生产的“再地域化”（Reterritorialization）。布伦纳（Brenner）则认为，全球化是一个双刃的辩证过程。一方面，产品、金融资本、信息和劳动力的地理性流动不断扩大和加速；另一方面，相对固定和不可移动的地域性基础设施被不断生产或优化，为要素流动提供了基础条件。

飞地经济是一种市场经济行为，各地主要根据以市场为导向的原则，跨地区整合土地、劳动力等资源，降低开发区的运营成本。飞出地通过输出资金和经验去管理位于飞入地的飞地，把可梯次转移的产业有序向飞地延伸或转移，以降低整体营商成本，摆脱自身产业发展空间不足的困境。飞出地将开发和管理土地资源的经验运用到飞入地，以提高土地的集约利用率，合理有效地利用土地。它具有政治、城市、文化和经济等多种含义，本书讨论的飞地指在区域经济发展过程中形成的与原来区域在空间上相分离、在内容上相联系的地区。

飞地经济发展模式广泛应用在开发区建设中，土地资源有限但经营较成功的开发区为突破现有土地空间不足的限制，选择跨区域进行空间上的扩张，突破行政区划限制，引导企业和项目放到非自身管理的其他区域内的开发区，由异地政府提供土地，飞出地的开发区建设运营主体负责土地的开发和区域的规划、发展、经营和管理等，并建立合理的利益机制，在利益共享的基础上推动飞地产业发展，带动当地经济发展，达到互利共赢的目的。与传统的开发区发展模式相比，飞地经济发展模式具有以下四方面特征：

（1）飞出地和飞入地在空间上是分离的

土地空间是任何园区发展的基础，持续扩张并不断复制推广成功经验、创造出更大的价值既是开发区的内在要求，也是我国区域经济协调发展的要求。由于当地土地资源规模的限制，开发区在开发完成后，大多无法在原地址进行扩张。因此，开发区选择在区域之外建立飞地，寻找更为低廉的土地成本和劳动力成本，同时靠近市场和资源——采取各种不同的形式开发飞地成为必然选择。土地资源的限制条件形成了飞地经济的主要特征之一——两地空间上的分离性，即两地在行政上隶属不同的地区。例如，原位于南山区的深圳高新区选择在坪山区扩区；武汉市汉江经济开发区选择在东西湖区建立园外园；等等。

（2）飞出地和飞入地在营商环境方面存在差异性

由于飞入地和飞出地处于不同的行政区，经济发展水平和营商环境都不相同，故两地在区域发展建设中必然存在某些软环境和硬环境之间的差异，例如社会环境、人文环境、思想观念、政策环境以及政府治理等软环境方面的差异，以及区域发展水平、基础设施等硬环境方面的差异。这将成为开发区跨区域发展的不利因素，例如在开发方式的选择、资金的投入、项目的引进、配套服务的提供、政府的支持等方面产生分歧和困难，在一定程度上带来发展的风险。

（3）飞出地和飞入地优势具有互补性

开发区在选择新的发展空间时将综合考虑如资源禀赋、经济潜力、社会环境和政策等各种影响因素，以达到扬长避短、拓展空间和降低成本的目的。选择的飞入地必然与飞出地存在互补性，以发挥各自的不同优势，促进两地的共生、共赢和共荣。例如，襄樊高新技术开发区不乏品牌、资金、经验和客户，但缺少继续发展的空间。选择土地资源相对丰富的襄樊汽车产业经济技术开发区进行资源整合和飞地发展，恰能弥补它的劣势，同时能让飞地享受自身拥有的国家级的品牌、政策以及管理经验，也极大地促进了当地的经济发展。

（4）飞出地和飞入地产业具有关联性

国内的知名开发区在产业发展上积累了丰富的片区和园区开发运营的经验和产业资源，形成了强大的品牌力和虹吸能力。规模扩张后，开发区将根据实际情况向飞入地导入自身的优势产业资源，对原有产业进行延伸和转移，发挥飞入地原有的产业管理和招商优势。两地开始分工协助，各有侧重，飞出地侧重研发设计、供应链、总部等高层次人才和完善配套相关联的产业环节或企业核心职能，飞入地则致力需要占地较大、依赖低成本劳动力的制造环节，在两地之间形成相得益彰的产业协同体系。例如，上海的闵行经济技术开发区选择在南汇区的临港扩区，并在扩区部分延伸和发展闵行经济技术开发区已经形成的装备制造业优势，形成若干产业特色鲜明的装备制造业产业集群。

2. 飞地中的产业链

（1）产业链定义

产业链是产业经济学中的一个概念，属于产业关联理论的内容。一般而言，产业链是指在分工条件下产业之间基于技术经济联系而客观形成的链条式关联形态。它是一种基于分工经济的产业组织形态，是产品生产过程中各环节的分工合作关系。产业关联是形成产业链的必要条件，技术经济联系是产业链形成的基础。从形态上看，产业链表现为纵向上下链接、环环相扣。

产业链有狭义和广义之分。从产业活动过程来看，狭义产业链是指在产品生产过程中各个加工制造环节基于技术经济联系而形成的链式关联形态，也可称为加工制造产业链。广义产业链则是指在产品生产和服务的全过程中所形成的链式关联形态，也称全产业链或全程产业链。全产业链由设计研究、制造加工、流通营销三个链段构成。

从产业链所体现和反映的链式关联关系来看，狭义产业链体现和反映的是产品生产过程中的技术经济关联。由于产品的生产过程也是产品价值的链式增值过程、上下游加工制造环节之间的供应过程、上下游企业之间的组织过程以及产品加工制造环节的空间配置过程，因而由技术经济关联引至价值关联、供应关联、企业关联和空间关联，由此引申出价值链、供应链、企业链和空间链。因此，广义产业链既包括产品生产过程中的技术经济关联，也包括由此形成的价值关联、供应关联、企业关联和空间关联。也即广义产业链在狭义产业链的基础上还包括由此形成的价值链、供应链、企业链和空间链。产业链概念能够从多个角度反映和揭示产品生产过程和产业间的关联关系。

①反映和揭示生产过程中产业之间的上下游逻辑关系。产业链反映的是产业间的纵向关联性，因而产业链是有方向的。通过产业链的方向性可以反映和揭示产业之间关联的逻辑关系，由此引申出上游产业与下游产业、前端产业与后端产业的概念。绘制产业链线路图有助于全面反映该产业链的产业关联逻辑关系和线索。

②反映和揭示资源加工的深度。产业链的长度反映了对资源加工的程度，由此引申出产业链条长与短的概念。产业链条越长，表明加工可以达到的程度越深。产业链的长短也反映了该产品生产过程中分工组织的复杂程度。通过产业链长度所反映的资源加工深度也可反映其生产产品的属性：初级产品、中间产品、最终产品。

③反映和揭示产业间关联的程度。产业链是产业关联程度的表达，这种关联程度通过技术的紧密程度、供需的紧密程度、企业之间组织联系的紧密程度以及空间联系程度反映出来，形成关联程度紧密或关联程度松散的产业链。技术关联性越强，产业链的链接（连套）越紧。产业的技术经济链接，一方面反映了产业链链接的紧密程度和连套扣紧的程度，技术性越强，连套

扣紧的程度越高；另一方面反映了产业链的宽度，技术性越强，可替代性越低，产业链的群体规模越小，链条的宽度越窄。

④反映和揭示产品制造加工的价值附加过程。产业链中的每一环节都是对上一环节的价值累加，但处于不同环节的价值累加是不同的。一般而言，下游环节价值累加高于上游环节价值累加。

⑤反映和揭示关联产业的空间分布。产业链是各个产业部门之间基于一定的技术经济关联，并依据特定的逻辑关系和时空布局关系客观形成的链条式关联关系形态。产业链所反映的产业关联性需要通过一定的时空布局来反映和体现。产业链使不同的产业或企业形成一个集合，这个集合既可能落在一个区域内，也可能落在几个区域内。因此，产业链与空间集聚以及地域分工、区域分工有着密切的关系。产业链在区域内部的链接就是产业的空间集聚，在区域之间的链接就是区域间的分工协作。区域产业链条的研究深入区域产业系统内部，分析区域内部和区域之间各产业部门之间的链条式关联关系，探讨城乡之间、区域之间产业的分工合作、互补互动、协调运行，以及产业链的构建与延伸等。产业链是以产业合作为实现形式和内容的区域合作载体。如果将产业环视为点，那么产业链就是线。这些点可能分布在同一个地理空间，也可能分布在不同的地理空间。产业环在同一地理空间的链接就是空间集聚（集聚的好处之一是促进关联产业形成产业链），产业环分布在不同地理空间，就需要通过区域间的分工协作完成链接（连套）。

（2）产业链与其他链条关系

产业链所反映的产品制造加工过程中的链式技术经济联系，同时包含和体现出产品制造加工过程中的价值关联、企业关联、供需关系和空间关联。

①产业链与价值链。产品的生产制造过程也是产品价值的创造过程。产业链中的每一个生产制造环节都是对上一环节的价值累加，由此形成了以累加为特征的价值链。一方面，产业链的不同环节创造的价值量和形成的价值增值不同，由此形成了价值链的高端和低端。另一方面，处于产业链不同环节的价值累加也不同，一般而言，下游环节价值累加高于上游环节价值累加。

②产业链与供应链。从产业链各环节的产销关系来看，上一环节的产出品是下一环节的投入品，从而在产业链的若干环节之间形成供需的链式关系，形成供应链。影响和决定供应链的因素包括中间产品的质量、数量、价格以

及物流链。

③产业链与企业链。产品生产制造过程中的技术经济联系和供需关系让同一条产业链上的企业之间形成交换关系，企业间要使这种交换关系稳定、交易成本更低，就需要形成一定的组织链接，形成一定的产业组织形式，即企业链。产业链主要节点之间的主要企业与企业的关系，即产业链的企业组织。企业之间有三种主要关系及契约形式：纯粹的市场交易关系、产权关联式关系、准市场式关系。“契约形式”有“市场交易式契约”、“产权契约”（企业持股或控股）、“关系型契约”（既非产权又非完全商品交易的契约关系）。按照上述关系和契约形式，将产业链的形成模式分为市场交易式（市场交易关系、市场交易式契约）、纵向一体化式（产权关联、产权契约）、准市场式（准市场关系、关系型契约）和混合式四种。

④产业链与空间链。受产业布局区位指向的影响，产品生产过程中的不同生产环节可能集聚在同一地域，也可能分布在不同的地域，需要通过区域合作形成空间链接，由此形成空间链。空间链的对接主要是产业配套半径的问题。产业配套半径的大小和远近决定了产业链迂回的形态。

⑤产业链与创新链。创新链是指围绕某一个创新的核心主体，以满足市场需求为导向，通过知识创新活动将相关的创新参与主体链接起来，以实现知识的经济化过程与创新系统优化目标的功能链接结构模式。创新链由要素整合、研发创造、商品化、社会效用化四个环节组成。

产业链与价值链、供应链、企业链、空间链是一体的，即产业链的形成过程（产品生产过程中各环节之间的技术经济联系）也是价值链、供应链、企业链、空间链的形成过程，这是一个纵向和平行的活动过程，而创新链可能发生在产业链的各环节中，是围绕某一环节形成的创新活动的链式关系，与产业链之间是一种横向的对接关系。

3. 产业链的现代化

（1）产业链水平

产业链水平表现为产业链达到的高度，具体是指一国或地区在某一产业链中所处的地位及其发挥的作用。从技术经济关联的角度来看，产业链水平一是体现在产业链的长度上，即在既有产业链中的链条长度，它反映了一国或地区产品加工制造可以达到的深度。一国或地区在既有产业链中的链条越长，其加工制造程度越深。二是体现在产业链的关键环节上，即是否占据了产业链的关键环节，能否对行业或产业具有控制能力。三是体现在产业链的宽度上，即在产业链的若干重要环节是否具备可替代能力。在既有产业链的链条长、掌握产业链的关键环节、在若干重要环节具备替代能力，则对产业链的控制力越强，产业链的水平越高。

从价值关联（价值链）的角度来看，高水平的产业链在一国或地区占据既有价值链的高端。从供应关联（供应链）的角度来看，高水平的产业链表现在一国或地区能够得到数量充足、质量优良、价格合理和运输通畅的中间产品。从企业关联（企业链）的角度来看，高水平产业链体现为上下游企业之间形成长期稳定的市场交易关系，特别是形成产权关联式关系和准市场式关系，形成了一定的产业组织形式。从空间关联（空间链）的角度来看，高水平的产业链体现为在一定范围，特别是在本地范围内，围绕产业链形成产业分工体系，产业链整体效率、可靠性更高。

（2）产业链现代化

按《现代汉语词典》的释义，现代指“现在这个时代”。现代化意为“使具有现代先进科学技术水平”，使其具有现代先进科学技术水平，具有人类目前所处时代的特征，能够适合现代的发展需要。需要指出的是，现代化的内涵既有共性也有个性，一是对于不同的客体而言，现代化有其特殊的具体含义，如国家现代化、军队现代化、工业现代化、农业现代化等。二是对于不同的主体而言，现代化也有其特殊的具体含义。例如，中国所要推进的农业现代化与美国推进的现代农业化相比显然有其特殊的含义。产业链现代化指使产业链具有现代产业发展的特征，能够适应现代产业发展的要求。中国的产业链现代化既要具有现代产业发展的特征，又要适应我国产业发展水平的要求，特别是要与我国产业发展所处的国际环境相适应。当前，我国的产业链现代化应当具备以下特征和发展要求：

①自主可控性。要建立和形成具有自主性的产业链，具有独立存在的能力，掌握产业链的关键环节，自己能够控制，不受他人支配。

②经济性。一方面表现为产业链的运行和组织高效；另一方面表现为整体处于产业价值链的中高端，具有较强的价值创造能力。

③安全可靠性。产业链具有较强的韧性和抗冲击能力。一方面表现为供

应链的高效、稳定；另一方面表现为产业链的多元性，即若干重要环节的可替代性。

推进我国产业链现代化，应抓好四个方面的重点任务：一是夯实产业基础能力，补齐产业链的短板环节。二是提升产业链的控制力和主导能力。三是促进产业链联动发展，包括促进产业链上下游联动发展，促进供需联动发展，促进内外联动发展，促进产业链、价值链、创新链联动发展，促进要素协同联动发展，促进中央与地方联动。四是提升产业链整体效率。国家"十四五"规划纲要明确提出了推进我国产业链现代化的具体路径：

①坚持经济性和安全性相结合，补齐短板、锻造长板，分行业做好供应链战略设计和精准施策，形成具有更强创新力、更高附加值、更安全可靠的产业链供应链。

②推进制造业补链强链，强化资源、技术、装备支撑，加强国际产业安全合作，推动产业链供应链多元化。

③立足产业规模优势、配套优势和部分领域先发优势，巩固提升高铁、电力装备、新能源、船舶等领域全产业链竞争力，从符合未来产业变革方向的整机产品入手打造战略性全局性产业链。

④优化区域产业链布局，引导产业链关键环节留在国内，强化中西部和东北地区承接产业转移能力建设。

⑤实施应急产品生产能力储备工程，建设区域性应急物资生产保障基地。

⑥实施领航企业培育工程，培育一批具有生态主导力和核心竞争力的龙头企业。推动中小企业提升专业化优势，培育专精特新"小巨人"企业和制造业单项冠军企业。

⑦加强技术经济安全评估，实施产业竞争力调查和评价工程。

（3）产业基础能力与产业链现代化的关系

产业基础能力影响和决定着产业链水平，从而也影响和决定着产业链现代化。一是产业基础能力决定了一国或地区在产业链中的地位。产业基础能力越强，则越能掌握产业链的核心关键技术，把控产业链的关键环节，形成对产业链的组织力和控制力。二是产业基础能力决定了一国或地区在基于产业链而形成的价值链中的地位。产业基础能力越强，则越能处于价值链的高端，形成更强的价值增值能力。三是产业基础能力决定了一国或地区所形成的产业链的安全性。产业基础能力越强，则越能掌控产业链的关键环节，产业链的自主可控性越高。

4. 产业生态圈

（1）产业生态圈

产业生态圈源自生态学的生态圈概念。生态圈原指地球上自然界生命物质与非生命物质之间组成有机整体，各生命体自我适应、相互调节形成的独立生态系统。有三大特征：一是多样性共生，生态系统应尽可能多地容纳物种，形成“基因库”；二是自组织演化，遗传—变异—选择交替发挥作用，形成基石物种，即主导一定区域的物种；三是开放式协同，各物种和谐共生。

产业生态圈把自然界生态系统理念引入产业经济领域，指企业生命体生存和发展的环境空间系统。产业生态圈内涵有以下基本要义：一是把生产企业视为生命体，其生存力、发展力等同生命活力，制造企业表现为生产过程，服务企业为提供服务过程，农业除了生产过程，还有自然生态的参与。二是企业生命体需要有自己的生存活动时空和完整的产业生命支持系统，跨国企业以全球为生存空间，区域性企业以区域为生存空间。三是企业生命体需要形成企业集群，相互关联，共生共荣。四是企业生命体集群与其生存外部环境形成生物链接和闭循环系统。五是产业生态圈具有多样性、层次性，一个城市、一个功能区都可以是一个产业生态圈。

产业生态圈的核心是企业生命体。一方面，这个生命体是一个企业群体，具有一定的组织规模，即要形成一定的产业规模和空间集聚规模；另一方面，这个企业生命体具有一定的组织形式。一种是同类企业的物理集聚，由此形成产业集群。产业集群的形成能够带来产业的规模效应和集聚效应。另一种是企业之间基于产业分工形成产业链，产业链除能够产生规模效应和集聚效应之外，更为重要的是能够形成强大的分工效应，从而提升企业生命体的市场竞争力。从某种意义上说，产业生态圈中的创新支撑系统、外部环境支撑系统都是为企业生命体的形成和发展提供支撑的。

产业生态圈本质上是企业生命体生存发展的内循环自组织系统，由企业生命体集群和外部物质与非物质支撑系统构成。企业生命体间、企业生命体与其外部环境之间相互影响、相互支撑、相互制约，形成自我适应、自我组织、自我调节的有机整体，推动企业和产业的生存发展与演进。产业生态圈由三大基本要素构成：企业及其产业集群、创新支撑系统和外部环境支撑系统。即企业及其产业集群+创新支撑系统+外部环境支撑系统=产业生态圈。

①企业及其产业集群。企业集群，是产业生态圈的生命主体和基础支撑。这里的企业集群包括量和质两方面的规定性，体现为群体性、关联性和融合性。

②创新支撑系统。企业作为生命体，内部需要不断新陈代谢，外部随时处于竞争状态，适应性、技术性、竞争性创新一刻也不能停止，因此，创新作为产业生态圈不可分割的重要组成和内生要素，在产业竞争、产品竞争、市场竞争中具有决定性作用。作为产业生态圈的企业内部技术创新系统，是指一个企业从产生新产品或新工艺的设想到组织生产再到市场应用的完整过程所涉及的一系列活动，它包括新产品设想的产生、研究、开发、商业化生产到扩散应用。这个过程由企业内部研发、技术、资金、物资保障等部门协同完成。企业创新系统包含产品创新、技术创新、管理创新、组织创新等多个方面，核心是技术创新，包括开发新技术和已有技术的创新应用。企业技术创新的关键要素是人才、资金、环境、组织平台等。

③外部环境支撑系统。产业生命体生存与发展“生态圈”需要一个庞大而完善的外部支撑系统，即条件支撑，概括起来包括空间载体、物质、要素、环境、服务、政策六个方面，即一定的空间载体、物质基础、要素保障、外部环境、生产性和生活性服务、相关政策支持等。

——空间载体支撑系统，包括产业园区、城市以及足够的产业协作空间和市场空间。

——物质支撑系统，包括交通基础设施、能源基础设施、信息基础设施等物质条件的支撑保障。

——要素支撑系统，包括土地、资金、技术、劳动力和人才等生产要素的支撑。

——环境支撑系统，包括生态环境、人居环境、产业环境、政策环境、营商环境、对外开放环境等。

——服务支撑系统，包括生产性服务、生活性服务、政务服务等。

——政策支撑系统，包括产业政策、金融财税政策、土地政策、科技政策、人才政策等。

综上，产业生态圈是一个产业生命系统，它由企业生命体核心系统、内部创新支撑系统和外部环境支撑系统构成。

（2）产业生态圈能级

能级概念源自物理学，由物理学家玻尔的理论发展而来的现代量子物理学认为，原子核外电子的可能状态是不连续的，因此各状态对应的能量也是不连续的，这些能量值就是能级。社会科学借用能级的概念，用以反映机构、企业和人的能量大小，以及与此相对应的影响力、组织力和控制力。产业生态圈能级是指产业生态圈对产业作用的能量值，表现为对产业形成和发展的影响力、组织力和控制力。产业生态圈能级越高，越能对该产业的发展方式、发展方向产生影响，越能以自己为中心形成产业的分工组织，越能提高对整个产业链的控制能力，使自身处于更加有利的市场竞争地位，增强和提升其在本区域、全国乃至全球产业分工体系中的地位和作用。

（3）产业链现代化与产业生态能级

产业生态圈的核心是企业生命群体，也可称为产业生命体。产业生命体具有一定的产业组织形态，即形成一定的产业链，准确地说是其所在产业链的组成部分。因此，产业生态圈内业已形成的产业链的控制力、影响力、竞争力和现代化水平，影响和决定了产业生态圈能级。

产业链现代化对产业生态圈能级的影响表现在以下六个方面：

①产业生态圈内企业已形成的产业链的长短，即产业生态圈内自身是否形成了一定的基于技术经济联系的链式关联形态，以及链条的长短。产业生态圈内业已形成的产业链越长，则对产业链和整个产业的影响力越大，控制力越强。

②产业生态圈内企业是否处于其所在产业链的关键环节，掌握关键核心技术。产业生态圈内企业越是掌握产业链上的关键核心技术、把控链式关联中的关键环节，则自身产业链的自主性和可控性越强，越能对产业链和整个产业形成强大的组织力和控制力。

③产业生态圈内企业是否占据了产业链的价值高端。若产业生态圈内的企业处于价值链的高端，则产业链的价值增值能力就强，经济性就越好。

④产业生态圈内具有技术经济联系的企业之间以及这些企业与圈外关联企业之间是否形成稳定、可靠的供应链关系，也即与产业链相适应的供应链

的水平高低。产业生态圈内与产业链相适应的供应链水平越高，则对产业链的组织力和控制力越强。

⑤产业生态圈内具有技术经济联系的企业以及与圈外关联企业之间组织程度的高低，即产业生态圈内企业链水平的高低。企业链水平越高，则企业间的交换关系越稳定、交易成本越低，对产业链的组织力越强。

⑥产业生态圈内企业的空间集聚程度以及与圈外关联企业空间组织的合理性，即产业生态圈内外空间链的水平高低。产业生态圈内企业的空间集聚度越高、布局越科学合理，与圈外联系企业形成合理的空间组织关系和空间联系，则对产业链的空间组织和影响力越强。

第二节　文献综述

1. 国外文献综述

近年来全球化的趋势与发展，使得各类公共事务出现了复合化、多元化、扩散化的特征，各相关区域之间的经济合作越来越重要，尤其值得注意的是，跨行政的相关公共议题已成为公共治理领域的焦点，受到世界各国和地区的广泛重视。

进行跨域治理的重要前提是相关的两个区域在管理上是跨行政管理部门的，在地理上是相隔的，因此需要对原有的职责及地理边界进行重新审视与改变，形成进行跨域相关事务的两个及以上的行政部门或区域，以获得更好的公共价值或更高的公共目标，后续可以协商或者文件等形式，由某一机构负责治安维持、经济发展、治理社区、管理行政等管理与调控工作，以实现跨域治理的目标。

伍德与格雷最早研究了跨域治理的相关问题，并且对相关的组织合作进行划分，提出了先行、过程、结果等不同的阶段。佩里与汤姆森以此理论为基础，对其进行 10 多年的探索，对前者提出的 3 个阶段进行了完善。跨域治理的先行阶段表示组织合作开展的初期阶段，涉及的因素有资源需求、双方合作的历史、资源共享及其风险、组织的高度依赖性等。跨域治理的过程阶段为核心环节，主要有 5 个不同的维度：信任、互动、自治、管理与治理。

跨域治理的结果阶段则有新价值伙伴关系的产生，相关组织间进行成功交易的各项规则，系统供应的义务与责任，自治的集体行动等。所以，想要获得一个卓有成效的跨域治理结果，要求参与的各个方面在所有环节都能做好平衡。

万德文与瑞利共同提出的协作开发过程相关模型主要涉及评估、执行、责任与协调等要素，他们认为跨机构间的合作是复杂的周期性过程。模型需要协调非正式判断与正式交易间的作用形式与效果。其中，责任主要指对各方义务与责任进行澄清，采用法律合同来约束，相应地构建起相关的联系准则。执行指由个人互动与组织规则来使参与方义务与责任得以有效履行。评估指以互惠互利为基础的 3 个相关过程的评估过程。基于此模型，认为以组织合作为线性的周期循环过程，上述 4 个要素缺一不可。开发过程模型和之前的模型在出发点上有很大的差别，它提出此类合作关系的持久性取决于非正式/正式等两个过程之间的平衡，而不受到相关要素稳定性的影响。

美国一直重视协调各级、各地区政府之间的关系，提倡地方政府构建区域合作网络来共同治理相关的跨域事务，以相关政府间协议、服务购买、公私合作等模式来处理跨域管理问题，以使涉及的各相关州间逐步具有稳定且正式的跨域关系。

日本积极开展了地方政府之间的跨区域合作的相关实践，并将其称为广域行政，采取了市、町、村与都、道、府、县相结合进行自治的相关模式，具体为：首先，合并市、町、村的相关行政区以使行政效率得以提高，使人才与组织的规模效应得到保证；其次，共同处理相关事务，主要通过地方公共团体组合、协议会、机关及职员的共同设置、区域外公共设施的合作建设等柔性方式来共同处理跨域事务。

2. 国内文献综述

自区域合作概念提出后，国内一些学者就掀起了研究飞地经济的热潮，主要研究其内涵、特点、类型、发展条件和措施等方面。

（1）飞地经济的内涵

飞地经济（Enclave Economy）以不平衡发展（Unbalanced Development）、梯度通道、区域比较优势（Regional Comparative Advantage）等相关理论为基础。周敏于 1992 年提出此概念，认为飞地经济是指互相独立且经济发展水平不同的两个行政区域在经济增长过程中，利用突破经济发展空间与跨行政区划的管理来实现资源互补共赢的增长模式。近年来，越来越多的研究者开始重视飞地经济的研究与实践，提出了各自对飞地经济的理解，具体如下：

界定“飞出”与“飞入”之间的双赢合作。夏惠芳和李俊阳指出，飞地经济是经济欠发达地区与发达地区突破行政区划的限制条件，将资金进行相应转移，共同对税收体制进行分配、管理与建设等方面的设计，从而使双方的经济发展取得互利共赢的良好结果。刘子涵和任浩等在各自的研究工作中采纳了上述定义。他们提出，飞地经济是在区域经济（Regional Economy）成长的过程中形成的，相关的两个参与区域都在其经济互联的区域经济模式上打破原有行政区划限制，在区域内促进工业化进程，促进投资和引资过程，利用合理的利益分配制度，实现两个不同地区共赢发展的一种经济增长方式。王波、刘晓春、李吉、任浩、朱世宝、尹杰兰、袁伟民、李宁、梁群、张毅等采用了类似的定义。张黎明进一步完善了飞地经济的定义，认为飞地经济是指在行政区域间开展经济合作时，飞出、飞入双方构建相关的利益分配制度，共同管理资金及建立经济区，从而获得共赢且互惠互利结果的一类经济发展方式。

（2）从区域经济发展的角度界定差距

李宇认为，作为区域经济增长的新方式，飞地经济把地域层面中的概念纳入经济层面之中，对相关地区的发展差异、资源禀赋与发展方式进行分析。林昌辉和曾军认为，飞地经济是指两个行政独立，经济存在差异，突破原有行政区划限制，经济发展和行政管理实现两地协调发展的区域。张跑等采纳了上述定义且对其进行了证明。

3. 飞地经济的特征、类型和模式

（1）特征

戴安娜·李认为飞地经济具有产业关联性（两地形成完整产业链）、优势互补性（两地在各个方面进行优势互补）、环境差异性（两地在社会环境、人文及经济水平等方面的差异）与发展空间分离性（两地在行政区划上各不相同）等方面的特点。梁新菊也指出，飞地经济具有合作共赢、空间区域分离、资源互补等特点，不同于传统的投资吸引模式和经济园区建设模式。

（2）类型

朱士保与任浩根据成因的不同，将飞地划分为三种：产业梯度转移型、优势互补型、集约用地型；根据园区管理方式的不同，可划分为三种：飞出地管理型（飞出地负责园区管理）、飞入地管理型（飞入地负责园区管理）、两地共管型（两地共同建立园区管委会进行管理）；根据投资模式的不同，可划分为三种：飞入地投资型（飞入地负责基建投资）、飞出地投资型（飞出地负责基建投资）、两地共投型（两地共同承担基建投资）。李宁等提出飞地经济可划分为三种：产业梯度转移型（区域间）、工业园区扩巢引凤型（区域内）、借巢下蛋型（区域无地有项目）。

（3）模式

江苏省常州市是我国飞地经济建设的探路者。常州市在 20 世纪 80—90 年代分别与陕西安康及三峡库区搭建起战略合作关系，对飞地经济进行了最初的探索。进入 21 世纪以来，我国各地相继开展了对飞地经济的实践探索，目前已经取得了一些成果，合作方式多种多样，主要包括产业转移（Industrial Transfer）飞地经济模式、区域合作飞地经济模式、移民产业飞地经济模式、特色产业飞地经济模式和地理位置调整飞地经济模式等。

4. 飞地经济发展条件

从实践来看，我国飞地经济在现实发展过程中已经取得了一定的成绩，然而实行该经济发展模式需要具备一定的前提条件，并非任意两个地区都能够成功地应用此方式。李骥和刘晓春指出，开展论证时要考虑产业结构与地理位置两个因素。李瑜认为，飞地经济需要产业梯度与资源配置等条件。任浩等的研究则表明，发展飞地经济必须具备三个条件：地理位置接近、优势互补和发展时机。赵永杰提出，发展飞地经济需具备三个条件：区位优势、资源优势和产业梯度。杨平认为，飞地经济成功应用的基本条件是利益分享，而土地是其成长的前提条件。李长华根据对长株潭飞地经济的研究，提出封闭空间是该类经济发展所必需的，飞地经济工业领域发展的各个特点相互依存，主要经济和社会资源有显著差距。对飞地经济发展条件的分析受到分析视角的影响。飞地经济发展的前提是区域差异、产业梯度及补充资源的优势，而利益共享与政策的支持是其基本条件。

5. 飞地经济发展促进策略

飞地经济要得到有效的发展，需要具备多方面的条件。一是发挥市场的调节机制，建设合理的制度来推动飞地经济发展；二是在区域经济的相关协调发展战略中纳入产业转移；三是对政府行为进行规范，创新相关的制度；四是制定飞地经济的发展战略要参考地方的具体情况。尹杰兰认为，需要克服相关体制所形成的障碍，清晰地对飞地产业进行行政权力方面的界定。采取各种有效措施推动优质企业“走出去”；对两地的互利互补进行科学的规划；借助新农村建设机遇，利用旅游业来推动飞地经济的成长，提升农村飞地经济发展质量。强化指导与管理，提倡全面可持续发展的经济观点；逐步关注跨省的飞地经济实践及其取得的效果，结合整体经济与飞地经济，促进二者共同进步。对黄河三角洲的研究表明，在提升到国家战略的高度之后，具备了飞地经济发展所需的政策、成本差异、平台载体、基础设施等条件，其发展还需要审批、人才、环保、产业、土地、利益分配、金融和财税等方面政策作为保障。

飞地经济是一种共赢互利、资源互补的经济增长方式，具有良好的应用前景，受我国行政区划的限制，飞地经济发展的早期还需要得到两地政府的有效引导与支持，并逐渐由当前政府主导的模式转为市场主导的模式。在飞地经济发展的基础理论研究方面，学者普遍关注其措施、模式、条件、特征及内涵等，有关制度研究和落地实操等方面的研究还很缺乏。

第三节　现实意义

我国存在区域发展不平衡、不协调的现状，长期困扰我国经济增长、社会和谐以及可持续发展。飞地经济发展模式——鼓励相对发达的城市输出项目和产业资源，偏远不发达的城市提供土地交由前者管理，在利益方面则两地共享——是区域之间进行产业梯度转移的重要模式之一，其优势在于可以突破行政区划限制，充分发挥区域经济的比较优势，同时有效避免环境与发展的矛盾。我国最早发展飞地经济的是一些沿海经济特区，改革开放之初，伴随外资加工产业的逐步形成，许多沿海城市或区域成为国外企业的海外飞地。江苏常州大力发展飞地经济，通过与苏北部分城市和中西部地区建立战略伙伴关系发挥了区域经济的优势，实现了自身和飞地的双赢。飞地经济被认为是能够缓解区域发展非均衡、协调问题的重要手段之一。2017 年国家发展改革委等八部门联合印发《关于支持“飞地经济”发展的指导意见》，大力支持飞地经济发展，提出通过发展飞地经济、共建园区等合作平台，探索区域之间互惠互利、共同发展的合作新机制，以更好地促进发达地区与欠发达地区之间的协调发展。2021 年国家发布的“十四五”规划纲要同样提出“鼓励探索共建园区、飞地经济等利益共享模式”“提升区域合作层次和水平”“更好地促进发达地区与欠发达地区、东中西部和东北地区共同发展”。在政策的鼓励和支持下，各地开始对飞地经济展开积极探索，当前全国飞地型经济园区已超过 800 个，其中，长三角、珠三角等地的飞地经济发展得最为活跃。

飞地经济之于区域协调发展具有积极意义，学者研究主要从以下两个方面体现：一是对这种合作模式外在合作效果的肯定。李宁等（2012）认为，飞地经济可以较好地协调飞入地和飞出地之间的资源，实现两个地区的优势互补。经济较为发达的地区往往在科技、人才、资金以及管理经验等方面具有优势，但其发展过程中因用地紧张、资源紧缺的制约面临发展空间不足的问题。曾伟等（2014）指出，经济相对欠发达的地区具有土地资源丰富、劳动力成本低、市场潜力大的优势，但资金、技术以及人才等要素匮乏、产业基础薄弱，因此其经济发展始终缓慢。可见，飞地经济能整合两个地区的优势，弥补双方的要素短板，突破原有的发展“瓶颈”，不断缩小区域之间的发展差距。同时，渠涛等（2014）及连莲等（2016）的研究表明，飞地经济可以解决区域间要素不平衡及发展不均衡的问题，增加区域发展的协调性。二是对这种合作模式内在运行机制的肯定。麻宝斌等（2014）认为，飞地经济突破了行政区划的限制，以政府之间管理权限的让渡以及合作收益的共享为核心特征的运行机制，使飞地经济较传统合作形式而言更能加深区域间的合作联结。于代松等（2020）指出，在该运行机制下，飞地经济是两地政府达成一致后共同谋划而搭建的统一的合作平台。周柯等（2017）的研究印证了这一观点，两地政府依据各自的资源禀赋，分别投入资金、技术、人才、土地等要素为园区的发展提供便利的基础设施以及优厚的政策环境，减少分散化的成本投入和效率损失，从而提高产业的投入产出率。孙德超等（2020）

认为，在政府切实有力的鼓励与支持之下，飞地经济可以最大限度地将区域的客观优势禀赋转化为最终的合作收益，推动区域之间的协同发展。这两个方面也解释了为何近年来会在全国各地掀起飞地经济的“狂潮”，外在显著的合作效果加之内在独特的运行机制，使越来越多的地区对这一新型合作模式产生了兴趣。

根据飞地经济理论，因为飞入地处于整个经济价值链的产业承接环节，故在飞出地的产业向飞入地转移的过程中，会对当地经济和社会的发展产生重要而积极的影响，主要体现在以下几个方面：

1. 对飞出地的意义

飞出地在高速发展的过程中出现了部分所谓“夕阳产业”，不利于进一步提升产业发展质量，所以将此类产业向欠发达的地区（飞入地）转移，是优化本区域内部产业结构的重要举措。通过培育发展一些具有巨大潜力的战略产业，培植壮大主导产业，扶植幼小产业，巩固基础产业，进而调整三大产业的比重，使区域内部的产业结构得到优化升级。区域内的经济增长方式也因此得以转变，产业投入产出效率提高，区域经济总量增加，从而使当地的税收增加。

2. 对飞入地的意义

一是对产业发展的影响。飞出地的产业转移可直接带来飞入地经济总量的迅速增加，同时，制造加工基地的形成还能为飞入地带来产业聚集效应和产业乘数效应，从而继续放大区域产业总量。尽管是飞出地的一些夕阳产业，但其在飞入地是相对优势的产业，故而可使所在地的各种经济资源得以迅速激活，加快其产业结构优化升级的步伐。

二是对就业的影响。一般而言，如果从两个地区一体化的角度来看，在飞入地建造的制造加工基地所需的普通劳动力实现本土化，即充分利用当地的人力资源，有利于进一步扩大区域的就业总量。制造加工基地应通过学习培训、技术推广等方式，培育熟练的生产技术人才和企业管理人才，同时应充分发挥生产技术的溢出效应及竞争机制，这有利于飞入地人才素质的提升和外地人才向该区域涌入，从而促使欠发达地区就业结构趋向高级化。

三是对税收的影响。在飞入地建造的制造加工基地的企业大部分属于劳动密集型企业，特别是一些飞出地龙头企业设立的加工制造企业，具有投资规模大、带动力强、经济贡献大等特点，创造的利润和税收数额较高，对属地经济发展具有较大的推动力。此外，此类加工制造基地一旦落户，就决定了其将长期在飞入地经营发展，对当地的税源具有稳定和长期的贡献。

事实上，即便地方政府认识到飞地合作的利益要远大于各自为政的收益，并且都有合作意愿，实践中双方置最大利益于不顾而独立运作的现象也屡见不鲜。例如江苏省江阴和靖江合作共建的江阴—靖江工业园，江阴主管园区投资、开发和管理，靖江则负责土地、劳动力以及环境设施的配套，看似分工明确，但实际运作中双方是一波三折。仅在征地拆迁上，两地就因行政管理冲突而使合作面临高昂的交易成本。除上述体制机制难题外，飞地合作还可能因财税分配、利益分享以及激励机制不到位而无法顺利推进。实践表明，由于缺乏相对稳定的利益分配机制，两地政府的博弈成本较高，从而影响双方的持续投入以及飞地合作的可持续发展。

第四节　要素特征

发展飞地经济，资源分布和产业梯度是必备的两大条件：

1. 资源分布

在资源分布上，飞出地和飞入地应呈互补态势。一般地，飞出地具有资金、管理和技术优势，地区经济发展水平较高，同时，内部的产业结构已经基本确定，但因为空间和资源有限，产业进一步优化和转型提升存在难度；而飞入地多为土地、自然资源丰富且经济发展相对落后的地区，产业集聚程度不高，土地的开发利用成本也比飞出地低许多。从劳动力资源来看，飞出地人力资源密集度高，飞入地则多以普通劳动力为主，一个具有质量优势，一个具有数量和成本优势，在发展不同类型产业中各有所长。

2. 产业梯度

根据产业运营成本的变化，产业梯度转移成为国内外产业发展的现实。飞入地吸引资金和产业项目的综合优势，主要源于其具有的资源和成本优势，飞出地由于内部产业结构的调整和升级，整体营商成本提升，各类资源相对紧缺，部分产业成为相对“夕阳产业”，便开始向欠发达的飞入地转移。两地的产业发展梯度使得产业转移和承接变得持续可行。

第五节　开发模式

1. 开发模式

（1）生地开发模式——以华夏幸福为例

目前市场上参与生地开发的案例较多，参与主体包括央企、地方国企和民营企业，其中华夏幸福固安工业园区开发、上海城投新江湾城开发、中信汕头滨海新城开发等是典型案例。华夏幸福固安工业园区在生地开发方面具有一定典型性。

华夏幸福是国内进行生地开发的主要企业之一，与一般的 PPP 模式不同，华夏幸福采取的是“开发性 PPP”模式，坚持“政府主导、企业运作、合作共赢”运作机制，无须政府投资、担保或兜底，具有自我“造血”功能，因而受到地方政府的欢迎（见图 1-1）。从 2012 年开始，华夏幸福用这种模式累计开发了近 80 座产业新城，其中廊坊固安工业园区是其早期开发建设的典型项目之一。

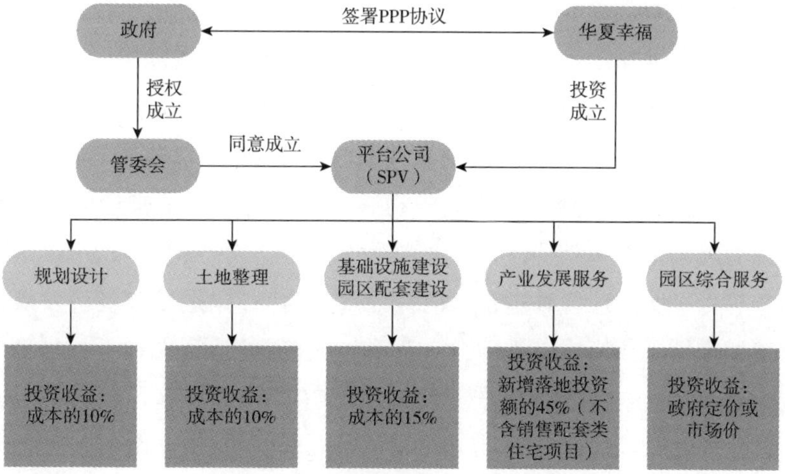

图 1-1　华夏幸福产业新城开发模式

2002 年 6 月，廊坊市政府决定建造廊坊开发区固安工业园项目，通过公开竞标方式引入战略合作者，最终确定与华夏幸福签订排他性协议，以 PPP 合作模式进行园区开发。在当地政府授权下，华夏幸福设立三浦威特平台公司承担基础设施建设、招商引资服务、土地整理、园区综合服务等工作。委托期限为 50 年，委托面积为 60 平方公里，且具有排他性，非经受托方华夏幸福同意不得变更或撤销。

在这一模式下，政府主导重大决策、组织制订规划、确定标准规范、提供政策支持；企业则作为投资及开发主体，全权负责开发建设业务。华夏幸福与地方政府进行全面合作，从“一事一议”变为以 PPP 机制为核心的协商制度，共同决策、优势互补，创造出“1+1>2”的效果。

在收益回报机制方面，对于规划设计与基础建设项目，固安县政府会根据华夏幸福的项目投资成本给予额外 10%～15%的补偿作为企业的投资收益；对于产业发展服务，政府会根据当年园区新增落地投资额的 45%进行分配。在该模式中，华夏幸福的利润回报基于固安工业园区整体的运营情况和增量财政收入，若财政收入不增加，企业无利润回报，同时政府无须承担债务风险。

在产业发展方面，经历 10 余年的建设运营，固安工业新城持续打造“313”产业体系。以新型显示、航空航天、生物医药为三大主导产业，以医疗康养、文体休闲、临空经济为三大特色产业，形成高端产业集群。华夏幸福为园区引入超过 600 家企业，带动固安县工业新城快速发展。

最终收益情况方面，2002—2018 年，固安县政府财政收入从 1.1 亿元增长至 36.97 亿元，长期稳居全省财政十强县，2023 年位列全省第七。此外，固安工业园区也成为华夏幸福的重要利润来源之一。华夏幸福固安工业园区项目的成功因素主要包括：①产业经济发展。固安处于环京经济圈（地利），园区充分享受了北京产业外溢带来的好处（天时），当地政府经济发展需求与华夏幸福一揽子服务模式一拍即合（人和）。在天时地利人和下，华夏幸福引入园区企业质量高，从而实现产业发展快、GDP 和税收增长快的场景，固安新城的打造同时带动了房地产市场的火爆。②盈利模式方面。园区长期的收入来源为房地产开发，华夏幸福通过一二级联动的方式获取了大量廉价土地，在环京经济圈房地产市场火爆的背景下，华夏幸福赚得盆满钵满。③融资模式方面。因土地一级开发投入巨大，其成本和收益的回收都是滞后的，虽然二级开发给华夏幸福带来巨大的现金流，但多个项目齐头并进的投资还是导致华夏幸福的资金面紧张，在融资方面华夏幸福尝试了战略引资、公司债、信托借款、关联方借款、ABS、债务重组、应收账款收益权转让等 20 多种融资方式。

综上，固安工业园区的成功离不开产业、人才和政企合作的高度支持，同时当年房地产市场的火爆为园区的发展积累了充分的资本，20 多种花式融资也为华夏幸福园区开发建设进行了大量输血。随着房地产融资政策趋严（三道红线等）以及房地产市场下行，华夏幸福原有的盈利及融资模式均受到颠覆性挑战，并最终导致华夏幸福资金链断裂、市值暴跌。

（2）熟地开发模式——以深哈产业园为例

当前，全国各地都在大力建设产业园区，国有或民营的各类平台公司参与熟地开发，推进园区的开发建设与招商运营。其中深圳市特区建设发展集团有限公司（以下简称特区建发）在哈尔滨投资建设的深圳（哈尔滨）产业园区（以下简称深哈产业园）在熟地开发方面具有一定的典型性。

自 2014 年至今，特区建发按照深圳市委、市政府部署，积极开展国内外帮扶、区域合作共建工作，在充分发挥深圳经济特区先行示范作用、复制输出先行先试经验、推动合作区域经济协调发展等方面取得了显著成绩。主要开发模式为特区建发代表深圳市政府出资，以合资公司为主体推进合作共建园区开发建设运营工作。

2017 年，国务院印发实施《东北地区与东部地区部分省市对口合作工作方案》，明确黑龙江与广东、哈尔滨与深圳等“三省四市”的对口合作关系。深哈两市签署了《哈尔滨市与深圳市对口合作框架协议》，着手谋划以产业互补和营商环境优化为切入点，引入深圳的产业发展政策和园区建设管理经验，探索合作共建产业园。2019 年 5 月，按照“政府引导、市场运作、企业主体、合作共赢”的原则，特区建发与哈尔滨水务投资集团共同组建深圳（哈尔滨）产业园投资开发有限公司（以下简称深哈公司），负责深哈产业园的规划建设和运营管理。

深哈公司以自有资金自主投资建设首个园区启动项目深哈·科创总部，通过土地招拍挂获得园区土地所有权，以“政府引导、企业主体、市场运作、合作共赢”为原则，坚持市场化运作，无须政府投资及担保。深哈公司主要负责深哈产业园1.53平方公里核心启动区的规划设计、投资建设、产业招商运营和深圳政策“带土移植”等工作；哈尔滨新区主要负责园区基础设施建设、支持政策的出台和实施以及行政社会事务管理等。双方合作的边界相对清晰，分工明确。

收益回报机制方面。一是税收返还。深哈产业园建设之初，便确定了利益分配方案，形成了稳定健全的利益分配机制。深哈两市按5：5分配园区税收地方留存部分，前10年全部税收分成作为产业政策扶持基金100%用于支持深哈公司及入园企业发展。二是给予深哈公司一定规模的住宅用地，用于弥补建设深哈产业园产生的亏损。深哈公司则通过建立“销售收入+租金收入+增值收益+产业投资收益”的盈利模式，实现自我“造血”（见图1-2）。

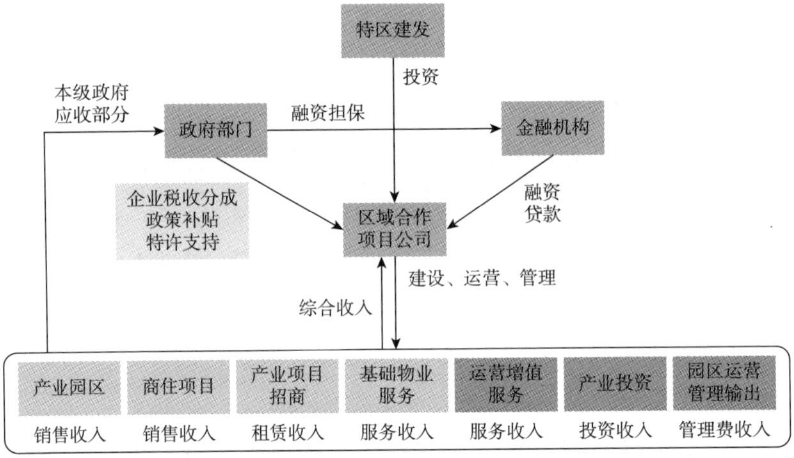

图1-2 深哈产业园收益回报机制

产业发展方面。经过3年多的发展，深哈产业园形成了重点发展数字经济、生物经济、新材料、创意设计及现代服务业的产业定位。截至2024年，园区累计注册企业480家，注册资本170.5亿元，深哈·科创总部（地块一）签约入驻率达84%。其中，华为“一总部双中心”、东软、惠达科技、思灵机器人、国家工业互联网中心等45家企业正式落户园区。初步形成了以新一代信息技术、人工智能为核心的数字经济产业发展态势，成为哈尔滨新区产业发展的新引擎，为助力哈尔滨产业结构优化，带动当地就业和经济社会发展发挥了重要积极作用。

收益方面。园区地块于2021年10月正式投用，园区实行三年租金减免政策，减少企业投资成本，带动哈尔滨市产业发展。配套住宅项目将于2022年12月首批交付，若实现结转，将有一定规模的经营收入。

2. 管理模式

飞地经济是开发区扩张中的新模式，其实现形式还在进一步的探索之中。根据目前各地开发区飞地经济的发展实践和未来的发展趋势，我们总结了飞地经济发展模式的四种实现形式。

（1）直营式

直营式即经有关主管部门（国务院或省级人民政府）批准，正式扩大原有开发区规划面积的一种扩张形式。扩区的飞地享受原来开发区现行税收优惠和政策，并延续原有的管理体制和经营方式，飞入地属地政府让渡经济管理权限，使得原有开发区在飞地经营开发的自主权较大。从开发区的角度来看，直营式是飞地经济发展模式比较理想的实现形式，但限制条件较多，需要各级政府的层层审批和利益共享协商，通常只有发展状况特别好的开发区才能实现。例如2004年7月，国务院批准地处上海市徐汇区的漕河泾新兴技术开发区扩区发展，扩建的飞地——浦江高科技园位于闵行区浦江镇，享受国家级经济技术开发区的政策，新飞地的发展仍采取公司迷你型的管理模式，闵行区政府负责土地的供应、区属税收的征管和部分社会性事务的管理。

（2）兼并式

兼并式是指由发展状况良好、拥有丰富经验的开发区兼并整合经营不善的开发区的扩张形式。在国家对开发区的严肃整改中，很多地区加大力度推动有条件的开发区兼并或托管那些有土地但没有项目、缺乏开发资金的开发区，以拓展发展空间，带动飞入地经济的发展。2005年2月，襄樊市委、市政府决定并报湖北省委、省政府批准，将原襄樊高新技术产业开发区与原襄樊汽车产业经济技术开发区合并，组建新的国家级襄樊高新技术产业开发区，整合后的襄樊高新区具有优惠的政策优势和鲜明的产业特色。随着市场经济机制的完善，如同企业之间的兼并重组一样，发展态势好的开发区兼并重组经营不善的开发区进行规模扩张，将是一个非常有效的途径，也是未来一段时间全国上下整顿开发区的主要方式之一。

（3）合作式

合作式是指由发展水平良好、拥有丰富开发建设和运营经验的开发区输出品牌、管理经验等，包括规划、产业发展、招商、项目引进、园区服务、管理方式等方面，飞入地政府以土地价格入股等方式参与开发区具体运作的扩张方式，按照公司模式分享园区开发收益。2001 年，武汉江汉经济开发区带着自己的品牌、人气、项目、资金以及管理、开发经验，与拥有丰富土地资源的东西湖区联手合作共建占地 3000 亩土地的高桥园，使其成为江汉经济开发区的园外园。这是更加广泛意义上的飞地经济发展模式的实现形式，可以在更大的范围内实践，例如跨省市合作。

（4）“消薄飞地”

“消薄飞地”是飞地经济的特殊类型，指欠发达县市一些区位条件较差、资源不足的经济薄弱村，在本地或异地政府的统筹协调下，将以宅基地、废弃矿山复垦等方式获得的新增建设用地指标，跨区域置换到发达地区城镇、工业功能区等区位条件优越的平台，用以建造或购置标准厂房、街面商业用房发展物业经济，实现互利共赢、强村消薄的区域经济合作形式。“消薄飞地”于 2018 年被写入浙江省委办公厅、省政府办公厅出台的《关于推进村级集体经济“飞地”抱团发展的实施意见》并在全省推广，并且于 2022 年入选浙江省“城乡区域协调发展先行示范”最佳实践案例。飞地经济作为区域经济合作的有效形式，强调的是跨区域性，即欠发达地区从发达地区引入自身欠缺的产业、资金、技术和管理经验等。从内容看，飞地经济中“飞”的不是土地，而是让飞出地的优势资源和要素输入飞入地，跨越行政管辖与当地的优势结合。

与飞地经济相比，“消薄飞地”“飞”的不是发达地区的产业、资金、技术，而是将欠发达地区的土地指标“飞”到发达地区建立产业园，从而实现真正意义上的“飞地”。形式上实现“逆飞”。与飞地经济从发达地区（高梯度地区）向欠发达地区（低梯度地区）顺飞不同，“消薄飞地”是从欠发达地区“飞”到发达地区，实现由低梯度地区向高梯度地区的“逆飞”。甚至在将欠发达地区土地“逆飞”到发达地区建立产业园的同时，还将发达地区的资金、人才“顺飞”到欠发达地区建设各类产业园，实现“顺飞”“逆飞”双向进行的“互飞”。“飞地互飞”通过“由低到高、由高到低、高低互补”

的形式使欠发达地区兼具飞出地和飞入地双重身份，从而打破飞地经济的固有模式和既有认识，形成飞地经济新形态。路径上凸显“消薄”取向。传统的飞地经济通常被看作产业转移的新模式，它强调产业跨区域转移带来的资源优化配置、合作共赢，进而缩小区域发展差距，实现共同富裕。“消薄飞地”作为“消薄”与飞地经济的有机融合，强调以“先富”地区（发达地区的工业园区等城市优质板块）对“后富”地区（欠发达地区的农村集体经济薄弱村）的帮扶和带动实现“消薄”，即村级集体经济的发展壮大。这里飞地经济是手段，消除集体经济薄弱村是目的，是以飞地的高质量、高效益来实现“消薄”，进而缩小城乡区域发展差距，实现共同富裕。

第六节　发展趋势

1. 飞地园区模式转变

一是从“单向转移”走向“双向转移”。早期飞地园区的建立主要依靠先发地区向后发地区单方向输送资金与管理，当下已有一部分飞地园区是由后发地区主动到先发地区建立的，例如浙江衢州绿海飞地（深圳）产业园、常熟（北京）创新中心等。未来，将会有更多后发地区奔赴先发地区建立产业园区，实现先发地区与后发地区“双向转移”的并联循环。

二是从“工业园区”向“协同创新中心”升级。飞地园区的建立为当地产业发展提供了空间支持，而随着以楼宇创新社区为代表的新业态的出现，飞地园区的功能定位变得更为丰富，特别表现在后发地区向先发地区“逆向转移”的建设中。

三是从“政府主导”向“复合主体”演变。随着飞地园区新形态的不断涌现，飞地治理的模式越来越走向市场化与专业化，从政府主导、政府与企业合作共建、管委会与企业共同管理，到发达地区专业企业托管运营，再到专业园中园营造，飞地园区的管理方式也呈现出多样化、多层化、专业化、市场化新特点。

2. 反向飞地兴起

随着飞地经济的发展，反向飞地的模式也越来越普遍，这种以科创为主题的飞地园区为欠发达地区在发达地区吸引资源提供便捷。在创新驱动发展战略的推动下，全国形成了在科创核心城市建设反向飞地的浪潮，这种反向飞地主要建设离岸孵化器、离岸创新中心等载体，正在成为非科创核心城市破解高新技术产业缺乏与人才招引留用难题的有力抓手。目前已出现了一批离岸创新中心开发运营的专业运营商。

不同于传统的飞地园区，反向飞地属于逆向而行，由科创欠发达地区在科创发达地区设立飞地，利用当地科创资源筛选创新项目进行孵化，孵化之后导流回本地，实现飞出地资源、政策与飞入地技术、人才的有机融合。

反向飞地是设在国内科创核心城市的离岸创新中心，与早期设在海外的离岸孵化器功能相似，主要链接当地的创新要素资源，促进科研成果的本地转化和产业化落地，助推地方经济发展升级。反向飞地的核心特点是“不求所在、但求所有”，主要评判标准是发展孵化、储备项目以及企业落地率。

从全国反向飞地设置来看，上海、北京、粤港澳大湾区成为反向飞地最集中的城市和区域，例如无锡在上海设立 9 个飞地、在北京设立 9 个飞地、在粤港澳大湾区设立 13 个飞地。科研资源密集的武汉、西安、杭州等城市，也成为反向飞地的主要目标地，目前杭州由各地设立的反向飞地数量超过 35 个。

（1）反向飞地的典型城市——上海

反向飞地的选择与全国性的产业转移路线密切相关，有城市群内部的圈层式转移、有不同城市群间的跨区域转移，相应地呈现出不同的反向飞地选址模式。在城市群内部的圈层式转移占主导的情况下，外围城市首选在城市群核心城市设立反向飞地。

随着长三角一体化战略的深化发展，反向飞地建设已成为长三角区域创新合作的重要方式，上海成为长三角城市设立反向飞地的首选地。随着上海全球科创中心地位不断凸显，重大科创基础设施不断完善，优质科创要素资源不断集聚，越来越多地方政府倾向于在上海设立反向飞地，享受上海的科创效应红利。下面介绍几个长三角城市在上海设立的离岸创新中心。

嘉善国际创新中心（上海）：嘉善县政府在上海虹桥商务区设立创新中心，总面积 1.7 万平方米，主要面向高端装备制造、新一代信息技术、健康医疗、节能环保领域。

慈溪（上海）反向飞地：慈溪市政府牵头在上海市闵行区设立反向飞地，重点聚焦新材料、金融服务、生命健康、航空通用、智能家电等产业领域的创新创业。

锡山（上海）离岸创新中心：锡山经济技术开发区与上海机器人产业园签订园区共建协议，目标对接上海更多的电子信息、新能源、生物医药等先进制造业项目。

德国中小企业（太仓）孵化中心：太仓市在上海德国中心设立德国中小企业（太仓）孵化中心，借助上海国际平台优势，推动太仓招商服务前移，招引更多德国项目落户太仓。

宣城（上海）科创中心：由宣城市政府与松江区人民政府合作，选址临港松江园区创智一期，总建筑面积 10920 平方米，聚焦汽车零部件、智能制造、医药食品、电子信息、新能源、新材料六大产业领域。

（2）反向飞地的运营模式

反向飞地项目一般采用“飞地孵化、本地转化、资本先行、政府支持”的模式，针对地方重点发展的产业方向和创新环节，采用股权投资的方式提前锁定优质科创团队资源，引导科创团队入驻离岸创新中心，并为其提供创新孵化服务，待团队的核心技术研发成熟后，地方政府通过提供资金、市场、生产空间等支持条件，吸引科创团队的核心成果在本地转化、量产。

从运营模式看，反向飞地项目主要采用两种运营模式：一是有政府平台公司直接派驻团队自主运营；二是委托专业的招商运营机构进行运营。以无锡设在深圳的反向飞地为例，目前无锡在深圳建设了九大反向飞地，分布于南山、宝安和龙华区等核心区域，大部分反向飞地采取了与专业机构合作的运营模式。

（3）无锡在深圳的部分反向飞地

从功能载体看，反向飞地主要建设离岸孵化器、离岸创新中心，不需要多大的物业空间，一般几千平方米就能满足需求。比如，无锡惠山（深圳）创新中心设在深圳蛇口核心区域太子湾商务广场，总建筑面积 2200 平方米，提供 18 个独立办公室，2 个开敞办公区，共 199 个工位，包括独立办公区、共享办公区、会议室、路演厅，以及 1000 平方米的露台休闲区等。

从科创模式看，反向飞地基本遵循“基金+活动+孵化”的科创经济范式，通过设立产业基金推动投资招商，促进科技成果转化和产业项目落地；通过创业大赛、创业路演等活动，加速与当地科创资源的沟通和链接，不断集聚创业团队和科创项目。

案例链接：丽水经开区的上海反向飞地。丽水经开区在上海浦东张江科学城及张江药谷的核心区建设“反向飞地”，总占地面积约 18 亩，总建筑面积约 2.1 万平方米。反向飞地成立以来，累计引进上海产业项目 112 个、总投资 269 亿元，引进天境生物、泽璟制药、德琪医药、迈威生物等 6 家企业，形成了“研发在沪、生产基地在丽、销售总部在丽”的新模式。

依托反向飞地，丽水经开区加强与上海高校和科研院所合作，包括中国科学院、复旦大学光电研究院、华东师范大学、美国陶氏化学等，建设重点实验室、工程中心、检测中心，精准对接前沿科研成果转化的新兴产业。项目孵化成功后到丽水建设研发中试和产业化基地，形成“孵化—加速—研发—中试—产业化”的科技创新链条。

依托“沪丽通”平台，提供城市宣传、园区入驻、政策解读、人才申报、产业服务、商事服务等服务，将公共服务办理延伸至上海飞地，为入驻企业打通产业培育及线上办事的各流程，满足飞地企业与丽水当地之间的政企互动、产业链接、资源共享等产业服务需求。

（4）反向飞地的专业运营商

第一类是原来做技术转移转化服务的平台和机构，核心城市的主要高校院所都设有技术转移中心，技术转移转化服务平台如科易网。科易网智服（云）飞地借助城市网点空间，为地方政府提供异地科技招引和创新服务，采用“1+N”的建设模式，以 1 个城市为“中心飞地”，以多城市为“云飞地”，形成网络化的科技招引和创新服务体系。典型案例如深圳—洛阳反向飞地。

第二类是以做科创企业培育和创新资源整合的科创服务企业，如太库科技参与建立江阴高新区（上海张江）科创孵化器。邦程科技在上海、北京、深圳、杭州等一线城市打造“科创产业飞地平台”，低成本、高效率对接一线科创资源，打造面向国内外的产业政策展示的窗口、人才引入和产业招商的平台、科创产业培育发展的基地。

第三类是产业地产商拓展反向飞地业务，如天安数码城参与的江阴高新区（深圳）科创孵化器、浙大网新飞地科技、启迪控股的启迪之星孵化器等。

近两年启迪之星飞地孵化模式快速推广，枣庄、抚顺、宜昌、安吉、奎屯等地在启迪之星北京、上海、深圳等基地挂牌“飞地孵化创新工作站”，构建起飞地孵化和跨区域招商网络。随着反向飞地模式的不断演进，已呈现出特色化、专业化、集成化的发展特征，专业运营商将成为反向飞地运营的主导力量，特色化布局将有助于强化科创项目的孵化转化。

（5）反向飞地的趋势

随着科创飞地模式的不断发展，在目前特色化、专业化、体系化的基础上将向集成化、市场化、网络化的方向演进。即飞地功能由单一功能向多种功能协同发展，飞地的建设由政府主导转向市场主导，由一个点突破向网络状布局演化。

集成化趋势。科创飞地不仅是人才项目招引，而且是在飞地城市建设展示中心、服务中心、交流中心、双创活动中心，集城市营商环境、产业发展、创新平台、政策解读、投资成本、人才申报、产业服务及商事服务等于一体，将飞出地的优质公共服务延伸到飞地所在城市园区，为入驻企业、创业团队、有意向合作的专家技术人才提供类飞出地的服务，打通两地之间产业链对接、要素流动、招商推介及线上办事的各项流程，满足飞地企业在人才吸引、政务服务、资源链接、平台共享等方面服务的需求。

市场化趋势。当前科创飞地主要由政府和政府平台公司主导，在快速取得成果的同时也引发了成本高、运营效率不高以及园区运营效益不高等问题。市场主导，政府多部门协作，社会组织、企业及专业机构多方参与的模式日益受到关注，此时，政府不再是运动员，而是裁判员，只是通过政策来培育引导，依靠市场投资者开发建设，形成企业和第三方机构等市场主体牵头、社会各方共同参与建设的格局。政府支持主要体现在奖励和补助上，比如鼓励科创飞地加大人才引进、关键核心技术研究、科技成果转移转化、企业孵化培育等。政府制定相关标准进行考核，根据科创飞地的招才引智成果予以奖励。比如，打造离岸孵化中心以吸引创业团队入驻，完全可以设在既有的孵化器和众创空间中，采用绩效奖励的模式给予运营机构房租补贴，同步给予创业团队享受建设主体单位的人才政策。通过市场化手段低成本、高效率地集聚飞地科技创新资源，减轻财政压力，提升本地创新创业能力和活力，是科创飞地未来发展的主要方向。

网络化趋势。一般而言，一线城市的产业和人才往往集聚在不同的区域，固定地点的飞地选址已难以满足要求，建设“1+N”模式的“服务中心+虚拟飞地+多点运作”的网络化科创飞地将成为新趋势。服务中心兼具服务和展示功能。虚拟飞地选择与本地的产业、人才、项目相匹配的孵化器、高校、科研院所、产业园区、人才服务公司等作为飞地承载单位，通过线上线下的各种活动来保持联络和交流。多点运作是指依据本地的技术、项目、人才、产业需求采用少量基础工作经费加重金奖励的模式，建立与孵化器、众创空间、高校的技术转移中心、科研院所、社会人才服务机构和特色产业园区等单位的飞地联合协同机制，通过常态化合作方式向飞地建设主体输送产业化项目、技术、人才、创业团队，将飞地所在城市资源优势和建设主体的产业优势结合起来，积极推动“双招双引”落到实处。

第二章 产业转移与区域资源配置理论

飞地经济作为一种区域经济合作模式，理论上的支撑来源于产业聚集理论、区域比较优势理论、非均衡发展理论、交易费用理论、梯度转移理论等，实践中表现为产业区位、资源要素、地方政府、制度环境等因素的综合作用。“消薄飞地”的实践表明，良好的产业区位优势是前提，资源要素的互补共赢是动力，地方行政主体的重视是关键，上级政策支持的红利是保障。飞地经济为什么具有生命力和发展优势，我们可以从理论上探索其存在的基础。飞地概念主要建立在“增长极”理论和飞地及飞地经济理论的基础之上。“增长极”理论是区域经济学和发展经济学一个不可缺少的组成部分，为解决发展中国家和落后地区的经济发展问题起到过不可估量的作用。

第一节 飞地经济区域合作理论

1. “增长极”理论

“增长极”（Poles of Growth）理论由法国经济学家弗朗索瓦·佩鲁在1950年首次提出，经布德维尔、弗里德曼、缪尔远尔、赫希曼等经济学家完善而成。“增长极”理论的核心思想是：“在经济增长中，由于某些主导部门，或有创新能力的企业，或行业在某一些地方或大城市聚集，形成资本与技术高度集中、具有规模效益、自身增长迅速并能对邻近地区产生强大辐射作用的‘增长极’，通过具有‘增长极’地区的优先增长，进而带动相邻地区共同发展。增长极强调要与整个区域之间都建立起一种和谐的适宜于经济成长的机制与环境。如果周围地域的技术力量、地方市场及交通通信网络等条件严重滞后，且没有成熟的产业体系，那么增长极通过产业关联效应和空间扩散效应所形成的乘数效应就难以在区内实现，并有可能使增长极成为地域经济中的‘飞地’或‘孤岛’，更不可能促进和带动区域经济的成长。”这是区域经济学在关于增长极论述中对飞地概念最直接的表述。

2. 区域比较优势理论

区域比较优势是与区际贸易、区域分工密切相关的概念，区域比较优势理论是在英国古典经济学家亚当·斯密的绝对优势理论、大卫·李嘉图的比较优势理论和瑞典经济学家赫克歇尔和俄林的要素禀赋理论的基础上发展而来的。它一方面汲取了马歇尔的外部经济原理，另一方面继承了俄林的生产要素禀赋理论，揭示了不同区域比较优势落差对资源配置的作用，最初试图回答发展中国家如何在世界经济中发展定位的问题，现在这一理论也被广泛应用于我国区域经济发展中。

区域比较优势理论认为，不同区域间资源配置效益存在差异的原因有两类，一是区域间生产要素禀赋的比较优势差异，二是区域间外部经济的差异。生产要素禀赋比较优势指区域间各种生产要素拥有状况及其相对价格的差异，不同的生产要素比较优势对应不同的资源配置区域比较效益，具有资本、技术、信息、人力资源优势的区域与不具有这些要素优势的区域相比，其资源配置的区域比较效益显然要高。区域内已有资源的集聚会产生经济效益，同时区域内的基础设施、公共事业等也会给区域内各产业的生产经营活动带来经济效益，这就是所谓区域外部经济。区域间的外部经济不同，会造成资源配置的区域比较优势差异。区域比较优势理论从系统科学的角度解决了一个子系统在大系统中如何定位的问题，该理论认为，不同区域在资源禀赋和资源配置效益方面存在的差异导致区域之间不同的比较优势，按照比较优势理论的观点，拥有不同比较优势的地区应充分发挥自身的比较优势，通过利用比较优势来发展自己，专注优势产业的发展，每一个子系统只有找到自己的特色并发挥自己的这种比较优势，才能在大系统中找到自己生存和发展的空间。在飞地经济发展模式下，开发区和飞入地充分发挥在资源配置效率、资金、管理、人才、土地等方面具有的不同的比较优势，专注优势产业的发展发挥了各自的特长和不同的功能。

3. 区域经济发展梯度转移理论

20 世纪下半叶以来，区域经济学家克鲁默和海特等以赫克曼和威廉姆斯的不平衡发展理论为依托，以弗农等首创的工业生产生命周期理论为依据，探讨了工业产品生产的过程特点及与此相关的地域扩散。区域经济学家将工业生产生命周期理论应用于区域经济学，创立了区域发展梯度转移理论。自20世纪70年代末期以来，为适应我国经济建设实践的需要，何钟秀、夏禹龙、冯之浚等国内学者，提出了一种经济发展战略理论——梯度理论。

梯度理论认为，区域经济的发展取决于其产业结构的状况，而产业结构的状况又取决于地区经济部门，特别是其主导产业在工业生命周期中所处的阶段。如果其主导产业部门由处于创新阶段的专业部门构成，则说明该区域具有发展潜力，因此将该区域列入高梯度区域。该理论认为，创新活动是决定区域发展梯度层次的决定性因素，而创新活动大多发生在高梯度地区。随着时间的推移及生命周期阶段的变化，生产活动逐渐从高梯度地区向低梯度地区转移，而这种梯度转移过程主要是通过多层次的城市系统扩展而来的。

生产要素的流动，总是先流向能带来高收益的经济发达地区；当该地区经济发展到一定程度后，要素价格就会上升，进而导致生产成本加大，一些产品在当地生产变得不经济，需要向生产要素价格相对便宜的周边地区转移。由此，区域经济发展就形成一种梯度逐步推进扩散的态势。根据梯度转移理论，经济发展迅速的开发区采取飞地经济发展模式，在欠发达地区选择飞入地进行产业延伸和产业转移，可以带动区域经济的发展。

4. 共生理论

“共生”（Symbiosis）的概念最早是由德国生物学家德贝里于1879年提出的，指的是由于生存的需要，两种或多种生物之间必然按照某种模式互相依存和相互作用地生活在一起，形成共同生存、协同进化的共生关系。20世纪中叶以来，共生理论和方法开始广泛应用于医学、农业和经济等诸多领域。

从一般意义上讲，共生指共生单元之间，在一定的共生环境中按某种共生模式形成的关系，它由共生单元、共生模式和共生环境三要素构成。共生不是共生单元之间的相互排斥，而是在相互依存中共同合作进化。这种合作进化不仅可以产生新的单元形态，而且可以产生共生能量和新的物质结构，表现为共生个体或共生组织的生存能力和增殖能力的提高，体现了共生关系的协同作用和创新活力。共存是共生的深刻本质，但共生并不排斥竞争，它不是对自身性质和状态的摒弃，而是通过合作性竞争实现单元之间的相互合作和相互促进。这种竞争是通过共生单元内部结构和功能的创新以及共生单元之间功能的重新分工、定位和合作实现的。

目前，很多学者把这一理论运用在区域发展中，呼吁按照共生原理不断优化区域合作。不同的区域通过互利共存、优势互补形成一个相互依赖、共同生存和协同进步的共生系统，它们之间不仅是竞争关系，更重要的是区域之间以及区域与所处环境之间的共生和协同进化关系。发展较好的开发区在一定阶段有向周边地区扩散其能量和拓展腹地的动力和要求，而相关区域有对接这些区域实现地区跨越式发展的迫切需要。若采取飞地经济发展模式，冲破行政区域的壁垒，通过加强合作，充分整合不同区域的优势资源，可以在更大范围内实现生产要素的流动和优化组合，优化投资环境，提高经济运行质量，形成优势互补、联动发展、共生协调、互利共赢的新格局。

在“多地开花”的繁荣现象背后，飞地经济也因地方政府之间的行政管理冲突、利益冲突等体制机制障碍而陷入封闭化、模式化的发展困境。政府作为飞地经济的“推动者”和“搭台者”，其是否愿意推动飞地经济发展、搭建合作平台以及推动力量是否足够大、搭台能力是否足够强等因素，都直接决定着飞地经济的合作效果。根据安增军等（2008）的研究，地方政府的态度、意愿及能力等因素是衡量合作效果的关键维度。围绕这一层面，既有文献指出了许多关于飞地经济发展过程中存在的问题，本文将其简要归为以下两类。一是两地政府对合作伙伴的不信任以及对合作结果的不放心，导致合作存在信任危机。冯艳飞等（2018）及李猛等（2020）提出，地方政府尤其是发达地区的政府大多抱着“肥了外人，害了自己”的顾虑，担心在飞地合作中非但无法获得相应的利益回报，还会因合作分流其产业和税源，故在飞地开发中吝于拿出真金白银和好项目、派出精兵强将，导致合作的积极性不高乃至不愿意合作。冯云廷（2013）及张贵（2021）指出，欠发达地区虽然受益于这种异地开发的生产组织方式，但涉及一些高污染高风险的项目，也要承担不小的环保压力。二是两地政府因飞地管理理念和收益分配方案而产生意见冲突，导致合作出现管理危机。麻宝斌等（2014）提出，发达地区与欠发达地区政府因发展目标、地方政策的不一致，容易在园区建设以及项目运营等问题上产生分歧，从而不可避免地会产生政府间横向协调的难题。查婷俊等（2017）研究发现，谁来协调、怎样协调的问题都将影响区域间的长期有效合作。潘家栋等（2021）认为，有关飞地经济最终产生的收益如何分配、利益如何规划的问题会影响地方政府的合作意愿，从而妨碍飞地合作的顺利推进。

第二节　国际产业转移理论

1. *劳动力部门转移论*

1954 年 5 月，《曼彻斯特学报》刊登了美国经济学家威廉·阿瑟·刘易斯的成名之作《动力无限供给下的经济发展》，该文提出了著名的二元经济结构理论，在发展经济学领域产生了深刻而持久的影响。刘易斯的经济发展模型主要研究传统的仅能维持生存的经济结构变动。构成刘易斯模型理论起点的是他对发展中国家二元经济结构的认定。在欠发达国家的工业化早期，存在两个互相独立又彼此联系的经济部门，一个是市场导向和技术先进的城市现代产业部门，另一个是以庞大落后的自给自足的农业部门为代表的传统经济部门。传统经济部门的劳动力大量过剩，一般以隐藏性失业的形式存在，可以为现代产业部门的扩张提供源源不断的劳动力。由于存在传统部门溢出的劳动力的有力竞争，每个劳动者都得把自己的工资报酬控制在最低限度。现代产业部门工人的实际工资只得长期保持一种低水平，难以提高。这样，节约资本的劳动密集型产业就会因成本低而有利可图，从而得以迅速扩展。随着劳动密集型产业的扩大，越来越多的剩余劳动力资源得到充分利用，并迅速转变为资本，欠发达国家工业化早期资本严重短缺的局面逐渐得到缓解，经济增长进入良性循环。一旦传统经济部门中的过剩劳动力资源被城市产业部门吸纳完毕，劳动力无限供给的条件便告结束，城市现代产业部门工人的实际工资就会快速上升，投资者把眼光转向开发资本密集型产业和技术，工业化过程从此便进入了一个新的阶段。现代部门的工资水平从长期徘徊不前到快速上升的转折时点，习惯上称为“刘易斯转折点”。刘易斯模型关注两个过程：一个是农业部门劳动力的向外转移，另一个是现代部门的产量增长和就业增长。它们转移或扩张的速度取决于在现代工业部门中投资的多少和资本积累的高低。工业部门的工资水平必须至少比农业部门工资高 30%，这样才能诱使农村剩余劳动力离开农业部门进入工业部门。

刘易斯模型不仅提供了一个描述欠发达国家工业化早期劳动力转移与经济增长关系的模型，而且给欠发达国家的工业化、现代化过程指示了一条清晰的可供利用的条件，即劳动力无限供给的条件，来抑制城市现代化产业部门实际工资水平的上升，限制资金密集型产业和技术的扩展，最大限度地利用丰富的劳动力资源，减少公开失业和隐蔽性失业，才能最快地步入工业化和现代化。刘易斯认为，发达国家由于人口自然增长率的下降，导致非熟练劳动力不足，引起劳动力成本上升，其劳动密集型产业的比较优势逐步丧失，于是发达国家将部分劳动密集型产业转移到发展中国家，并从发展中国家进口劳动密集型产品，同时加快国内产业结构升级，从而引起战后国际经济秩序的调整。由于历史的限制，刘易斯没有建立起关于产业转移的完整理论，他对劳动密集型产业发展转移的解释也较为简单。

2. “中心—外围”论

“中心—外围”理论是由阿根廷经济学家劳尔·普雷维什（1949）提出的一种理论模式，他从依附角度分析了中心（发达资本主义国家）和外围（发展中国家）之间的经济关系。中心—外围理论模式将资本主义世界划分成两部分：一个是生产结构同质和多样性的“中心”，一个是生产结构异质性和专业化的“外围”。概括地说，这一理论主要包含三个方面的内容：“中心—外围”体系是一个统一的、动态的体系，具有整体性；“中心—外围”之间在生产结构上存在很大的差异性；“中心—外围”之间的关系是不平等的。普雷维什强调的整体性，无论是“中心”还是“外围”，都是整个资本主义世界经济体系的一部分，而不是两个不同的经济体系。普雷维什认为，现存的世界经济体系是资产阶级工业革命以后，伴随资本主义生产技术和生产关系在整个世界的传播而形成的，维持这一体系运转的是在19世纪获得了很大的重要性的国家分工。根据这种国际分工，首先技术进步的国家就成了世界经济体系的“中心”，处于落后地位的国家则沦落为这一体系的“外围”。“中心”和“外围”的形成具有一定的历史必然性，是技术进步及其成果在资本主义世界经济体系中发生和传播的不平衡性导致的必然结果。对于“中心—外围”体系的差异性，普雷维什的侧重点在于强调二者在经济结构上的巨大差异。他认为，技术进步首先发生在“中心”，并且迅速而均衡地传播到它的整个经济体系，因而“中心”的经济结构具有同质性和多样性。“外围”国家和地区的经济结构是专业化的，绝大部分生产资源被用来不断地扩大初级产品的生产部门，而对工业制成品和服务的需求大多依靠进口来满足。此外，“外围”部分的经济结构还是异质性的，即生产技术落后，劳动生产率极低的经济部门（如生产型农业）与使用现代化生产技术，具有较高劳动生产率的部门同时存在。关于“中心—外围”体系的“不平等性”，普雷维什认为，从资本主义“中心—外围”体系的起源、运转和发展趋势上看，“中心”与“外围”之间的关系是不对称、不平等的。

从起源上说，根据普雷维什的观点，在资本主义世界经济体系的“中心—外围”关系形成以前，“中心”和“外围”当时都处在基本相同的发展水平上。随着资本主义生产方式在西欧，特别是在英国的逐步确立，这种状况开始发生变化，尤其在这些国家开始向世界其他地区扩张以后，这种变化越来越大。在这种体系形成的过程中，英国作为“中心”首先享受到技术进步的好处，而广大的“外围”地区被迫参与以英国为“中心”的国际分工，承担着初级产品生产和出口的任务。

初级产品贸易条件的长期恶化趋势加深了“中心”与“外围”之间的不平等。由于技术进步及其传播机制的作用，“中心”与“外围”之间形成了不平等的国际分工，“中心”国家以生产和出口工业品为主，“外围”国家则以生产和出口初级产品为主。然而，初级产品的贸易条件与工业品相比存在长期恶化的趋势，这又进一步加深了“中心”与“外围”之间的不平等。普雷维什认为，一是技术进步首先发生在“中心”，工业部门容易吸收新技术，因而会提高工业生产率，使工业的要素收入增加，并使制成品价格较高；而初级产品部门技术落后，劳动生产率低，投入要素的边际收益递减，从而使初级产品的价格较低。二是贸易周期运动，在贸易周期的上升阶段，制成品和初级产品的价格都会上涨。但在贸易周期的下降阶段，由于制成品市场具有垄断性质，初级产品价格下跌的程度要比制成品严重得多。三是在贸易周期的上升阶段，由于企业家之间的竞争和工会的压力，“中心”国家的工人工资会上涨，使制成品的价格相对上涨；而“外围”国家由于初级产品部门工人缺乏工会组织，没有谈判工资的能力，再加上存在大量剩余劳动力的竞争，初级产品价格相对下降。四是由于初级产品的需求不像制成品那样能够自动地扩大，而它们的需求收入弹性又比较低，因此它们的价格不仅呈现周期性的下降，而且出现结构性下降。

世界经济体系的“动力中心”从英国向美国的转移，进一步加深了“中心”与“外围”之间的不平等。普雷维什认为，在“中心—外围”体系形成初期，英国所奉行的政策使“外围”国家和地区能够在“中心—外围”体系下获得一定发展的可能性，不对其进口的“外围”国家的初级产品设置关税或非关税壁垒。然而，在世界经济体系的“动力中心”转移到美国以后，“外围”国家和地区就处在了一个更加不利的地位上。主要原因是美国的进口系数非常低。美国的低进口系数意味着其从“外围”国家进口数量相对较少，使“外围”国家的初级产品出口部门失去了发展的动力。同时，美国低进口系数进一步压低了初级产品的需求收入弹性，使初级产品的贸易条件更趋恶化。

普雷维什认为，由于原材料和初级产品的需求弹性低而工业制成品的需求弹性高，导致发展中国家贸易条件不断恶化并形成巨额贸易逆差，发展中国家被迫实行进口替代战略，试图通过国内工业化替代大量进口工业品；为加速工业化进程，虽然跨国公司转让的技术在发展中国家的工业生产中起到了主导作用，但是它们同时攫取了巨额利润，阻碍了发展中国家的资本积累。普雷维什关于“中心”和“外围”之间经济关系的分析部分地反映了发达资本主义国家和发展中国家之间产业转移的现实，同时较早地注意到产业转移是区域间经济关系发展变化的必然产物，但对产业转移能够加快欠发达区域经济发展的积极影响认识不足。

3. 产品生命周期论

20 世纪 60 年代初，美国经济学家弗农在总结国际贸易对美国这个高度发达的工业先行国的工业结构转换影响的基础上，通过剖析产品的国际循环，提出了国际产品生命周期理论，又称产品循环论。弗农认为，美国之所以向国外转移产业，是由于企业为了顺应产品周期的变化，以规避某些产品生产上的比较劣势。根据弗农理论，一种新开发的产品将经历以下几个发展过程。

新产品阶段：在这一阶段生产者基于对市场的熟悉和对当时需求的了解，推出一种新产品。而新产品尚未进行标准化生产，生产者正在努力改善产品的性能以最大限度地满足消费者的需求。新产品的生产往往来源于国内，因为生产者对国内市场熟悉并了解消费者需求，而且生产新产品的国家往往人均国民收入和单位劳动成本较高，例如美国等发达国家。

成熟的产品阶段：是产品及其生产技术逐渐成熟的阶段。随着新产品的国内市场不断扩大和生产者对这个市场的特性越来越熟悉，产品的设计也会趋于标准化。标准化生产能使生产者通过集约生产而获得规模效益。产品的需求最终将扩展到那些同国内市场的需求结构相近的国外市场，例如美国开发的产品更可能在西欧和日本找到市场。在这个阶段，生产者开始体会到在决定生产布局上生产成本的重要作用。如果生产者估计这种产品在国外生产比在国内成本要低，则生产者会调整生产的国际布局。这个产品就可以在国外生产并向第三国出口，甚至可以流回产品的发起国。

标准化阶段是产品及其生产技术的定型化阶段。随着产品达到高度标准化阶段，生产成本将成为生产布局的主要因素。在这种情况下，欠发达国家就可能成为最理想的生产国（尤其是劳动密集程度较高的产品），因为它们的劳动成本比较低。如果发生了这样的生产布局调整，那么，欠发达国家的出口发展将会进一步向国外转移。

产品生命周期理论揭示了：如果一个国家在某种新产品上拥有技术上的竞争优势，那么它将出口这种产品。由于作为技术发展基础的最重要因素之一是人才资本（一国的技术和知识人才的密度），因而高技术产品出口国将是那些人才资本相对密集的国家。当某种产品的生产技术传播到另一个国家时，技术开发国在这种技术上的人才密度就会丧失优势，从而失去它在这种产品上的比较优势。一旦技术引进国获得了产品生产的必要技术，则贸易模式就主要由相对生产成本来决定了，而相对生产成本又主要取决于资本与劳动力的相对存量。产品及其生产技术的生命周期变动，导致产品生产地点的变动，从而决定了该产品出口国和进口国位置的变化。弗农的产品生命周期理论将产品及其生产技术的周期和各国的比较优势变化结合起来，从一种动态的角度说明了发达国家从出口、对外直接投资到进口的发展过程，其所建立的产品生产区位的转移模式对产业转移研究具有很大的启发意义。

4. 梯度转移论

梯度作为表现地区间经济发展水平差别的方式，在区域经济学中被广泛采用。梯度转移论建立在客观存在的地区二元结构基础上。它源于美国弗农等首创的工业生产生命循环阶段论。梯度理论认为每个国家与地区都处在一定的经济发展梯度上，世界上出现的每一种新行业、新产品、新技术都会随着时间的推移，由处在高梯度上的地区向低梯度上的地区传递下去。区域经济学者把生命循环论引用到区域经济学中，创造了区域经济梯度转移论，并得出以下结论：区域经济的盛衰主要取决于它的产业结构的优劣，而产业结构的优劣又取决于地区经济部门，特别是其主导产业在工业生命循环中所处的阶段。如果一个地区的主导专业部门都是由那些处在成熟阶段后期或衰老阶段的衰退部门组成的，这种地区就属于低梯度地区。创新活动包括的新兴产业部门、新产品、新技术、新的生产管理与组织方法等大多发源于高梯度地区，随着时间的推移，生命循环阶段的变化，按顺序由高梯度地区逐步向低梯度地区转移。根据梯度转移理论，产业发展在客观上存在的区域性梯度差异，使得产业转移成为可能。产业转移实质是高新技术扩散和产业结构升级的过程。尽管理论界对梯度发展有不同的认识，但从现在已达到的经济技术水平看，我国区域经济发展中存在技术梯度是明显的事实。通过区际产业转移，存在技术经济水平梯度差异的两个地区按互补性原则，将一个地区内失去比较优势的产业转往具有比较优势的地区，这样，既可摆脱包袱，充分利用沉淀资金，获得比较利益，又可为本地区发展其他优势产业提供有效空间，推动产业升级。其最终结果是使各区域的产业类型和水平与自身的资源禀赋、要素价格和经济发展总体水平相适应。梯度理论表明区域间经济发展水平的梯度差异是产业转移发生发展的客观基础。

5. 雁行模式论

“雁行模式”（Flying Geese Pattern）最早是由日本经济学家赤松要在20世纪30年代提出的，20世纪50年代中期基本成形，20世纪70年代最终定型。20世纪30年代赤松要在研究日本棉纺工业发展史时，发现明治维新以后由于日本近代经济的发展，国内需求增加，棉线、棉纺织品的进口也随之扩大。不久，国内产量猛增，逐步取代了进口。棉线和棉纺织品生产分别于1890年和19世纪80年代中期前后超过了进口。这是实现进口替代的转折点。随着国内产量的不断增加，出口开始扩大。于是赤松要在1932年提出有关后起工业国的典型产业发展模式理论——“雁行产业发展形态说”。

“雁行模式”理论主要用来说明日本的工业成长模式。赤松要先生认为，日本的产业通常经历了“进口—当地生产—开拓出口—出口增长”四个阶段并呈周期循环。某一产业随着进口的不断增加，国内生产和出口的形成，将四个阶段用图形表示就如一只大雁展翅翱翔，故得此名。在一国范围内，“雁行产业发展形态”先是在低附加值的消费品产业中出现，然后才在生产资料产业中出现，继而整个制造业的结构调整都会出现雁形变化格局。

日本学者山泽逸平先生对赤松要先生的“雁行产业发展形态说”进行了扩展，提出了“引进—进口替代—出口成长—成熟—逆进口”五个阶段。从而更加详尽地展示出后进国家如何通过进口先进国家产品和引进技术，建立自己的工厂进行生产以满足国内需求，不仅可供出口，而且后来居上占据“领头雁”地位并最终实现经济起飞。

赤松要本人及山泽逸平等日本学者不仅对“雁行模式”加以了拓展，而且将其引申来解释以东亚为中心的亚洲国家的国际分工和结构变化的过程，以及表述东亚国家和地区在相互依存、相互波及中依次起飞的历史过程。从辩证的角度看，任何事物都存在两面性，不能仅就其一面全盘否定或肯定它。“雁行模式”反映了产业转移对发展中国家产业结构升级的巨大推动作用。但是，问题的症结在于：日本在推行“雁行模式”的过程中将其固化、制度化或静态化，试图以此来确保日本经济在亚太经济中的主导地位，进而提高其在亚太地区的政治发言权，这种企图不但会使该地区其他国家的经济发展、产业升级换代受到一定的阻滞，从而遭到这些国家的反对，而且最终会使日本自己的发展受到掣肘。

6. 边际产业扩张论

日本经济学家小岛清（1977）根据日本对外直接投资的实际，提出对外直接投资应该从投资国已经处于或即将处于比较劣势亦即边际产业依次进行，以回避产业劣势，或者说扩张边际产业。边际产业扩张理论认为，投资国从具有比较劣势的产业开始对外直接投资，而接受投资的国家接受并采用先进的生产技术，从而使潜在的比较优势显现出来。因此，从边际产业开始进行对外直接投资，对于投资国和接受投资的国家都有利。日本在“二战”后经历了“引进现代产业部门—创造了比较优势—失去比较优势”的过程，边际产业扩张理论反映了日本具有产业转移性质的对外直接投资的现实。小岛清的“边际产业扩张论”主要内容包括以下几个方面。

在对外直接投资的特点上，该理论认为对外直接投资不仅是货币资本的流动，而且是资本、技术、经营、管理的综合体，由投资国特定产业部门的特定企业向东道国同一产业部门的特定企业（子公司、合办企业）的转移，是投资国先进生产函数向东道国的转移和普及。

在投资主体上，该理论认为对外直接投资应该从本国的边际产业（或边际企业、边际性生产部门，这里的“边际”包括边际以下）开始依次进行。所谓“边际产业”（也称“比较劣势产业”），是指在本国内已经或即将丧失比较优势，而在东道国具有显著或潜在比较优势的产业或领域。由于同大企业相比，中小企业更易趋于比较劣势，成为“边际性企业”，因此中小企业更要进行对外直接投资。

在投资方式上，该理论主张应从与对方国家（即东道国）技术差距最小的产业或领域依次进行投资，不以技术优势为武器，不搞拥有全部股份的飞地式子公司，而采取与东道国合办的形式，或采用像产品分享方式那样的非股权安排方式。

在投资的国别选择上，该理论积极主张向发展中国家的工业投资，并从差距小、容易转移的技术开始，按次序进行。在小岛清看来，从比较成本的原理角度看，日本向发达国家（美国）的投资是不合理的。他认为，几乎找不出正当理由来解释日本要直接投资美国小汽车等产业，如果说有，那也仅限于可以节省运费、关税及贸易障碍性费用以及其他交易费用等。与其这样，不如由美国企业对日本的小型汽车生产进行投资，日本企业对美国的大型汽车生产进行投资，即实行所谓“协议性的产业内部交互投资”。

在投资的目的和作用上，该理论认为对外目的在于振兴并促进东道国的比较优势产业，特别是要适应发展中国家的需要，依次移植新工业、转让新技术，从而分阶段地促进其经济发展。

在投资与贸易的关系上，“日本式”的对外直接投资所带来的不是取代贸易（替代关系），而是互补贸易，创造和扩大贸易。因为这种投资将投资国技术、管理等优势移植到东道国，使东道国生产效果得到改善，生产成本降低，创造出盈利更多的贸易机会。对比投资发生之前，投资国可以更低的成本从东道国进口产品，并且可以扩大进口规模，给东道国留下更多的利益。

小岛清的“边际产业扩张论”，是在当时的国际对外直接投资理论无法解释和指导日本对外投资活动的背景下提出的。实践证明，它对日本对外直接投资的确立起到了积极的促进作用。甚至在今天的日本对一些发展中国家的投资中，很少出口高技术，可能就是受到“小岛理论”中“从技术差距最小的产业依次进行移植”的影响。随着经济理论的发展和国际经济的实证检验，“小岛理论”的缺陷和对实际经济现象解释的无力使之未能取得进一步发展。笔者认为，就理论而言，略去其假设前提、理论逻辑等方面存在的问题，单是其理论推导的直接结果——发达国家不断将传统、落后甚至过时的技术、产业转移到发展中国家，而本国保留技术最先进的高级产业，这样发达国家的领先地位便遥不可及，发展中国家“拾人牙慧”——显然有悖于发展中国家力图通过产业结构升级追赶发达国家的初衷。

另外，小岛清阐述的“边际产业移植标准”，在国际经济应用中虽然意味着发展中国家因贸易利益的流失和经济发展差距的难以弥合而必然遭到反对，但将其用于一国国内产业结构调整，却可借这一比较优势上的主张提升一国产业结构和总体的经济实力，从而赶超发达国家。

7. 国际生产折中论

英国经济学家约翰·邓宁的“国际生产折中理论”是在融合前人及同时代其他学者国际生产理论的有关思想的基础上，综合形成的一个独特的理论体系，它全面分析解释了国际生产的决定因素、国际生产所采取的形式、国际生产的开展程度等方面的内容。在邓宁理论体系中最关键的就是所谓“三大理论支柱”，即企业所有权优势、内部化优势和区位优势。

（1）所有权优势

邓宁认为，企业之所以能够进行国际生产，其基础在于具有所有权优势。邓宁把决定一国企业相对于其他国家企业所具有的所有权优势划分为三类。第一，借鉴贝因所做的关于新的竞争者进入市场障碍的研究后指出，这种企业优势来源于某些新竞争者进入市场的困难及获取原料的困难；或者是由于新设立的企业往往较小，以致达不到规模经济所要求的足够规模，从而难以与原来企业展开积极有效的竞争；或者是原来企业具有某些无形资产，如专利、商标、管理技能等。第二，在某一特定地区里，大企业的分公司在许多方面的竞争力优于一个独立的公司。这是由于分公司能够通过母公司的总体联系网络获益或增强竞争力，而一个独立的公司或一个刚开发新产品进入一个新生产领域的公司一般要承担全部生产开发经营费用，且初始阶段经验欠缺，所以竞争能力往往较弱。第三，企业跨国经营所涉及国家越多，各个国家经济环境相差越大，那么该公司利用不同的要素资源禀赋及市场情况所获取的收益就越大，也就具有更强的企业所有权特定优势。

（2）内部化优势

内部化优势是企业能将独占的无形资产或其他中间产品在内部交易并运用，克服外部市场失灵的障碍，使交易成本趋于最小，并获得内部化的其他利益。邓宁指出："一个国家产品的国际竞争力不仅取决于其各种资源的占有——某些情况下这是必须的——同时也取决于企业通过内部化来利用这些优势的愿望和能力。"企业通过它自己内部控制的程序或渠道来分配其资源而替代市场机制的作用，使其生产经营活动保持稳定并从中获取收益。要理解邓宁的所谓内部化优势，首先需阐明两个概念：一是市场不完全，即某些产品的特性使得它们不能完全合理地通过市场交易来实现其价值，这些产品不仅包括中间品，如半成品、零部件等，更重要的是指信息、技术、管理知识等。例如，技术等知识产品具有唯一性以及它的效益只能在投入生产过程以后才能断定，从而造成卖方和买方对该产品价值判断的不一致，难以通过市场来正常交易。二是交易成本，是指生产者和使用者在交换产品时并不是无成本的，而是存在一定的交易障碍，需付出一定的代价。即因存在交易成本而导致市场不完全进而促使企业实行内部化。

（3）区位优势

区位优势有两层含义：一层是指东道国不可移动的要素禀赋优势，如某些自然资源、地理位置等；另一层是指东道国政府的政策法规灵活、优惠、合理而形成的优势。邓宁引入区位因素包括三个方面：第一，有些资源只能被选址于特定位置的企业使用，具有一定的排他性。第二，从生产国到销售国所耗运输成本。第三，无法避免或不可转移的成本，如税收、政府对股利汇出的限制等。区位因素不仅制约跨国公司对外直接的选址及其国际生产布局，而且影响企业所有权优势。邓宁的折中理论既可用于发达国家，也可用于发展中国家和地区，它满足了多方面的需要，从而博得"通论"的雅称。但应当指出，邓宁理论体系尚存在一些不足。由于该理论中包含因素众多，特别是不能说明众多解释因素中哪种因素对投资决定最具影响作用，一切均需视具体情况而定，这就失去了一种严密的理论体系所应有的概括性地解释说明具体现象的能力。

8. 绝对成本理论与相对成本理论

英国古典经济学家亚当·斯密在其代表作《国富论》中指出，市场经济中，在利益驱动下，主观上为自己的微观主体可通过分工和交易而客观上为社会工作，从而实现自利与互利、个体利益与社会利益的相互联系。社会各经济主体按自己的特长实行分工，进行专业化生产，然后通过市场进行交易，从而在总体上实现社会福利最大化。显然，交易活动一旦超出本国范围，国际分工和国际贸易就出现了。斯密的这一理论被称为绝对成本理论。斯密的理论有一个基本前提，即一个国家必然会有某种商品在生产方面占有绝对优势，才能参与国际分工和国际交换。

另一位英国古典经济学家大卫·李嘉图在其1817年出版的《政治经济学及赋税原理》中提出相对成本理论，进一步拓展了绝对成本理论。他认为，不论一个国家的经济处于怎样的状态，经济力量是强是弱，技术水准是高是低，都能确定各自的相对优势，即使总体上处于劣势，也可从诸多劣势中找到相对优势。

比较成本理论为世界各国开展对外贸易提供了强有力的理论武器。不论哪个国家，也不论其处于什么样的发展阶段或强弱大小，它们都能确定各自的比较优势，而且只要按比较优势来安排生产和进行贸易，贸易双方就都能从中获益，即可以用较少的劳动耗费获取比闭关自守时更多的产品。

9. 要素禀赋理论

瑞典经济学家赫克歇尔和俄林的要素禀赋理论，是比较成本学说的完整化，也被认为是现代国际分工理论的开端。该理论认为，各个国家的资源禀赋存在差异，有的劳动力资源丰富，有的自然资源丰富，有的资本资源丰富，各个国家分工生产使用本国最丰富的生产要素的产品，劳动力丰裕的国家出口劳动密集型产品，进口资本密集型产品；而资本丰裕的国家出口资本密集型产品，进口劳动密集型产品。这样经过国际贸易，各国都能获得最大的福利。

比较成本理论和要素禀赋理论解释的是不同产品在不同国家之间分工的原因。但其原理同样可以用来解释加工贸易产生的原因。加工贸易作为伴随对外直接投资和国际分工的发展而兴起的一种新的贸易方式，促成生产环节在不同空间上的分布，使各个国家和地区充分发挥比较优势，优化资源配置，增强产品的国际竞争力。从世界各国加工贸易发展的格局来看，发达国家与发展中国家在国际产业分工中的地位是由其比较优势决定的。通常发达国家具有资金、技术方面的优势，发展中国家具有劳动力、资源方面的优势。

比较成本学说对西部地区的加工贸易发展具有重要指导意义。西部地区经济目前远远落后于东部，但西部各省资源要素禀赋各异，都具有自己的比较优势，如劳动力优势、资源优势、产业优势、地缘优势等，正是这些优势决定了西部地区参与国际分工的方式与地位。资源丰富的省份依据自身优势发展资源深加工型加工贸易，具有产业优势的省份发展技术密集型加工贸易，或者凭借丰富的劳动力资源在技术密集型产业中的劳动密集型工序或者环节中来发展加工贸易。

第三节　国内地区产业转移理论

1. 国内梯度转移理论

梯度转移理论自20世纪70年代末80年代初被引入我国后，成为一种应用最为广泛、影响最为深远的理论。梯度转移理论在我国表述为：无论是在世界范围，还是在一国范围内，经济技术的发展是不平衡的，客观上已形成一种经济技术梯度。有梯度就有空间推移。生产力的空间推移，要从梯度的实际情况出发，首先让有条件的高梯度地区，引进掌握先进技术，然后逐步依次向处于二级梯度、三级梯度的地区推移。随着经济的发展，推移的速度加快，也就可以逐步缩小地区间的差距，实现经济分布的相对均衡。

根据这一理论，还将我国划分为东部、中部、西部三大经济地带，并提出在开发次序上应循东—中—西的顺序进行开发建设，即由高梯度向低梯度转移。该理论在我国“七五”计划的地区发展战略中得到了突出体现。梯度战略的政策目标虽含有地区间经济的平衡、协调、发展，但其直接指向经济效率和发挥各地优势，强调集中资金与资源实行重点发展，在地区间形成产业结构转换的接续关系，使产业空间分布同地区经济发展联系起来。郭凤典主编的《区域经济与实践》指出，在实践中，梯度转移理论的运用忽视了以下五个问题：

（1）梯度转移理论运用区域经济的发展，是按什么标准对地域进行梯度分类排序。现行沿用的是将地区按沿海地区与内陆地区或按东部、中部、西部三大地带划分成东部发达地区、中部欠发达地区和西部落后地区，用此来指导区域经济的发展，这种过于简单的划分并不科学。因为，所谓发达、欠发达或落后都是相对概念。东部沿海地区的省份也有许多地区的经济发展水平与现代化程度比较低，如鲁西地区、粤北地区。

（2）按照梯度转移理论的划分，从发展的角度来看，忽视了地区之间经济和文化交流的双向性。按照梯度转移理论划分的三个地区的经济资源具有很大的互补性，而梯度转移理论的发展只能解决东部沿海地区和与之相邻的中部地区的经济和文化交流问题，然后才是中部地区和西部地区的经济和文化交流问题。显然，这样的发展会导致严重的资源配置扭曲。从总体上看，不利于经济发展速度的提高和现代化进程的加快。

（3）梯度理论忽略了同一地区之内的经济互补性。在东部、中部、西部的同样一个地区内，中心城市、小城市和其他地区的经济发展水平与现代化程度有很大的差异。由于先进地区和落后地区之间存在广泛的互补性，两者的互动关系将长期存在，这是经济发展的重要动力，必须加以利用。按照梯度转移理论，地区内部的发展问题就不可能得到很好的解决。

（4）从长期来看，如果西部落后地区等到东部发达地区带动中部欠发达地区发展后再得到推动力，那么，必然延误西部落后地区和中部欠发达地区的发展，中国的地区差距将在很长时期内进一步扩大，这将对整个中国的经济发展和现代化进程产生严重的不利影响。

（5）从理论上看，梯度转移理论忽略了地区之间经济发展和现代化进程中的互动性。梯度转移理论只注重发达地区对欠发达地区和落后地区的推动作用，忽略了后者对前者在人才、自然资源等方面的支撑作用。

2. 国内产业集群理论

在借鉴西方学者对产业集群概念的研究的基础上，我国学者厉以宁提出了自己对产业集群概念的定义。归纳起来，主要有以下五种观点：

（1）产业集群是一种新的产业组织形式。例如，复旦大学博士仇保兴认为，小企业集群指的是由众多自主独立且相互关联的小企业依据专业划分和协作的关系并在某一地理空间高度聚集而建立起来的产业组织，这种组织的结构介于纯市场和纯科层组织之间。芮明杰认为，中小企业集群是指通过信息共享和人员的相互作用形成的中小企业之间的结合，是一种新生的企业和产业组织制度。

（2）产业集群是在一定区域内形成的企业网络。慕继丰、吴思华、赖士葆等从企业网络的角度考察了产业集群现象。慕继丰认为，企业网络是指一批具有相互联系的企业和机构在某些地理区域的集中。吴思华将中小企业集群定义为一群独立自主又彼此信赖的成员组合，成员之间具有专业分工、资源互补现象，彼此间维持着长期的非特定合约关系。赖士葆认为，中小企业集群是两个或两个以上独立但又相互关联的个体企业间所建立的长期关系，这种关系不一定以契约来维持，也可通过承诺与信任来进行。

（3）产业集群是相同产业在某一地区的成长现象。符正平、徐康宁、曾忠禄等都强调产业集群的产业特征，认为产业集群指同一产业的企业以及该产业的相关产业和支持产业的企业在地理位置上的集中和成长现象。

（4）产业集群是具有共同的产业文化和价值的企业在一定地域空间内的集聚。王缉慈等强调产业集群内企业共同的社会文化背景及价值观念，认为只有具备了这些条件，群内企业才具有区域的“根植性”，才可以形成稳定的产业集群。从这个思路出发，王缉慈将产业集群定义为一组在地理上靠近的相互联系的公司和关联机构，它们同处一个特定的领域，由于具有共性和互补性联系在一起，具有专业化特征。

（5）产业集群是具有高度创新能力的社会生产系统。柳卸林和段小华在综合众多学者研究成果的基础上，将产业集群的内涵概括为相互作用、相互依存的企业集团构成的生产或社会系统。集群内的企业有着非常活跃的创新交换过程，知识转移和分享非常频繁，是一个知识转移和分享的密集区。集群通常有很强的科技基础，倡导创新和创业文化。

综合上述观点，产业集群和企业集群是两个不同的概念：一是集群本质上是一种产业组织，属于经济学的研究范畴，而企业集群应该研究企业组织，属于管理学的范畴；二是产业集群，除企业外，还存在大量的组织机构；三是企业是个体概念，而产业是整体概念；四是产业集群是一种机制，是空间的聚集和产业的关联，而企业集群是一种空间表现形式。从我国的地区产业发展来看，尽管我国部分地区产业集群的迅速成长有力地推动了地方经济的发展。但由于我国仍处于体制转轨的过程之中，传统制度的影响、文化观念的滞后、经济基础的薄弱、政策设计的偏差都对产业集群的进一步发展造成了很大的障碍。

第一，群内没有形成有效的企业集聚机制。群内没有形成相互关联、相互依存的专业化分工协作的产业体系（仇保兴，2000）；群内企业之间业务关联性和技术关联不大，缺乏明确的产业分工和产业特色，产业结构趋同严重；群内企业和大学及科研院所的互动机制不健全，企业科研能力弱，缺乏发展后劲，而大学和科研院所的科研活动严重脱离实际，已有的研究成果也难以转化为现实的生产力（顾朝林，1999）。由于追求利益最大化是资本的天性，一旦原有的优惠条件和生产环境发生改变，区内企业往往会发生迁移，形成所谓“松懈型”企业，从而给地方经济带来严重的负面影响（王缉慈，2001）。

第二，产业集群内没有形成基于共同地域文化背景之上的人文关系网络。人文关系网络是影响企业集群发展的重要因素，是以血缘、亲缘、同学、朋友关系为纽带相联结而成的非正式交流网络，这种关系网络隐含的核心精神是集群内企业间的信任和承诺（李新春，1999）。人文关系网络的形成对于降低交易成本、减少信用风险、促进专业分工等有积极作用，并且，由于这种关系网络是建立在当地特有的传统文化基础之上的，其他地区难以模仿，从而进一步加强了当地产业集群的根植性（王缉慈，2001）。人文关系网络系统的缺乏，阻碍了企业之间信息交流与相互学习，进而制约了群内企业创新能力的提高和高新技术企业的发展。

第三，产业集群普遍面临优化升级的困境。一是国内企业经营者和劳动力素质较低，科研能力弱（何云，2002）。二是外资企业在我国设立的分厂多采用标准化的技术，而把核心产品的开发、设计和生产放在母国，从而使外资企业的技术和管理知识的扩散极为有限（杨建梅、冯广森，2002）。三是制度上的障碍和组织效率的低下，使得一些大制造商宁愿承担高额的运输成本在海外组织零配件的生产，也不愿与当地的国有企业合作，进一步限制了外资的技术扩散，影响了产业集群的优化升级（王缉慈，2001）。

第四，产业集群成长的环境不理想。由于缺少完善的市场机制环境，企业之间长期以来各自为政，交易费用高，没有形成分工细化的产业集群，中小企业的作用没有得到充分重视，限制了人力资源的利用。长期以来“条块分割”的制度顽症影响了生产要素的自由流动，限制了产业集群内企业间合作和专业化分工的发展；多数国有企业和民营企业的产权清晰度不高，影响了企业进行技术创新的积极性（石忆邵，2002）。政府对产业集群的支持政策存在偏差，重视大企业集团而轻视中小企业集群，重视硬环境建设而忽视软环境的营造，在经济总量上盲目攀比，却不重视生态环境的建设，以致群内企业税费负担过高、融资环境差、支撑体系弱、环境污染严重等，均影响到群落型经济区域的可持续发展。

第四节　飞地经济治理理论

飞地经济通常涉及多元化的治理结构，结合当前的实践，飞地经济的主体主要有开发主体、政府、开发区等协调管理和组织等。其中，飞地经济最基本的治理主体是飞入地和飞出地管委会及市政府。此外，很多飞地经济是依托飞入地、飞出地的开发区设立的，所以开发区也发挥着领导作用。与此同时，为了实现两地之间的协调，通常还可以采取成立联合领导及会议小组的方式来决定某些重大开发事项。

从开发和管理方面来讲，飞地经济往往采用市场化运作，所以通常需要委托第三方或自行出资成立开发公司。除此之外，在跨省及省内实践中，中央政府参与程度较低，通常仅在飞地经济专项政策和区域政策等方面提供支持和指导，省级政策则参与度较高，通常直接参与或间接提供政策支持。

飞地经济主要涉及市场—政府关系、尺度间关系和领域间关系，由于关系较多，所以飞地经济的制度空间治理结构往往也更加复杂。虽然飞地经济的治理结构有助于协调不同主体间的利益，但对于各主体而言，它们关注的往往只是实现自身利益的最大化，因此，飞地经济可能会经常出现一些结构性矛盾。

飞地经济区管理属于跨域治理属性，跨域治理理论可以帮助科学评估飞地经济区的管理水平并分析存在的问题和差距，对如何改善和提高飞地经济管理有较强的指导意义，可以作为理论分析工具。

在开展跨域治理研究之前，必须从理论层面入手分析其基本内涵。跨域治理主要指的是基于多元化的治理理论和综合性治理模式，其主要特征是协同发展、参与主体多元化、网络关系互动等。随着社会的不断进步，我国出现了大量的跨域性公共事务，跨域治理逐渐成为一个热点研究领域，大量学者纷纷投身于跨域治理的研究，且取得了一定的成果，但就跨域治理的基本内涵而言，学术界当前还存在一定的争议，并未达成一致。

丁煌和叶汉雄（2013）对学术界已有的跨域治理概念界定进行了系统的梳理，指出跨域治理应当是民众、NGO、企业和政府等多元主体之间相互合作，综合运用对话协商、行业规范、公共政策等治理工具，协同作用，共同应对各种各样跨域公共问题和公共事务的过程，多元化的治理主体是跨域治理同市场治理和科层治理的最大区别。

张成福等（2012）基于自身的研究指出，跨域治理应当是包含公民、社会、NGO、企业和政府等两个及以上治理主体，围绕社会的公共价值和公共利益，共同参与跨域公共事务治理的过程。在他们看来，跨域治理主要有五大特征，即治理的战略性和前瞻性、治理的网络化、治理的互动性、对象的跨域性、治理主体的多元性。

在李长晏和林水波（2005）看来，跨域治理主要指的是由于不同行政区、组织或部门业务范围出现重叠，导致出现一系列跨域事务、无人管理和权责模糊等问题时，通过 NGO、社区组织、企业和政府等主体协同合作，利用行政契约、公私合伙及社区参与等方式来处理这些问题。

通过分析和总结当前已有的跨域治理基本内涵研究成果可以看出，现阶段学术界的焦点主要集中在对“域”的理解上，当前主流的观点有两种，一是侧重于关注跨域治理的组织主体特征，即民众、NGO、企业和政府等主体之间的协同治理过程。二是注重跨域治理的地理空间特征，倾向于针对某一特定的地理疆域开展不同组织主体之间的协同治理。学术界还未对跨域治理的基本内涵达成完全一致，李长晏和林水波的理论是当前接受较广的观点。此外，虽然跨域治理涉及的因素较多，但其核心要素和特征是十分简单明确的，即民众参与、分权化、多中心、分层结构多样化等，基于对跨域治理基本概念的梳理既可以深化对跨域治理理论的理解，又能够为后续跨域治理的实践和应用提供依据，进而有助于促进不同区域之间的协同发展和进步。

第三章　中央、省市对飞地经济的总体要求

近年来，有关省（区、市）打破行政区划界限，创新跨区域合作模式，探索政府引导、企业参与、优势互补、园区共建、利益共享的飞地经济合作，取得了积极成效。2017 年 6 月，国家发展改革委、国土资源部、环境保护部等八部门联合印发《关于支持“飞地经济”发展的指导意见》，明确要创新飞地经济合作机制，发挥不同地区比较优势，优化资源配置，强化资源集约节约利用，提升市场化运作水平，完善发展成果分享机制，加快统一市场建设，促进要素自由有序流动，为推进区域协调发展做出新贡献。

第一节　国家对飞地的指引

中央已出台的支持飞地经济发展的指导意见主要包括《关于进一步加强区域合作工作的指导意见》《关于支持“飞地经济”发展的指导意见》。同时，中央根据不同合作区的发展需求，批准合作区实行与其发展需求相适应的政策，并在一定程度上扩大合作区所在地地方政府的自主权。例如，1994 年《国务院关于开发建设苏州工业园区有关问题的批复》中批准苏州工业园区委员会可以不用设置与其上级机关对口的内部机构，并可以在不与法律法规冲突的情况下吸收新加坡行政管理与经济发展方面的先进经验和制度。当前许多省市已出台地方规章制度对飞地经济进行指导。

1. 地方制度试验中的飞地经济

飞地经济最初起源于京津冀、珠三角和长三角等地区，且集中于江阴—靖江工业园区及各区域内部，是一种典型的地方制度试验产物。2002 年，我国开始开展飞地经济实践；2005 年，江苏省率先推出了《关于加快南北产业

转移意见的通知》，并在苏北园区和苏南园区开展了大量试点工作，积累了一定的经验，其是我国飞地经济的典范。与此同时，上海也在漕河泾开发区盐城分区和张江平湖科技园区等地兴起了跨省实践。2008 年，广东出台了“双转移”政策，在这之后开始发展飞地经济，截至 2016 年，已经形成广州（梅州）产业转移工业园、深汕特别合作区等 83 家园区。京津冀地区则注重区域协调发展和产业转移，例如，《京津冀协同发展规划纲要》系统剖析了京津冀地区的产业转移问题，明确了区域的发展规划，在这之后，区域飞地经济发展逐渐加快，形成了威县·顺义产业园和曹妃甸协同发展示范区等飞地经济。此外，我国其他地区也兴起了大量的飞地经济，如四川的成德工业园（2013 年）、湖北的黄冈和武汉园区共建（2014 年）等，其中不乏一些跨区域实践案例，如 2016 年由保定和深圳签订的“保定深圳园”。在飞地经济发展如火如荼的同时，也逐渐形成了一批广东省工业园区协会、长三角园区共建联盟等区域性非营利组织。

2. 国家空间政策中的飞地经济

在地方制度试验的过程中，大多集中于地方区域内部发展飞地经济，而就国家尺度方面而言，发展飞地经济既需要促进区域的协调发展，又需要大力提升区域竞争力，所以，中央政府通常十分重视各种帮扶和支援政策同飞地经济的相互衔接，以此促进中西部发展，缩小同沿海地区的差距。虽然早在 2003 年我国便在地方制度实验中发展飞地经济，但国务院真正开始关注飞地经济是在 2008 年汶川大地震之后，在这之后，除一些针对江西、内蒙古和重庆等地的专项政策外，飞地经济已经实现了同中部崛起、西部大开发等政策的直接结合。例如，《国务院关于中西部地区承接产业转移的指导意见》重点阐述了西部发展中共建、互动的作用。同时，国家也十分重视区域内的飞地经济，并同一些珠三角、长江经济带、成渝经济带、长株潭经济带等战略有机结合，以此来推动区域发展，进一步提升区域核心竞争力。随着发展的深入，飞地经济已经逐渐同农民工返乡创业、生态补偿和国土开发等政策相联系，并被写入了全国空间战略中。例如 2017 年，我国首次在全国国土规划纲要中涵盖了飞地经济，标志着飞地经济正式成为国家尺度的空间发展战略。此外，《关于支持飞地经济发展的指导意见》也强调了飞地经济的重要性，并将飞地经济和我国三大国家战略有机结合。在各种政策的支持下，我国依托帮扶、对口援助等项目发展了凯里·杭州经济开发区协作园、喀什深圳产业园等一大批中西部地区飞地经济。

3. 飞地经济协议的程序性规范

飞地经济协议的签订必须遵循一定程序才能获得相应的效力，飞地经济协议的第一个程序是双方主体对协议内容进行磋商。在我国地方政府的跨区域合作治理实践中，多数飞地经济协议的签订程序是先形成区域性协商机制，即行政首长联席会议，然后历经多轮、反复的磋商，并就有关事项形成备忘录。飞入地的行政事务如果需要特定的行政机关协助，如海关、金融、税务、公安等，那么飞出地政府则会另设机构或者派出相应机构等，这都需要得到其上级主管部门的批准。

形成飞地经济协议草案后，应当向有关行政机关、社会组织和公众公开征求意见。草案内容应当包括合作背景、合作目的、基本原则、合作主体名称和级别、协议所涉区域范围、协议修改与解释、协议争议解决方式、协议签署与生效等内容，还应包括合作机构的权力分配、财税收益分配机制、财政经费保障等事项。

批准与备案程序。飞出地政府与飞入地政府都需要批准该协议。飞地经济协议的签订可能涉及中央和上级政府的职权，故飞地经济协议必须经过中央或者上级政府的批准才可以产生效力。需要指出的是，全面托管的飞地经济模式涉及一定区域内重大社会民生等领域和权限，应当得到中央批准。

4. 飞地管辖协议的法律规范

飞地经济协议可以约定纠纷平等协商机制，也可以由各方共同授权，由第三方行政机关或者共同上级政府进行调解。例如，苏州工业园区与苏州宿迁工业园区等设立了联合协调理事会、双边工作委员会等组织。

国家层面明确指出，政府可以通过签订协议来明确分工、权责和具体的利益分配等重要事项。但是，该规范性文件不能为地方政府让渡部分经济事务管辖权提供直接的法律依据。

当前，飞入地政府为了获得合法性依据往往会通过飞入地与飞出地的共同上级政府进行经济事务管辖权的授予与让渡，最大限度上避免出现“通过协议方式来创造出具有管辖权的行政机关”的局面。飞地经济协议在区域府际合作治理方面的作用逐渐增强，已经形成了以飞地经济协议为主、区域协作立法授权和跨区域协调组织为辅的区域合作治理机制。

实践中，部分地方政府基于《中华人民共和国立法法》中有关授予地方事务的立法权规定，通过制定地方政府规章来确认飞地经济的合法性。例如，广东省政府通过《广东顺德清远（英德）经济合作区管理服务规定》确认顺德清远（英德）经济合作区的法律地位。《湖南省行政程序规定》《江苏省行政程序规定》也规定了地方各级人民政府之间开展区域合作，可以采取签订合作协议、建立行政首长联席会议制度等措施。

5. 区域合作利益分成指引

2017 年 6 月，国家发展改革委、国土资源部、环境保护部等八部门联合印发了《关于支持“飞地经济”发展的指导意见》（发改地区〔2017〕922 号）。

（1）支持飞地经济合作方共同研究商定规划建设、运营管理、利益分配等事项，签订规范、详细、可操作的合作协议，做到分工明确、权责对等、共建共享。

（2）支持合作方创新合作模式，允许以资金、技术成果、品牌、管理等多种形式参与合作；如各方共同组建市场化运营主体的，应符合《中华人民共和国公司法》等相关法律规定。支持各方合理分担园区建设运营成本，征地拆迁、基础设施建设、招商引资、社会管理、环境保护等事项产生的投入和费用，由合作方根据协议商定分摊比例。

（3）支持合作方建立常态化的议事协调机制，加强在产业发展、功能布局等方面的政策对接，及时研究解决园区建设、项目引进和运营管理中的问题。支持合作方共同建立园区管理委员会，选派干部到园区任职、挂职，不断创新管理体制，完善组织架构。

（4）在政府内部考核时，对于地区生产总值、工业总产值、固定资产投资额、进出口额、外商投资额等经济指标，允许合作方综合考虑权责关系和出资比例，以及能源消费、污染物排放等资源环境因素，进行协商划分，仅作专门用途供内部使用。园区污染物排放等指标应按照属地管理原则由所在地政府有关部门按现行制度和口径进行统计考核。

专栏3-1 关于支持“飞地经济”发展的指导意见

发改地区〔2017〕922号

各省、自治区、直辖市发展改革委（区域合作主管部门）、国土资源厅（局）、环境保护厅（局）、商务厅（局）、工商局（市场监管部门）、质监局、统计局，新疆生产建设兵团发展改革委、国土资源局、环保局、商务局、质监分局、统计局，海关总署广东分署、天津、上海特派办、各直属海关，各出入境检验检疫局，国家统计局各调查总队：

近年来，有关省（区、市）打破行政区划界限，创新跨区域合作模式，探索政府引导、企业参与、优势互补、园区共建、利益共享的“飞地经济”合作，取得了积极成效，同时也面临一些问题和制约。为贯彻落实国家“十三五”规划《纲要》等有关文件要求，支持“飞地经济”发展，现提出以下意见。

一、总体要求

（一）指导思想。全面贯彻党的十八大和十八届三中、四中、五中、六中全会精神，深入贯彻落实习近平总书记系列重要讲话精神和治国理政新理念新思想新战略，按照党中央、国务院决策部署，牢固树立和贯彻落实新发展理念，深入实施区域发展总体战略，服务“一带一路”建设、京津冀协同发展、长江经济带发展三大战略，创新“飞地经济”合作机制，发挥不同地区比较优势，优化资源配置，强化资源集约节约利用，提升市场化运作水平，完善发展成果分享机制，加快统一市场建设，促进要素自由有序流动，为推进区域协调发展做出新贡献。

（二）基本原则。政府引导、市场运作。政府加强统筹协调，完善组织管理架构，健全议事协调机制，加强跨区域政策衔接，提高公共服务质量。发挥“飞地经济”在对口支援、帮扶、协作中的积极作用。遵循市场规律，引导企业积极参与，发挥行业协会作用，着力提升合作园区开发建设、经营管理的市场化和专业化水平。

优势互补、合作共赢。充分发挥各地区比较优势，促进土地、技术、管理等资源优势互补和优化配置，共同参与园区建设和运营管理，建立合理的成本分担和利益共享机制，促进合作各方良性互动、互利共赢。

平等协商、权责一致。强化合作发展理念，从合作大局和长远发展出发，着力扩大发展成果，充分调动合作各方积极性，共同协商规划建设、运营管理、成本分担、利益分配等事项，实现权利与责任对等。

改革创新、先行探索。充分尊重基层首创精神，创新“飞地经济”合作机制，积极探索主体结构、开发建设、运营管理、利益分配等方面的新模式，有条件地创新政策供给，力争在重点领域和关键环节取得突破。

二、完善飞地经济合作机制

（三）支持“飞地经济”合作方共同研究商定规划建设、运营管理、利益分配等事项，签订规范、详细、可操作的合作协议，做到分工明确、权责对等、共建共享。

（四）支持合作方创新合作模式，允许以资金、技术成果、品牌、管理等多种形式参与合作；如各方共同组建市场化运营主体的，应符合《公司法》等相关法律规定。支持各方合理分担园区建设运营成本，征地拆迁、基础设施建设、招商引资、社会管理、环境保护等事项产生的投入和费用，由合作方根据协议商定分摊比例。

（五）支持合作方建立常态化的议事协调机制，加强在产业发展、功能布局等方面的政策对接，及时研究解决园区建设、项目引进和运营管理中的问题。支持合作方共同建立园区管理委员会，选派干部到园区任职、挂职，不断创新管理体制，完善组织架构。

（六）请园区所在地政府提供相关公共服务和保障。合作各方要做好政策衔接和统筹协调，促进跨区域转移项目落地和正常运营。

（七）鼓励按照市场化原则和方式开展“飞地经济”合作。鼓励合作方共同设立投融资公司，采取政府和社会资本合作（PPP）等模式，吸引社会资本参与园区开发和运营管理。提高园区专业化运行水平，支持通过特许经营、政府购买服务等方式，将园区部分或全部事务委托给第三方运营管理，条件成熟地区可探索园区管理与日常运营相分离。

三、强化资源高效集约节约利用

（八）园区建设用地原则上使用所在地土地指标，原则上应依托现有各类开发区（园区）开展“飞地经济”合作，如涉及征地拆迁、土地整理等事务，相关工作由所在地政府负责。加强耕地资源保护，防止在园区建设过程中违规侵占永久基本农田。充分利用未利用地资源，加强未利用地的生态保护和开发利用。加强土地集约节约利用，制定相关行业建设用地控制标准，提高土地投资强度，设置合理的建筑密度和容积率，鼓励和推广多层厂房建设。

（九）强化绿色发展理念，鼓励建设绿色园区，推进节能、节水、减排和资源综合利用，严格执行能耗、水耗、环保等政策，禁止不符合国家和地方产业政策的项目入驻园区，避免低水平重复建设。

（十）围绕改善环境质量目标，依法开展规划环评并优化规划编制和实施。园区环境质量实行属地化管理，由所在地政府负责，园区环境污染防治监管、污染减排和达标排放监管、排污许可证核发监管、环境执法等各项环境管理事项由所在地环保部门负责。

四、规范指标统计口径和方法

（十一）在统计经济社会发展情况时，园区各项指标由所在地政府统计部门按现行统计制度和口径进行统计、核算和发布。

（十二）在政府内部考核时，对于地区生产总值、工业总产值、固定资产投资额、进出口额、外商投资额等经济指标，允许合作方综合考虑权责关系和出资比例，以及能源消费、污染物排放等资源环境因素，进行协商划分，仅作专门用途供内部使用。园区污染物排放等指标应按照属地管理原则由所在地政府有关部门按现行制度和口径进行统计考核。

五、加快统一市场建设

（十三）支持合作方优化行政审批流程，逐步探索行政许可跨区域互认，推进转移企业工商登记协调衔接。

（十四）支持合作方开展质检、通关、市场执法等领域的标准对接和结果互认。

六、支持在各类对口支援、帮扶、协作中开展“飞地经济”合作

（十五）在对口支援（对口帮扶、对口协作）中，支持援受双方发展“飞地经济”，积极发挥市场机制，探索互惠互利的合作模式。鼓励援助方输出成熟的园区管理经验，选派干部到园区任职、挂职。

（十六）在东西部扶贫协作中，支持结对双方共建飞地园区，加强产业合作，引导企业参与，促进产业转移，积极吸纳贫困地区劳动力就业。

（十七）支持通过“飞地经济”模式，探索完善异地开发生态保护补偿机制，在生态受益区共建合作园区，健全保护区与受益区的利益分配机制。

（十八）在推动长江经济带发展战略中，鼓励上海、江苏、浙江到长江中上游地区共建产业园区，共同拓展市场和发展空间。

七、保障措施

（十九）国家发展改革委会同有关部门加强对“飞地经济”发展的指导，帮助协调解决“飞地经济”发展中的重大问题。

（二十）各省（区、市）和新疆生产建设兵团发展改革委（区域合作主管部门）会同有关部门加大对“飞地经济”发展的支持力度，遇到的新情况和新问题要及时报告。

（二十一）相关省（区、市）内部开展的“飞地经济”合作，可参照执行。

2015 年 6 月 3 日，财政部、国家税务总局印发《京津冀协同发展产业转移对接企业税收收入分享办法》（财预〔2015〕92 号）。

（1）省内分成

省内飞地项目的税收由飞入地负责征缴，具体分享比例可由双方协商确定，报省财政厅、省税务局备案。实践中，市县间税收分享可由飞入地和飞出地协商一致后联合向省财政厅提出申请，省财政厅按程序通过省与市县财政年终结算办理调整事宜。也有地方选择通过时间进行划分，前若干年税收由飞出地享有，后若干年税收由飞入地享有。

（2）跨省分成

①分享税种。纳入地区间分享范围的税种包括增值税、企业所得税、营业税三税地方分成部分（以下简称“三税”）。

②企业范围。由迁出地区政府主导、符合迁入地区产业布局条件且迁出前 3 年内年均缴纳“三税”大于或等于 2000 万元的企业，纳入分享范围。具体企业名单，由迁入地区、迁出地区省级政府分别统计、共同确认。属于市场行为的自由迁移企业，不纳入分享范围。

③分享方式。以迁出地区分享“三税”达到企业迁移前 3 年缴纳的“三税”总和为上限，达到分享上限后，迁出地区不再分享。具体办法：一是迁出企业完成工商和税务登记变更并达产后 3 年内缴纳的“三税”，由迁入地区和迁出地区按各占 50% 比例分享。二是若 3 年后仍未达到分享上限，分享期限再延长两年，此后迁出地区不再分享，由中央财政一次性给予迁出地区适当补助。

专栏 3-2　京津冀协同发展产业转移对接企业税收收入分享办法

一、分享方案

（一）分享税种。纳入地区间分享范围的税种包括增值税、企业所得税、营业税三税地方分成部分（以下简称“三税”）。

（二）企业范围。由迁出地区政府主导、符合迁入地区产业布局条件且迁出前三年内年均缴纳“三税”大于或等于 2000 万元的企业，纳入分享范围。具体企业名单，由迁入地区、迁出地区省级政府分别统计、共同确认。属于市场行为的自由迁移企业，不纳入分享范围。

（三）分享方式。以迁出地区分享“三税”达到企业迁移前三年缴纳的“三税”总和为上限，达到分享上限后，迁出地区不再分享。具体办法是：

1. 迁出企业完成工商和税务登记变更并达产后三年内缴纳的“三税”，由迁入地区和迁出地区按50%：50%比例分享。

2. 若三年仍未达到分享上限，分享期限再延长两年，此后迁出地区不再分享，由中央财政一次性给予迁出地区适当补助。

二、保障措施

（一）确认划转数额。企业迁移前三年缴纳“三税”情况（包含缴纳和退库，下同），由迁出地区省级税务部门负责统计并提供省级财政部门，省级财政部门报财政部驻迁出省（市）财政监察专员办事处审核确认。企业迁移后三年（或五年）缴纳“三税”情况，由迁入地区省级税务部门负责统计并提供省级财政部门，省级财政部门报财政部驻迁入省（市）财政监察专员办事处审核确认。

（二）办理资金结算。每年年度终了后，财政部根据三省市财政部门上报的迁移类企业缴纳“三税”情况和财政部驻三省市财政监察专员办事处分别确认的数额，通过当年中央和地方结算，办理上年地区间税收收入划转事宜。

（三）规范迁移行为。各地不得为吸引企业迁入，对辖区内各类区域、企业及其投资者（或管理人员）等制定或实施违反国家法律法规的财税优惠政策，制造政策洼地，损坏国家整体利益。对违反本办法规定的行为，由相关部门进行监督检查，并按规定予以处理处罚。

（四）加强绩效评估。京津冀三省市财政部门应定期进行工作总结和效果评估，密切关注出现的新情况新问题，积极研究解决办法，提出政策建议，完善配套措施，支持京津冀产业对接协作，确保京津冀协同发展工作有序进行。

本办法自印发之日起执行。在本办法印发前，已经达成税收分享协议或已有明确分享办法的，继续按原有分享协议和办法的规定办理。共建产业园区的税收分享，按京津冀三地政府协商意见执行。

第二节　管理机构设立规范

从管辖上说，第一种是飞入地进行属地化管辖。第二种是飞出地主导管辖。根据《中华人民共和国地方各级人民代表大会和地方各级人民政府组织法》第八十五条的规定设立派出机关，双方可约定期限内共享项目产生的利益，合作期满后，项目整体移交飞入方。第三种是托管建设模式。飞地经济项目可通过特许经营、政府购买服务等方式由具有资质、产业或管理等优势的第三方运作。第四种是两地共同管理方式。双方建立管理委员会，分别选派干部到园区任职、挂职，不断创新管理体制，完善组织架构。这种模式是比较常见的。

两地共同管理方式中，两地政府是组织产业转移的主体。其为资本、技术、人才和具体项目的落地提供前提条件和基本保障，同时为投资方牵线搭桥。其分工可为：飞出地主要承担飞地产业园区的管理职责。因为无论是飞出地政府还是企业，对自己飞出产业的技术、文化等非常熟悉，由其管理，能够更好地实现投入产出效益的最大化。飞入地主要承担建设可以承接高技术水平产业发展平台的重任，主要对园区建设和运行发挥管理作用。管理的多元化使管理效率大大提高。

以“江阴—靖江工业园区”为例，目前两市成立了联动开发协调委员会作为最高决策机构，协调解决联动开发过程中出现的重大问题；江阴市政府在园区成立了管委会，负责园区的投资开发和管理工作，同时负责国税、质监工作；靖江市政府在园区成立了办事处，负责园区的社会事务，同时负责国土、规划、建设、水利、公安等方面的管理工作。当出现问题时，若多个分属不同地区政府管辖的部门存在沟通不畅，可采取“干部互挂制度”，由江阴市政府选派本地国土、规划、建设等部门相关人员到园区办事处任职，由靖江市政府选派本地国税、质监等部门相关人员到园区管委会任职，互相协助处理相关工作。

第三节　各地飞地园区做法

1. 发展情况

随着我国经济结构转型升级步伐的加快，区域协调发展与科技创新日益成为驱动高质量发展的引擎。在 2024 年全国 31 个省级行政区的政府工作报告中，“科创飞地”与“反向飞地”屡次被提及，折射出各地对于打破地域限制，整合优质资源，实现跨越式发展的深度思考与战略部署。

（1）浙江飞地经济政策

浙江省描绘了一幅以“一湾引领、四极辐射、山海互济、全域美丽”为空间格局的发展蓝图，尤其在精准迭代“一县一策”的过程中，通过加大“产业飞地”“科创飞地”“消薄飞地”的建设力度，体现了对飞地经济理念的深度理解和高效执行。浙江“科创飞地”模式旨在借助杭州、宁波等中心城市的核心引领作用，将科技创新资源延伸至相对欠发达地区，实现高端人才、技术和项目的有效导入，从而推动区域间的均衡发展与产业升级，带动沿海与内陆、城市与乡村之间的有机联动，进一步激活长三角区域的经济发展潜能。

代表性飞地项目有慈溪（上海）飞地服务中心、慈溪（杭州）创新创意飞地、长三角 G60 科创走廊池州科创中心、嘉善国际创新中心（上海）、南浔（松江）人才科创中心。

（2）山东飞地经济政策

山东省在促进区域经济发展方面的创新举措，特别是通过飞地和“飞企”模式吸引人才、团队、项目和资金的一体化落地，彰显了山东在优化资源配置、拓宽引资渠道上的决心和智慧。山东聚力加强“双招双引”，主动对接行业领军企业、新兴制造业、金融业等投资项目，鼓励外资企业利润再投资等，实现资源跨区域流动，推动省内落后地区与发达地区的联动发展，提高整体产业层次和创新能力。通过实施飞地经济政策，山东能够有效弥补区域间发展差距，促进资本、技术、人才等生产要素的合理分布，进而为全省经济结构优化升级注入强大动力。

代表性飞地项目有蒙山沂水科创园、上合—上海创业港、枣庄高新区（杭州）创新中心。

（3）广东飞地经济政策

广东积极响应国家政策要求，落实“1+14+15”政策体系，以产业共建为核心，通过“总部+基地”“研发+生产”“生产+服务”等多元形式搭建跨区域合作桥梁。特别是在建设“反向飞地”方面，广东力求打造承载力强、附加值高的产业转移合作园区，通过统筹土地、财政、金融等多重要素保障，有效促进产业集中集聚发展，形成百亿级甚至千亿级的产业集群。此外，广东还强调以“五外联动”策略深化对外开放，以“飞地招商”形式将珠三角创新资源和产业优势扩散至粤东、粤西、粤北地区，构建互利共赢的区域经济发展新格局。

代表性飞地项目有深汕特别合作区、河源龙川（宝安）科技创新中心、连平（南山）产业科技孵化中心、梅州（广州）科创中心。

（4）江西飞地经济政策

江西省突出创新驱动内生增长的重要性，特别是在推动科技创新方面，积极对接国家战略科技资源，构建全方位的科技创新体系。报告中提到的“科创飞地”策略，旨在通过与鄱阳湖国家自主创新示范区、G60科创走廊和粤港澳大湾区科技创新中心等高层次创新平台对接，鼓励和支持企业在外设立研发机构，突破地域局限，吸收外部优质创新资源。通过深化产学研用结合，强化科技评价体系改革，以及建立科技成果转移转化体系等一系列措施，江西飞地经济政策将有力推动省内科技型中小企业快速成长为支柱企业，同时为吸引更多外来投资和创新成果落地提供良好环境和政策支撑。

代表性飞地项目有在粤赣州籍医学专家人才飞地、新余—宜春锂电科创城。

（5）甘肃飞地经济政策

甘肃省在夯基固本、增强县域经济活力方面的战略部署，明确提出要发展飞地经济，挖掘县域潜力优势，力求地区生产总值超百亿元县域数量显著增加。通过优化县域综合考核评价体系，甘肃积极引导政策、资金和力量向县域倾斜，旨在破解地域限制，通过产业合作与资源互补，推动农业转移人口市民化，促进城乡融合发展。

代表性飞地项目有兰白张江科创飞地、四川绵阳工业园。

（6）陕西飞地经济政策

陕西省通过飞地经济深化跨区域产业协作，以推动三大区域相互赋能，省、市、县三级联动发展。依托飞地经济深化跨区域产业协作，陕西积极健全区际利益补偿和区域合作利益分享机制，以关中地区科技创新和先进制造业为牵引，促进推动关中平原城市群高质量发展，提升产业层次和城市能级，增强对陕北、陕南的辐射带动能力，以点带面，寻机突破区域发展壁垒。

代表性飞地项目有安康高新飞地经济园区、铜川飞地孵化器。

（7）内蒙古飞地经济政策

内蒙古自治区聚焦企业创新能力建设，提倡通过构建企业梯次培育体系、深化产学研用深度融合、完善科技评价体系改革等途径，推动自治区科技创新和产业升级。具体通过鼓励支持地方和企业在北京、上海、浙江等先进地区建设人才飞地，企业在外设立研发中心，加强高校合作，共建科技研发和产业应用双向飞地，应对地理位置偏远带来的挑战，将外地优质科技资源与本地产业发展相结合，促进科技成果的迅速转化与产业化进程。

代表性飞地项目有蒙东人才科创园、鄂尔多斯人才科创中心。

近年来，各地在飞地政策实践中的成功经验和模式创新，不断为飞地经济发展扫平道路，并提供诸多宝贵参考和借鉴。

未来，随着更多省份积极探索“科创飞地”与“反向飞地”的路径，有望在全国范围内形成更加紧密、高效的区域协同创新网络，共同擘画一幅科技创新引领下的区域协调发展新篇章。同时，以往飞地发展的经验也提醒我们，无论是飞地经济的顶层设计还是具体操作层面，都需紧密结合当地实际，灵活运用市场化手段，坚持以人为本，才能最大限度地释放飞地经济的发展潜力，真正服务社会经济高质量的整体进步需求。

2. 主要经验

江苏省于2005年率先推出了《关于加快南北产业转移意见的通知》，并在苏北园区和苏南园区开展了大量的试点工作。2006年出台《省政府关于支持南北挂钩共建苏北开发区政策措施的通知》，“苏州宿迁工业园”应时而生，并催生出“江宁—淮阴”“无锡新区—新沂”等10个南北共建工业园区。2009年出台《省政府印发关于进一步加强共建园区建设政策措施的通知》，为进一步推进省内园区共建相关工作提供了政策保障。

浙江省于2002年正式实施“山海协作工程”，通过10余年的探索和实践证明，飞地经济是深入实施“山海协作工程”的有效途径和重要举措。2012年8月，浙江省印发《关于推进山海协作产业园建设的意见》，在衢州、丽水有条件的县（市、区）启动建设首批9个省级山海协作产业园。2018年1月，《中共浙江省委　浙江省人民政府关于深入实施山海协作工程促进区域协调发展的若干意见》印发实施，明确了“产业飞地”是浙江当前和今后一段时期飞地经济发展的主要方向之一。2021年1月，浙江省出台的《关于进一步支持山海协作飞地高质量建设与发展的实施意见》提出，到 2025 年，在大湾区新区、省级高能级平台等相关产业发展平台为山区 26 县布局以先进制造业为主的“产业飞地”。

2008 年，广东省出台了“双转移”政策，飞地园区开始发展，形成了广州（梅州）产业转移工业园、深汕特别合作区等 83 家园区。

2015 年出台的《京津冀协同发展规划纲要》系统剖析了京津冀地区的产业转移问题，明确了区域发展规划，形成了威县・顺义产业园和曹妃甸协同发展示范区等飞地园区。

海南省于 2022 年印发《关于在园区实行“飞地经济”政策的实施意见（试行）》，对园区实行飞地经济政策的适用范围、职责分工、利润分享及政策支持等内容予以明确，旨在促进全省各园区优化资源配置和项目合理布局，加快推进“3+1”产业体系发展。

在市级层面，湖北省潜江市于 2016 年 10 月印发《潜江市加快飞地经济发展暂行办法》，明晰了飞出地、飞入地的责任、义务和利益分配。

2018 年 10 月，陕西省铜川市制定《关于支持“飞地经济”发展的若干意见》，通过实施初创型科技企业培育工程，全市 2018 年培育 30 家左右初创型科技企业。用 3~5 年时间，培育初创型科技企业 100 家，不断壮大技术水平领先、竞争能力强、成长性好的科技型企业群体，培育年主营业务收入超 500 万元的企业 500 家以上，培育 10 家高新技术企业。

2022 年 3 月，安徽省马鞍山市印发《马鞍山市支持“研发飞地”建设实施办法（试行）》，支持鼓励企业在先进地区建设“研发飞地”，进一步集聚优质创新资源，促进科技成果转移转化，打造区域创新合作新模式，以更高质量的科技创新支撑当地制造业三年倍增行动。

山东省淄博市于 2022 年 4 月制定了《关于支持市域“飞地经济”发展的若干政策》，为进一步促进资源要素合理流动，优化全市产业布局，实现市域飞地经济规范有序发展提供政策支撑。

我国部分城市（项目）异地园区利益分享模式如表 3-1 所示。

表 3-1　我国部分城市（项目）异地园区利益分享模式

类型	城市（项目）	分配对象	利益分享模式
政府文件	《关于支持“飞地经济”发展的指导意见》（发改地区〔2017〕922 号）	地区生产总值、工业总产值、固定资产投资额等经济指标	在政府内部考核时，对于地区生产总值、工业总产值、固定资产投资额、进出口额、外商投资额等经济指标，允许合作方综合考虑权责关系和出资比例，以及能源消费、污染物排放等资源环境因素，进行协商划分，仅作专门用途供内部使用。园区污染物排放等指标应按照属地管理原则由所在地政府有关部门按现行制度和口径进行统计考核
	《四川省人民政府关于建立健全区域合作发展利益分享机制的指导意见》（川府发〔2015〕4 号）	税收	飞地经济相关各方分配的财税利益主要包括企业在飞入地产生的所有税收及附加收入。要综合考虑双方在资金、土地、基础设施、管理服务等方面投入的因素，赋予相应权重进行分配
	《京津冀协同发展产业转移对接企业税收收入分享办法》（财预〔2015〕92 号）	税收	纳入地区间分享范围的税种包括增值税、企业所得税、营业税的三税地方分成部分。具体举措包括迁出企业完成工商和税务登记变更并达产后，三年内缴纳的“三税”，由迁入地区和迁出地区各占 50%的比例分享。企业迁移前三年缴纳的“三税”总和为上限，达到分享上限后，迁出地区不再分享。若三年仍未达到分享上限，分享期限再延长两年，此后迁出地区不再分享，由中央财政一次性给予迁出地区适当补助
	《关于完善“飞地经济”利益分享机制促进开发区改革创新发展的通知》（豫发改外资〔2019〕485 号）	税收	飞地经济园区全部税收，包括项目建设、土地使用等缴纳的税款由飞入地税务机关负责征管，按属地原则就地缴库。新上产业项目达产后 10 年内缴纳的增值税、企业所得税市县分成部分，飞出地与飞入地原则上按 5∶5 比例分享。既有企业迁入园区项目投产后 10 年内缴纳的增值税、企业所得税市县分成部分，前 5 年飞出地与飞入地原则上按 6∶4 比例分享，后 5 年按 4∶6 比例分享。以“股份合作”模式开展合作的，收益按照双方股本比例分成
	《哈尔滨市关于优化产业布局鼓励招商引资的若干政策》（哈政发〔2012〕4 号）	税收和 GDP	异地流转项目产生的税收，地方按照实际流程部分及流转项目实现的 GDP，前 5 年引入方和承接方按 4∶6 比例分成；第 6 年到第 10 年，按 3∶7 比例分成

续表

类型	城市（项目）	分配对象	利益分享模式
共建园区项目	佛山顺德（英德）产业转移工业园	GDP、工业总产值和税收	合作期间顺德、英德五五分成，合作期满后（25 年），全部归英德市政府所有
	佛山（云浮）产业转移园	GDP 和税收	佛山和云浮两地分别按 35%和 65%进行分成
	淄山工业园	税收	前 10 年石嘴山市和淄博市按 4∶6 比例进行分成，后 40 年石嘴山市和淄博市按 5∶5 比例进行分成

第四节　广东省飞地指引要求

《中共广东省委关于实施“百县千镇万村高质量发展工程”促进城乡区域协调发展的决定》《关于印发〈珠三角地区与粤东粤西粤北地区对口帮扶协作实施方案（2023 年—2025 年）〉的通知》，对深圳发展经济作出了指导。

2023 年 3 月公布《关于推动产业有序转移促进区域协调发展的若干措施》，显露探索“双向飞地经济”模式的雄心——让两个相互独立、经济发展存在落差的行政地区打破原有行政区划限制，通过跨空间的行政管理和经济开发，实现两地资源互补、经济协调发展。

1. 建立新型帮扶协作机制

深化拓展省内帮扶协作，建立纵向支持、横向帮扶、内部协作相结合的机制，实现对粤东、粤西、粤北地区 45 个县（市）帮扶协作全覆盖，做好惠州、江门、肇庆 12 个县（市）的帮扶工作。强化省市县纵向帮扶，结合驻镇帮镇扶村和对口支援重点老区苏区（县）工作，建立省直机关事业单位、省属国有企业、高校、科研院所等组团帮扶机制。强化市际横向帮扶协作，按照“市统筹、县协同”的原则，优化珠三角核心区与粤东、粤西、粤北地区县级结对关系，探索建立共建共享机制，推动珠三角产业向粤东、粤西、粤北地区有序转移，鼓励共建产业转移合作园区。强化市域内帮扶协作，推动区、县（市）联动发展。

2. 优化对口帮扶机制

帮扶地区可以选派担任市政府副秘书长或合作区党工委书记、管委会主任。

（1）支持对口帮扶协作双方探索建立成本分担和利益共享机制。加大帮扶协作双方干部双向交流力度。

（2）支持符合条件的产业转移合作园区申报设立省级经济特别合作区，省在管理运营体制创新、产业资源导入、重大项目建设等方面给予倾斜支持，下放省级经济管理权限。

（3）帮扶协作双方建立健全党政联席会议制度，合作园区管委会，投资开发公司管理架构。党政联席会议制度下属对口帮扶协作指挥部，统筹协调对口帮扶协作工作，与园区管委会合署办公，一体化管理。合作园区产生的税收一定时间内留存园区用于发展。允许双方以适当方式分享增值收益。

（4）选派副局长以上人员担任市政府副秘书长或合作区党工委书记、管委会主任。

3. 深圳对口帮扶协作地区

（1）深圳市—汕头市对口帮扶协作（光明区—金平区，南山区—濠江区、南澳县，龙华区—潮阳区，坪山区—龙湖区）。

（2）深圳市—河源市对口帮扶协作（福田区—和平县，盐田区—东源县，南山区—连平县，宝安区—龙川县，龙华区—紫金县，大鹏新区—源城区）。

（3）深圳市—潮州市对口帮扶协作（罗湖区—潮安区，盐田区—饶平县，福田区—湘桥区）。

（4）深圳市—汕尾市对口帮扶协作（罗湖区—陆丰市，龙岗区—海丰县，坪山区—陆河县，光明区—城区）。

（5）深圳市—惠州市的对口产业协作（福田区—博罗县，龙岗区—惠东县、龙门县）。

4. 其他城市飞地合作

以珠海市为例，珠海市与阳江市是对口帮扶地区。珠海对口帮扶协作阳江指挥部副指挥长挂任管委会主任，管委会其他人员由珠海、阳江双方选派人员组成。管委会统筹协调合作园区的管理工作，负责合作园区开发建设、运营管理、招商引资等工作；编制合作园区规划建设方案和年度重点工作计划；组织落实工作考核（考评）各项指标任务；出资成立投资开发公司；落实珠海对口帮扶协作阳江党政联席会议和珠海对口帮扶协作阳江指挥部交办的有关事项；管委会与珠海对口帮扶协作阳江指挥部合署办公，任务完成后自行撤销。

第四章　飞地经济与乡村振兴

我国区域协调发展战略执行至今，形成了一套完整的区域脱贫分类管理模式，长三角和珠三角的实践证明，飞地经济是跨行政区帮扶脱贫的重要手段，是促进我国区域协调发展和经济空间重构的重要途径。2017 年国家八部门联合出台《关于支持“飞地经济”发展的指导意见》，飞地经济在精准扶贫的攻坚关键期也进入快速发展阶段，但需清醒认识跨行政区合作的飞地经济由于区域合作体制机制顶层设计不完善，导致合作各方权责利不对等，存在亟待解决的四个突出问题：合作体制机制激励不足、经济和社会管理分离、产业合作市场化程度低、区域合作可持续性弱。在总结广东深汕特别合作区、江苏“南北协作”、上海与苏浙皖跨省合作、浙江“山海协作”的经验教训基础上，建议采取四个方面的举措：建立互利共赢的飞地经济合作机制、实施“经济+社会”的飞地经济运营管理模式、推动以市场化方式为主的飞地经济产业协同发展、建立飞地经济可持续发展的保障机制。

第一节　乡村振兴总体思路

以产业发展为目标，以适度规模化的聚集为要求，实现脱贫地区可持续发展。引导乡村产业发展，提升公共服务水平，从根本上解决目前我国农业不发达、农村不兴旺、农民不富裕的“三农”问题，实现“资源变资产、资金变股金、农民变股东”，走出中国特色的乡村振兴之路。

一是乡村振兴并不是一味向乡村“输血”，而是要充分激活乡村的“造血”能力，只有“造血”才能为乡村振兴提供持久的内生动力。要通过打通城乡之间各类要素的双向流动渠道，以城带乡，城乡互促，最终实现城乡融合发展。

二是在确保农民利益不受损的前提下，推动乡村振兴的发展，还需要发挥集体经济组织、国有企业平台、政府平台等多元主体的作用，推动各类主体之间多元共融，协调共进，共同激活乡村发展资源，实现乡村多元价值。

三是乡村振兴最终是人的振兴，一方面需要不断改善村庄的物质环境，提高公共服务和基础设施供给水平，建成高质量的品质社区，提升乡村对人的吸引力。另一方面需要推动乡村治理水平实现现代化，形成持续有效的治理格局。

四是乡村振兴需要借力发展，需要重复学习借鉴脱贫攻坚战的帮扶机制，发挥区域中心城市对乡村的辐射带动，包括人才帮扶、技术帮扶、消费帮扶、产业联动等，带动欠发达地区发展。

第二节　乡村振兴核心要素

实施乡村振兴战略立足解决社会主要矛盾，核心在于政策、改革、产业、资本、人才、技术、环境和合作八个关键要素。

政策是保障，“输血”变“造血”。脱贫攻坚任务完成后，乡村振兴仍需要政策支持，推动乡村振兴与脱贫攻坚的有效衔接，保障政策的连贯性，“扶上马、送一程”。认真落实各级政府农村工作会议相关部署，筑牢底线思维，将巩固拓展脱贫攻坚成果放在突出位置，健全防止返贫动态监测和帮扶机制，做到早发现、早干预、早帮扶，持续压实责任，持续精准施策，补齐短板、消除风险，坚决守住防止规模性返贫的底线，为实现巩固拓展脱贫攻坚成果同乡村振兴有效衔接奠定坚实基础。按照“应纳尽纳、应扶尽扶、应消尽消”的原则，在常态化识别管理基础上，一定时间集中开展一次监测对象动态管理工作，包括监测对象识别、标注风险消除、人口自然增减、采集更新信息等。

改革是动力，基层更善治。充分发挥基层党组织的战斗堡垒作用，带领村民积极参与美丽家园建设。通过“党支部+”“村集体+”“合作社+”“社团组织+”等形式，解决乡村社会“散”的问题，形成地方党委、政府引导，市场主导，村民参与，社会协同，法治保障的现代乡村社会治理体制。加强乡镇干部配备，提升干部政治素质，做好群众基础工作，妥善解决矛盾纠纷和问题，做好国家政策和法律法规的普及工作。联合上级政法、基建、公安等部门，深入推进扫黑除恶专项斗争，依法严厉打击对农村生产建设造成严重影响的活动，依法严厉打击危害乡村社会稳定的活动，依法严厉打击侵害农民利益的违法活动，扫除黑恶势力，健全自治、法治、德治相结合的乡村治理体系，让农村家家户户紧密联系起来。

产业是基础，产品变商品。依托绿水青山、乡土文化资源，实施休闲农业和乡村旅游精品工程，建设一批设施完备、功能多样的休闲观光度假园区。发展“旅游+农业”“旅游+电商”“旅游+扶贫”等新业态，打造高品质、个性化、定制化、多元化旅游产品，提升乡村旅游的核心竞争力。充分挖掘和拓展农业多功能性，发展农产品精深加工和农村新兴服务业，延伸产业链、衍生新业态、增加附加值，促进一、二、三产业融合发展。引进龙头企业，成立合作社，培育和优化观光体验、康体养生等旅游项目，推出一批具有本地农业基础特色，地域和文化特色鲜明的伴手礼，转化成旅游商品。实施乡村旅游“后备箱”工程，满足旅客对乡村优质农产品的需求。建立电商服务平台，完善物流配送体系，实现网上畅销随时随处可购。

资本是核心，村民变股民。充分发挥财政政策、产业政策的引导带动功能，不断增强社会资本投资农业农村的信心，充分调动社会资本投资农业农村的积极性。强化组织功能，鼓励村民参与村民自治组织建设，设计合理的权力结构和监督功能，切实代表村民利益。探索建立“党支部+旅游公司+农民合作社+互联网+农户”的利益联结机制，提高农民收入。对农村分散、闲置的资产资金进行整合，坚持能力互补、信息共享、风险均摊，以规模化效应解决个体农户不易办到、政府部门不能包办的事情，让村民通过资金、土地、林地、劳动力等资源入股，实现资源变资产、资产变股金、农民变股东。

人才是关键，离乡变返乡。把有情怀、有能力建设家乡的人才引入乡村，为返乡就业人员提供发展渠道，留住乡村人才。引导一批跳出农门的优秀学子从离巢拼搏到归巢返乡，成为新型职业农民。推动乡村人才招聘、教育、培养和发展管理体系建设，利用乡村旅游的农村“双创”大舞台，发挥企业家精神，再创一片新天地。发展乡村旅游，吸引大批企业家、知识分子、大学生和有志青年到乡村创业创新，推动农村产业发展。引导农村本土人才成长，培育一大批懂农业、懂旅游、爱农村、爱农民的乡村旅游带头人。推行职业农民资格认证管理，培养一批爱农业、懂技术、善经验、会创新的职业农民队伍。规范群众行为，提高群众素质。

技术是支撑，城乡更融合。鼓励区块链、大数据、物联网、遥感、人工智能等技术的应用与创新，推进数字农业产业集聚发展，打造一批覆盖全服务链条的智慧乡村。邀请知名专家提供高端智力支持，充分整合现有的技术、人才和平台等资源，面向乡村振兴重点领域的技术“瓶颈”和技术需求，开展乡村振兴规划编制、特色农作物栽培、农产品安全检测、农产品电商平台建设、农村安全饮用水等工作，策划实施特色农产品精深加工、农村人居环境提升、农村中小学校场景化智慧阅读等一批项目，以科技赋能和智力帮扶乡村振兴。推进婚礼拍摄园、生态果蔬采摘园、插花艺术体验园、植物科普园和观赏园建设，吸引更多城市居民体验乡村之美，助推群众增收致富。

环境是保障，服务更提升。农业农村基础设施和公共服务是乡村环境的核心要素，既需要加强硬件设施建设，也需要加强软件条件改善，优化乡村生产生活环境。通过科学规划、加强管理和有效治理，保护乡村的自然资源和生态环境，提高乡村旅游开发者和参与者的环保意识。挖掘濒临消失的民俗文化、传统建筑、农耕器具、民间技艺、手工制作、风俗礼仪、风土人情，以活态化方式进行传承和创新，转化成具有地方特色的文化旅游产品。通过主题开发、节庆活动、文化展示、网络营销、互动体验等形式，既产生经济效益，又传承传统文化。挖掘乡间尘封遗存，唤醒乡村沉睡资源，激活农村沉寂风景，将闲置房屋改建成特色民宿，通过建设一批精品民宿度假村，打造一批乡村旅游度假基地，为游客提供丰富的田园生活体验。

合作是外因，动力更持续。乡村振兴需要借助外力，发挥城市与乡村各自的比较优势，推动合作共赢。考虑乡村发展基础薄弱，与城市发展差距较大，建设理论和实操经验不足的情况，在现阶段，需要为刚刚脱贫的地区“扶上马、送一程”。中央出台对区域中心城市帮扶的激励政策至关重要，可以消除中心城市的顾虑，让中心城市在帮扶过程中能共享发展红利，实现双方共赢，为中心城市继续对口帮扶提供政策保障。围绕乡村产业发展，充分利用城市互联网、物联网、区块链等技术手段，打造乡村大数据产业运营平台、产品交易平台、资源整合平台、乡村文创平台等多种创新平台，发挥与城市合作动力，凝聚乡村振兴合力，促进区域经济发展。有序促进传统制造业区域协调发展，引导城市服装、玩具、印刷、珠宝等生产要素成本压力大、外溢发展需求强烈的传统制造业企业，通过跨区域产业链、供应链、价值链优化布局，将制造环节在合作地区布局，支持研发、设计、营销、服务等环节保留在城市，统筹供应链管理系统，建立更紧密的经济合作关系，推进协同发展。

第三节　飞地经济与乡村振兴有效衔接

1. 飞地经济的重要作用

现阶段，我国以精准扶贫为主要途径，促进区域协调发展和经济空间的重构。精准扶贫的区域合作空间分布以城市群内部对口帮扶和东部对口帮扶西部为主，是在我国 1996 年建立的东部对口帮扶西部的区域协调发展格局和 2010 年确立的“3+18”城市群发展格局①的基础上，进一步以“帮扶”为目的的跨行政区合作。

在脱贫攻坚过程中，我国形成了一套完整的区域脱贫分类管理模式：

1.0 模式主要内容是帮扶地将资金、项目和园区平台建设单向输入被帮扶地，以深圳通过招商引资成功帮扶江西赣州发展为典型。2.0 模式是“经济+半社会”模式，属于准飞地经济。帮扶地在 1.0 模式的基础上，输出经济管理经验，以园区平台为抓手，以向被帮扶地经济部门派驻干部和园区运营管理团队，承担园区经济管理职能为主要特征，是目前最常用的帮扶模式。实践包括江苏的“南北共建”、上海与苏浙皖跨省合作、浙江的“山海协作”，以及 2011—2017 年广东的深汕特别合作区等。3.0 模式是“经济+社会”模式，是完全意义上的飞地经济。帮扶地在 2.0 模式的基础上，向被帮扶地输

① 2010 年国务院印发《全国主体功能区规划》，明确 3 个优先开发区域和 18 个重点开发区域，形成城市群发展战略的雏形。

出社会管理经验，以园区平台为抓手，向被帮扶地派驻干部，并全面接管园区的经济和社会管理职能。2017 年，广东深汕特别合作区调整体制机制，由深圳全面主导合作区的经济社会管理，即是 3.0 模式的实践。

长三角和珠三角的实践证明，飞地经济是解决我国贫困问题、实现区域协调发展的可持续模式。一是双赢合作方式满足飞入地和飞出地的发展需求；二是合作载体增强发达地区与欠发达地区的关联程度；三是“经济+社会”的合作促进城市群经济、社会和空间的全面融合。在我国进入精准扶贫脱贫攻坚战的关键时期，可通过采用飞地经济，跨越“最难攻”的脱贫关口。但我国飞地经济在深度参与脱贫攻坚过程中，要实现可持续发展，巩固脱贫攻坚战的成果，仍然存在亟待解决的问题，需要国家层面提供政策支持。

2. 突出问题及其根源

区域脱贫分类管理的 2.0 模式和 3.0 模式均属于飞地经济，目前运用最广泛的是 2.0 模式，即以设立异地工业园区为主要形式开展跨行政区的经济合作。2.0 模式的飞地经济取得了一定成效，但必须清醒地认识到由于合作体制机制造成合作各方的权责利不对等，尤其是飞出地责任大于权利，目前存在亟待解决的四大突出问题。

第一，合作体制机制激励不足。跨行政区的合作涉及 GDP、财税等关键经济指标，飞出地为最大化自身利益，大部分采用“总部+基地”的形式进行合作。以广东省为例，深圳—汕尾和深圳—河源的飞地以“总部+基地”合作方式为主，产值、税收大部分计入深圳，但 GDP 计入飞入地①。这种模式在短期内可能导致飞出地 GDP 指标下降；而飞入地付出了土地、资源和资金，却无法获得相应的税收和产值，导致各方政府的合作积极性受损，影响飞地建设的推动力度。

第二，经济和社会管理分离。2.0 模式的飞地经济主要以产业园区为载体，双方成立管理委员会合作管理，飞出地承担经济管理职能、飞入地承担社会管理事务。这种“经济+半社会”的飞地运营管理模式设计初衷是减少行政分割造成的负面影响，但由于管理权限下放不充分，经济和社会管理主导权分离，导致土地拆迁推进缓慢、营商环境达不到飞出地标准，严重制约了

① 根据《中华人民共和国统计法》的规定，GDP 核算依照属地原则进行。

产业项目落地和资源引进。

第三，产业合作市场化程度低。江苏的“南北共建”、浙江的“山海协作”、广东“双转移”等区域合作主要由省级政府自上而下推动，在强行政考核机制下，这种飞地经济过于强调帮扶和援助性质，产业导入存在“拉郎配”现象。强化行政干预的产业导入，导致产业从飞出地行政性的搬迁，不仅不利于产业发展，还会伤害飞出地的经济，难以形成产业协同，更缺乏合作发展的持续性。

第四，区域合作可持续性弱。由于缺乏合理的机制设计和合作经济可行性分析，合作的期限易受政策和领导更替的影响。以江阴—靖江工业园为例，作为江苏“南北共建”模式的首个试点，园区投资开发、经济管理以江阴为主，社会事务、土地、劳动力和环境配套以靖江为主，为避免经济和社会管理分离，在靖江充分授权后，飞地减少了行政管理上的冲突，但需要自筹资金开发建设，土地指标也得不到靖江倾斜，2013 年双方收益分成到期，两地协调飞地事务的联席会议中断，飞地陷入产业结构老化、招商引资困难的境地。

3. “经济+社会”模式

2.0 模式存在的问题根源是飞地经济合作的体制机制设计不合理。对采用 2.0 模式不能顺利脱贫的地区，可采用“经济+社会”的 3.0 模式，由飞出地全面主导飞入地的经济和社会事务，通过完全意义上的飞地经济，以点带面促进飞入地经济社会持续快速健康发展，打通脱贫攻坚战的最难关口。建议采取以下措施，打破飞地经济发展的桎梏。

一是建立互利共赢的飞地经济合作机制。建立长效利益分享机制，设立合理的合作期限，明确各方在 GDP、财税、土地收益等方面的利益分成机制，实现事权、人权、财权上的对等，提高飞出地政府的积极性，合理设计退出机制，降低飞出地的经济风险，确保两地合作的可持续性。

二是实施“经济+社会”的飞地经济运营管理模式。打破行政区划和属地化管理制约，由原来的飞出地主管经济、飞入地主管社会事务，优化调整为飞出地全面接管飞地的经济和社会事务，统一飞地的发展改革、司法、工商、消防、户籍等经济社会管理职能，减少行政分割造成的政出多门，实现飞出地产业发展经验和社会管理能力向飞入地的全面输出。

三是推动以市场化方式为主的飞地经济产业协同发展。以构建政务服务和交通基础设施等软硬件配套体系为抓手，打造公平、高效、稳定、可预期的营商环境；以产业扶贫为手段，结合飞入地资源优势和飞出地产业发展布局，制定合理的产业发展规划和产业配套政策，出台切合实际的产业目录，以营商环境和产业政策引导产业向飞地市场化转移和外溢，促进产业协同发展。

四是建立飞地经济可持续发展的保障机制。融资方面，在财政支持的基础上，创新筹集建设资金途径，通过 PPP、发行企业债券等形式，引入社会资本，以市场化的方式拓宽融资途径，培育自我“造血”功能；空间发展方面，创新土地指标管理制度，统筹解决建设用地规模、耕地保有量、永久基本农田保护面积和耕地占补平衡指标；人力方面，创新户籍管理制度，探索将飞地范围内的人口转为飞出地户籍，统一飞地干部队伍管理和解决飞地的农民市民化问题；社会服务方面，分阶段稳步推进飞入地和飞出地社会保障一体化发展。

第五章　深圳区域合作的建设情况

2022年深圳规模以上工业总产值和工业增加值均位居全国城市“双第一”，成为全国“第一工业大市”。深圳聚焦“20+8”战略性新兴产业集群和未来产业发展布局，需要进一步拓展产业空间腹地，特别是制造业发展空间。在当前深圳土地整备成本高、产业用地资源紧缺的背景下，飞地产业园区成为深圳与其他城市合作的重要载体。为此，深圳出台《深圳市“飞地”产业园区工作总指引（试行）》《深圳市飞地产业园区建设工作总体方案》，指导深圳飞地产业园区建设。随着深圳与对口协作城市产业合作战略协议的陆续落地，拟共建的飞地产业园区数量也将随之增长。深圳市财政以及承担飞地产业园区建设主体任务的国企将面临巨大的资金压力，亟待探索多区域、多主体、多元化的利益平衡机制，促进飞地产业园区可持续发展。

第一节　异地产业园的总体情况

异地产业园是深圳飞地园区的早期版本，依托深圳国企与当地开展产业园合作。深圳与黑龙江、四川、江西、河北、广西、新疆等省区外和省内潮州、汕头、河源、汕尾、中山、江门等15个城市，开展合作共建产业园区。截至目前，已开展对口合作、战略协作共建产业园20个，规划总面积约533平方千米，其中省内对口合作共建产业园12个，位于河源（8个）、汕尾（4个）两市，规划总面积约342.57平方千米，均为区级合作共建园区；省外对口合作共建产业园5个，位于哈尔滨、赣州、喀什、百色、河池5市，规划总面积约155.3平方千米，省外战略协作共建产业园3个，位于广安、吉安、保定3市，规划总面积约34.84平方千米，均为市级合作共建园区。根据当前市属国企在国内建设的飞地产业园，剔除物流园、农贸合作项目后，总计有涉及5家企业的12个项目，具体如表5-1所示。

表5-1 市属国企异地产业园区简要情况汇总

序号	项目名称	建设运营方	项目类型	投资总额/亿元	占地面积/亩	建设阶段
1	东莞清溪科技生态城	深投控	服务产业外溢	32	225	在建
2	成都白鹭湾科技生态园	深投控	市场化	300	3650	在建
3	保定深圳园	深投控	市场化	877	13000	在建
4	深哈产业园	特区建发集团	服务产业外溢	39.4（核心启动区投资额）	39000	运营
5	深河产业园	特区建发集团	对口帮扶	6.4（建成园区投资额）	12000	运营
6	深广产业园	特区建发集团	对口帮扶	29.09（建成园区投资额）	22500	运营
7	喀什深圳城	深业集团	对口帮扶	6.6	100	运营
8	中深科技创新产业园	深业集团	市场化	27	113	在建
9	江阴科创产业园	深业集团	市场化	6.17	121.85	在建
10	深马华东工业科技产业园	深业集团	市场化	1.87	93.85	在建
11	深赣港产城一体化合作区	盐田港集团	对口帮扶	16（启动区项目投资额）	6000（启动区）	在建
12	中科创新广场	资本集团	市场化	4.5	45	运营

注：如无特别说明，占地面积和投资额均指整个园区项目。

从建设目的来看，飞地园区主要承担产业外溢承接、对口帮扶和市场化拓展等功能。其中深圳产业有序外溢的园区有2个，分别为东莞清溪科技生态城和深哈产业园，已有涵盖15个行业的21家深圳企业入驻；对口帮扶项目有4个，分别为深赣港产城一体化合作区、喀什深圳城、深广产业园以及深河产业园；以市场化手段自主建设的园区有6个，成为其他城市间产业合作的重要平台，如保定深圳园属于京津冀产业转移平台。

从建设时间上看，市属国企参与异地产业园区建设已有 10 余年，截至 2023 年，12 个异地产业园项目中，有 5 个处于运营阶段，7 个处于建设阶段，整体处于建设期或运营初期。

从规模和区域来看，12 个异地产业园区项目投资额合计约 1346 亿元，总占地面积约 9.67 万亩；每个园区项目平均投资额约为 112 亿元，面积为 8067 亩。主要位于广东、江苏、江西、四川、黑龙江、河北等省份。

从项目盈利情况来看，可分为盈利较为乐观、盈利情况较差、预计亏损较大三类：第一类为盈利较为乐观的园区，项目内部收益率（IRR）可达到 6%以上，有 4 个项目落在该区间，比如江阴科创产业园、东莞清溪科技生态城；第二类为盈利情况较差的园区，有 6 个项目落在该区间，比如中深科技创新产业园、深马华东工业科技产业园；第三类为预计亏损较大的园区，深广产业园、深河产业园、喀什深圳城 3 个项目将出现这种情况。可以看出，市场化运作的项目盈利能力较强，服务产业外溢的项目盈利能力较弱，帮扶型项目盈利能力最弱。

第二节　飞地产业园的建设情况

1. *汕头*

基于汕头资源禀赋和产业基础，瞄准深圳“20+8”产业集群发展需求定位，结合汕头所能，围绕数字创意、现代时尚、新材料、新能源、新一代信息技术、生物医药与大健康、现代食品产业、教育装备产业八大产业领域精准开展细分领域补链、强链、延链工程，构建多元互补产业生态。

（1）数字创意

数字创意产业聚焦在玩具创意、动漫 IP 两个细分领域开展合作。

①玩具创意

合作基础：我国是全球最大的玩具制造国，在“90 后”“00 后”父母思想新潮、婴幼儿早教需求升级、国人重视教育等因素以及放开三孩生育政策的推动下，玩具尤其是智能科教类玩具的消费空间进一步扩大。广东是我国最大的玩具制造和出口基地，其中汕头是广东玩具企业最为集中的地区，荣获“中国玩具礼品之都”“国家出口玩具质量安全示范区”等多个称号，产出全国近50%的玩具产品，出口全球120多个国家和地区。深圳拥有近1800万常住人口，且以“80后”“90后”“00后”等中青年为主，对多样化、个性化以及兼具艺术属性和收藏属性等潮流玩具的接受度较高，同时，该类人群具备一定的消费能力。此外，各类展览多且影响力大、大型高端购物中心多，可为各类玩具实体零售店、品牌授权店等提供产品展销场所。

合作思路：以进一步提高玩具产业附加值、智能化水平及全球影响力为出发点，推动玩具与数字创意、智能制造等产业加速融合，相互赋能，积极培育玩具原创IP及衍生品，促进玩具产业与虚拟现实购物、社交电商、“粉丝”经济等在线新经济相结合，加快打造玩具创意体验场景和消费场景，构建消费新模式。

②动漫IP

合作基础：IP产业商业价值高、变现能力强且正处于产业生命周期的成长期。汕头动漫IP产业具备较好的发展基础，拥有“动漫第一股”奥飞娱乐，打造了《超级飞侠》《喜羊羊与灰太狼》《铠甲勇士》《巴啦啦小魔仙》等众多知名动漫IP，构建了以IP为核心的泛娱乐产业生态。深圳作为我国设计之都，在数字设备制造、创意设计、游戏、音乐、动漫和长短视频领域技术实力雄厚，网络视听和工业设计能力强，拥有众多在业内极具影响力的数字创意龙头企业。

合作思路：依托奥飞娱乐、创梦天地、华强方特等龙头企业，开展“IP+游戏”“IP+玩具”“IP+游乐园”等内容及周边衍生品开发，加强原创能力建设；利用中华优秀传统文化、改革开放文化、潮汕文化、侨文化、非遗文化等资源进行系列IP产品开发和转化，扩大优质内容供给；打通线上线下营销渠道。

（2）现代时尚

现代时尚产业聚焦在内衣家居服细分领域开展合作。

合作基础：全球时尚产业进入缓慢发展期，但国货时尚品牌逐渐崛起，渠道变革更是为服装产业发展提供了强大助推力。汕头是国内最大的内衣家居服生产基地，已形成从纺纱、织造、印染、面辅料、成品到配套销售的完整产业链，每年生产逾10亿件内衣家居服销往全球各地。深圳是中国服装行业最发达的城市之一，服装品牌企业超过2500家，在原材料研发、创新设计、品牌管理等领域具备独特竞争优势，龙华大浪时尚小镇是大湾区唯一以时尚创意为主导产业的区域。

合作思路：结合两地的产业基础和服装行业发展趋势，鼓励两地在上游的高端面料研发环节组建创新载体开展产学研合作，支持汕头生产制造企业充分借助深圳在创新研发、创意设计、品牌运营及智能传感等领域的优势，开展“科技+”“设计+”“品牌+”赋能，推动产品高端化发展，开展产线智能化数字化改造；支持汕头大学、深圳信息技术学院等高校增设时尚设计、时尚管理、视觉传达等专业课程体系，联合开展专业人才培养。

（3）新材料

新材料产业聚焦在改性塑料、碳纤维两个细分领域开展合作。

①改性塑料

合作基础：“以塑代钢，以塑代木”行动，加速推动了改性塑料在多个领域的应用替代。汕头塑料制品具备产业发展基础，拥有塑料制品业规模以上企业数152家，但产品以低端塑料玩具、塑料薄膜、塑料丝、绳及编织品为主。深圳在改性塑料应用最大的汽车、家电及手机等消费电子领域，拥有比亚迪、创维、TCL、康佳等众多下游龙头应用类企业。

合作思路：依托汕头在初级形态塑料及合成树脂领域已有良好产业基础，围绕深圳下游新能源汽车、手机、电脑、医疗器械以及汕头下游优势玩具产业等领域对塑料产品性能的不同需求，在高端改性塑料的关键共性技术攻关、推动企业转型升级及塑料制品的下游市场拓展等方面加强合作。

②碳纤维

合作基础：全球碳纤维市场规模呈平稳增长态势，风电是主要需求领域，需求量约占28%。汕头在碳纤维的上、中、下游各环节，现阶段整体产业基础较弱，仅有广东坚达聚纤科技实业有限公司和广东大红马实业有限公司，但下游风电市场较大。深圳在碳纤维的上游拥有高校和科研院所从事相关领域，航空航天、风电、氢能、汽车等下游领域存在较大的应用市场，但缺少生产制造类企业。

合作思路：基于两地碳纤维产业基础都不强的特点，抢抓汕头海上风电发展的战略机遇，以资源换市场，联合深圳下游应用企业和专家团队的资源，面向全球全产业链引进碳纤维知名企业，围绕行业关键共性技术问题开展攻关，布局若干重大研发、产业化和示范应用项目，带动产业集群高端化发展。

（4）新能源

新能源产业聚焦在海上风电、储能两个细分领域开展合作。

①海上风电

合作基础：海上风电成本稳步下降，“十四五”期间有望进入平价时代。汕头海上风电资源禀赋得天独厚，该海域年平均风功率密度为500~700瓦特/平方米，年平均利用小时数在3800小时以上。能源“十四五”规划海上风电装机量占全省规划装机的53%。深圳在海上风电控制系统和开发建设运维领域具有一定优势，然而在叶片、轴承、风机整机等核心高端装备的研发制造环节仍然空白。

合作思路：面向全球联合招商主轴轴承、主变压器、超大型液压打桩锤等核心零部件领域龙头企业，探索打造“深圳研发+潮汕生产”合作模式，实现高端核心零部件“研发—实验—制造—应用”全链条国产化。

②储能

合作基础：全球储能装机规模稳步扩大，新型储能增长速度快。汕头“十四五”期间将建成海上风电1000万千瓦，测算其“十四五”时期储能新增装机、终端市场、全产业链市场分别不低于100万千瓦·时、15亿元、45亿元。深圳拥有全球一流的新型储能产业生态，2022年全市新型储能产业产值2670亿元，从事储能相关经营业务的储能企业已有近7000家，位居全国前三，但缺少示范项目应用场景。

合作思路：结合两地产业基础和储能行业发展趋势，重点在上游的正负极材料以及下游的应用、电池回收环节开展合作，支持德方纳米、贝特瑞等深圳正负极材料龙头企业在园区落地产线，研究建立海上风电绿电资源定向供给对口合作园区机制，推动欣旺达、中创新航等深圳电芯模组龙头企业与光合科技建立优势互补的战略合作关系，实现电池全生命周期价值挖掘。

（5）新一代信息技术

新一代信息技术产业聚焦在PCB电子元器件、液晶显示及触控模组、跨境网络通信应用服务三个细分领域开展合作。

①PCB 电子元器件

合作基础：PCB 是电子元器件电气相互连接的载体，广泛应用于通信电子、计算机、消费电子、汽车电子、工业控制等领域。汕头拥有超声电子、松田电子、宏俐电子等 PCB 龙头企业，整体发展基础较好，但在上游的电子专用材料及设备制造、下游的智能终端制造方面链条存在缺失。深圳拥有华为、中兴、长城计算机等众多智能终端制造企业，对 PCB 需求旺盛。

合作思路：依托汕头立讯精密在 PCB 领域的基础和优势，联合深圳中下游制造和应用类企业，在高性能特种覆铜板、环保型高性能覆铜板、IC 封装基板等领域开展关键技术攻关，支持汕头生产制造类企业加快融入深圳下游应用类企业供应链体系。

②液晶显示及触控模组

合作基础：液晶显示模组和触控模组是电视、手机、电脑等消费电子产品的核心部件。市场规模增长稳健。汕头具备一定模组生产基础，拥有龙头企业超声电子。珠三角地区以深圳为中心形成了液晶显示模组产业集群，拥有一批实力雄厚的生产厂商和下游终端应用厂商。

合作思路：围绕汕头现有显示模组及触控模组生产基础，加大产业扶持力度，在支持超声电子做大做强的同时，联合深圳下游应用企业，精准招引国内外模组龙头企业落户汕头，同时布局物联网模块、背光模块、传感模块等方向，推进模块模组全方位体系化发展。

③跨境网络通信应用服务

合作基础：汕头国际海缆登陆站是多个国际海缆系统的主干汇接点，目前已有亚欧国际海缆、亚太二号国际海缆、东南亚—日本国际海缆和亚洲直达国际海缆登陆，是继广州、深圳、珠海之后第四个建设成立区域性国际通信业务出入口局的城市，主要面向东盟、亚太地区和国家的数据通信业务，有着高稳定性、低时延、大宽带的跨境数据传输服务能力和优势。深圳在 VR、游戏、云服务及金融业方面优势显著，可提供高质量跨境网络通信服务内容。

合作思路：依托汕头国际通信海缆登陆点基建优势及深圳网络与应用服务优势基础，联合向国家申请开展跨境网络信息服务应用试点并制定配套的风险管控机制，大力发展跨境直播、跨境电商、云服务、VR 等高附加值产业领域，探索发展跨境金融交易等领域，打造跨境网络服务示范园区。

（6）生物医药与大健康

生物医药产业聚焦在中药、精准营养与保健品两个细分领域开展合作。

①中药

合作基础：汕头拥有药用植物228科，903属，1599种，野生中药材蕴藏量在700万千克左右，上游原料资源丰富。深圳拥有华润三九等链主型企业，在重要新药研发、加工工艺、制剂技术、质量控制等方面具有明显优势。

合作思路：发挥汕头中药材资源优势，联合深圳华润三九、中山大学等重点企业和科研机构，开展现代中药研发，支持中药萃取、质量控制、药物标准化加工关键技术及工艺研究，围绕中成药生产和中药饮片加工等领域，建设中成药生产基地、中药标准化加工与包装生产线、中药饮片加工及配送中心项目。

②精准营养与保健品

合作基础：国内精准营养与保健品市场发展潜力大，市场规模在2022年底超4600亿元，在全球市场中占比超四成，仅次于美国。汕头产业发展基础好，拥有仙乐健康、益瑞生物、美亨利乐生物等重点企业，正在布局各年龄段营养保健食品。深圳已在大鹏新区规划建设生物谷、食品谷，提出重点发展精准营养等领域，以奥萨公司为代表的生物医药领域的龙头企业正在向精准营养与保健品领域转型。

合作思路：围绕膳食结构个性化、营养组分模块化、营养代谢评价靶向化等方向，抓住深圳医药龙头企业转型契机，招引奥萨到汕头布局生产基地；支持汕头龙头企业联合华大农业、深圳农业基因组所等单位合作打造精准营养与保健品研发项目，建设精准营养与保健品研发及生产基地。

（7）现代食品产业

重点对接预制菜、保健食品、腌制品、速冻食品等细分领域，吸引集聚现代食品产业领军企业和重大项目落户园区，联合深圳高校和科研机构研究制定预制菜标准规范体系，打造特色鲜明、辐射范围广、带动性强的预制菜产业集群。

（8）教育装备产业

重点对接多媒体设备、控制系统、实验设备等细分领域，支持深圳、全国乃至全球教育装备企业将生产制造环节转移至园区，发挥深圳“设计+”赋能汕头教育装备产业，探索建立“深圳研发设计+汕头制造”模式。

2. 潮州

基于潮州资源禀赋和产业基础，瞄准深圳“20+8”产业集群发展需求定位，结合潮州所能，围绕特色食品、新材料、新能源、新一代信息技术、生物医药、现代时尚六大产业领域精准开展细分领域补链、强链、延链工程，构建多元互补产业生态。

（1）特色食品

特色食品产业聚焦在预制菜、休闲食品两个细分领域开展合作。

①预制菜

合作基础：预制菜市场裂变速度快，即将迎来万亿级市场规模。潮州上游拥有粮食作物、油料作物、家畜、家禽、水果、蔬菜、水产品等多个品类，可为中游加工提供丰富且足量的食材，中游拥有海润集团、健源匠心、万佳水产、真美、无穷、廷宴等代表性企业，以及一些食品研究实验室。深圳拥有近2000万常住人口，且以中青年为主，18～35岁的消费群体比例高达85%，消费能力、消费意愿及对新产品的接受速度远超其他城市，还拥有农业科学院食品科学中心、国家营养食品质量监督检验中心等众多食品领域高水平科研平台。

合作思路：根据预制菜行业特点和发展趋势，重点在中游的精深加工以及下游的推广销售环节开展合作，包括依托科研机构联合建立预制菜研发平台、塑造潮州菜IP形象、提升预制菜产业数字化水平、搭建多渠道营销网络等。

②休闲食品

合作基础：我国现有休闲食品市场集中度低，人均消费潜力大。潮州食品产业历史悠久，是省内唯一一个、全国第六个“中国食品名城”，上游原材料丰富，中游拥有无穷食品、展翠、佳宝等近1500家企业。深圳下游消费市场大，电子商务优势显著，拥有环球易购、中农网等具有影响力的展销平台，目前正聚力建设具有全球重要影响力的消费中心，打造直播电商新高地。

合作思路：围绕提高潮味休闲食品竞争力，重点引培一批技术先进、创新能力强的优势食品精深加工企业“强链”，着力引育一批食品包装、物流和营销等领域头部企业“补链”，引导食品加工及副产物利用向保健品、化妆品等行业“延链”，同时实施品牌创建工程。

（2）新材料

新材料产业聚焦在电子陶瓷材料、绿色包装材料以及电子化学品三个细分领域开展合作。

①电子陶瓷材料

合作基础：电子陶瓷材料是半导体器件的关键材料，在通信、工业激光器、消费电子、汽车电子等领域应用广泛，市场需求巨大。潮州拥有电子陶瓷领域全球知名企业三环集团，总市值接近600亿元，是潮州市值最高的上市公司，其生产的MLCC、光纤连接器陶瓷插芯、氧化铝陶瓷基板、电阻器用陶瓷基体等产品产销量均居全球前列。深圳在手机、汽车及5G通信等领域拥有众多中端制造类企业，在全国乃至全球占比较高，对上游材料的需求较大。据统计，单部手机MLCC量平均在1000只左右；单辆常规燃油车、混合动力车和纯电动汽车对MLCC需求量分别约为3000只、12000只和18000只。

合作思路：以移动终端、通信基站、汽车电子等产业重大需求为牵引，鼓励潮深龙头企业在片式电容、片式电阻、高性能微纳陶瓷粉体等材料的配方、制备工艺方面联合开展关键技术攻关，突破高纯、超细、高性能材料规模化生产的技术“瓶颈”，联合开展下游产品的试用应用，打破国内电子元件原材料和器件长期依赖国外进口的局面。

②绿色包装材料

合作基础：2021年全球包装材料市场规模超过1万亿美元，中国是全球最大的包装材料消费国。潮州在绿色包装材料的下游休闲食品、陶瓷卫浴、服装等应用领域，年销量占全国乃至全球比重均较高，对包装材料具有较大的市场需求。深圳在绿色包装材料的上、中游拥有众多全国龙头企业，在可降解、可重复利用、可再生等绿色包装材料领域研发创新能力强。

合作思路：支持深圳包装领域龙头企业充分发挥在可降解、可再生、可重复使用等绿色包装材料领域的研发创新能力，深化与潮州本地陶瓷、食品、服装、医药等产业跨产业联动发展，在绿色包装材料的研发、设计、生产、使用和回收处理等关键环节开展全方位合作。

③电子化学品

合作基础：电子化学品是电子工业中的关键性基础化工材料，具有品种多、专业跨度大、专用性强等特点，目前面临严峻的“卡脖子”问题。潮州土地面积大，人口密度低，对工业环境要求相对没那么严苛，具备生产和储存危化品的条件。深圳集成电路、印刷电路板和平板显示领域用量需求大，例如，对于逻辑电路，16 纳米工艺节点使用功能性湿电子化学品约 90 次，10 纳米技术节点使用次数上升到 120 多次，3 纳米约 140 次。

合作思路：聚焦集成电路、印刷线路板和新型显示用电子化学品，以差异化、特色化和高端化为目标，谋划建设电子化学品研发试验基地、生产基地、物流存储基地，形成合理的空间布局和本地化配套能力，到 2030 年，力争各类产品为深圳集成电路产业的电子化学品品种配套率达到 70%，打造特色鲜明、链条完整、效益良好的立足粤东、服务湾区乃至全国的标杆性电子化学品产业高地。

（3）新能源

新能源产业聚焦在海上风电、光伏及储能三个细分领域开展合作。

①海上风电

合作基础：海上风电成本稳步下降，“十四五”期间有望进入平价时代。潮州海域是粤东乃至全省最好的海上风电资源区，风功率密度达 750~850 瓦特/平方米，年利用小时数达 3800~4300 小时，风力条件好，极具开发价值。但“十三五”时期以来，潮州未获得可开发的省管海域规划场址权属，导致目前海上风电产业基础相对薄弱。

合作思路：抢抓海上风电发展的战略机遇，结合两地的资源禀赋、产业基础和海上风电行业发展趋势，面向全球联合招商发电机、齿轮箱、轴承等核心零部件环节龙头企业，探索打造“深圳研发+潮汕生产”合作模式。

②光伏

合作基础：我国光伏摆脱补贴退坡影响，2025 年新增装机量有望达到 100~125 吉瓦特。潮州市潮安区已纳入国家级整区屋顶分布式光伏开发试点，拥有广东省光伏组件龙头企业金源光能，年产值约 10 亿元。深圳在电池片生产设备和逆变器等领域优势明显，全球市场占有率分别约为 50%和 30%，但硅料、硅片、电池和组件等核心环节缺乏龙头企业，且本地城市空间有限，推广应用空间相对较小。

合作思路：结合两地产业基础和光伏产业发展趋势，在下游的系统集成以及中游的组件两大环节深化合作，共同开发多元光伏应用场景，联合布局光伏组件环节，助力潮州建成若干示范光伏乡镇、光伏村和打造高效光伏组件产品集聚区。

③储能

合作基础：全球储能装机规模稳步扩大，新型储能增长速度快。潮州“十四五”期间将建成海上风电 200 万千瓦和光伏装机 236 万千瓦，测算其“十四五”期间储能新增装机、终端市场、全产业链市场分别不低于 30 万千瓦·时、4.5 亿元、13.5 亿元。

合作思路：结合两地产业基础和储能行业发展趋势，重点在上游的电解液以及下游的应用、电池回收环节开展合作，协助争取化工园区落地潮州，支持新宙邦、格林美等深圳龙头企业布局电解液、电池回收产线，精准承接深圳储能外溢产能，共同开拓新型储能应用市场。

（4）新一代信息技术

新一代信息技术产业聚焦在电子陶瓷元器件、智能卫浴两个细分领域开展合作。

①电子陶瓷元器件

合作基础：电子陶瓷元器件广泛运用于光通信、无线通信、消费电子产品、汽车电子等领域，市场需求大。潮州电子陶瓷产业基础良好，光通信用陶瓷插芯、电阻器用陶基体、氧化铝陶基片产销量分别占全球的 80%、55%、50%以上，均居全球首位。深圳在消费电子、汽车电子以及功率半导体领域均有众多制造企业，对电子陶瓷产品需求量大，而深圳本地电子陶瓷生产领域较为薄弱。

合作思路：依托潮州三环在高端电子材料，尤其是陶瓷材料方面的研发实力，进一步拓展在深技术布局，设立高端电子材料研发中心，拓展延伸光伏、储能等领域应用范围。

②智能卫浴

合作基础：我国智能卫浴目前市场渗透率约为 4%，远低于美国的 60%、日本的 90%，有巨大的市场空间。潮州卫浴产业基础良好，拥有生产企业

1650多家，但整体智能化布局程度较低。深圳在智能感知、决策、执行、学习等智能化技术方面具有优势，能够为传统卫浴行业的智能化转型提供技术和产业化支持。

合作思路：充分利用潮州智能卫浴产业集聚优势，引入深圳智能家居产业力量，牵引潮州智能卫浴产业整体发展壮大及智能化转型升级，鼓励智能卫浴产品走向国际市场，打造全国智能卫浴产业基地。

（5）生物医药

生物医药产业聚焦在化学原料药、中药、体外诊断三个细分领域开展合作。

①化学原料药

合作基础：全球化学原料药市场规模整体呈增长趋势，集中在中国、欧洲和印度，华南地区化学原料药产量相对较少。潮州产业基础较弱，但在积极争取化工园区建设，以满足化学原料药建厂要求。深圳拥有海普瑞、奥萨等原料药龙头企业，但土地空间少、环保要求高，企业有外地建厂需求。

合作思路：协助争取化工园区落地潮州，争取深圳奥萨（潮州）原料药厂落户，联合开展招商引进国内外原料药龙头企业，打造原料药集中生产基地。

②中药

合作基础：国内中药市场发展稳定，市场份额占全国医药市场的25.0%。潮州全市共有溪黄草、板蓝根、南姜、金钱草等种植面积约3600亩，铁皮石斛约4000亩，沉香约4000亩，上游原材料资源丰富。深圳拥有华润三九等链主型企业，在重要新药研发、加工工艺、制剂技术、质量控制等方面具有明显优势。

合作思路：依托潮州中药资源及生产制造基础，围绕中药研究和生产制造等领域，支持两地合作开展道地药材科学研究和技术工程示范，解决共性核心技术问题，推进中药智能制造高质量发展，建立深潮中药产、供、销合作机制，促进两地产业链上下游供销衔接。

③体外诊断

合作基础：全球体外诊断市场规模整体呈增长趋势。潮州拥有体外诊断上市企业凯普生物，在分子诊断领域具有研发技术基础和产品优势。深圳是国内医疗器械产业第一重镇，拥有迈瑞、华大基因、亚辉龙等领军型企业，在生化、分子等诊断领域全国领先。

合作思路：依托潮州体外诊断上市企业凯普生物，联合深圳体外诊断产业优势，加快核酸分子诊断产品应用技术攻关，支持 HPV 检测、新冠病毒检测等产品研发，围绕 HPV 检测、基因检测、感染性疾病检测等领域，打造产品线丰富的核酸分子诊断综合生产基地。

（6）现代时尚

现代时尚产业聚焦在服装领域开展合作。

合作基础：全球时尚产业进入缓慢发展期，但国货时尚品牌逐渐崛起，渠道变革更是为服装产业发展提供了强大助推力。潮州是“中国婚纱礼服名城”“中国工艺美术之都”，是全球最大的婚纱礼服生产出口基地，拥有名瑞、金潮、璐卡思等数十家在国内外有较大影响力的时尚品牌企业，婚纱礼服远销美国、西班牙、智利、匈牙利、俄罗斯、芬兰和日本、东南亚以及中东等 20 多个国家和地区。深圳是中国服装行业最发达的城市之一，服装品牌企业超过 2500 家，在原材料研发、创新设计、品牌管理等领域具备独特竞争优势，龙华大浪时尚小镇是大湾区唯一以时尚创意为主导产业的区域，有必要拓展更多具有文化衬托的品类。

合作思路：结合两地的产业基础和服装行业发展趋势，鼓励两地在上游的高端面料研发环节组建创新载体开展产学研合作，支持潮州生产制造企业充分借助深圳在创新研发、创意设计、品牌运营及智能传感等领域的优势，开展“科技+”“设计+”“品牌+”赋能，进行产线智能化、规模化改造，推动产业高端化、智能化转型升级。

3. 汕尾

立足深汕两地资源禀赋、产业基础，充分发挥深圳优质企业资源、研发设计转化优势，汕尾生产制造与产业化基础、毗邻深汕合作区区位优势等，聚焦产业链上、中、下游，在新能源汽车、超高清视频显示、高端装备制造、现代时尚等产业领域构建跨区域协作模式。

（1）新能源汽车产业

汕尾市新能源汽车产业细分领域优势突出，刀片电池、汽车零部件向“专精特新”发展，龙头企业比亚迪已在陆河投资 15 亿元，布局新能源汽车大巴整车和零部件制造，产业基础良好。深圳市出台《深圳市培育发展智能网联汽车产业集群行动计划（2022—2025年）》，明确深圳智能网联汽车产业集群重点布局南山区、坪山区、深汕特别合作区，形成一条从西至东的智能网联汽车产业带。目前深汕合作区正高规格打造新一代世界一流汽车城，满足到2030年拥有整车产能达300万辆的需求。

（2）超高清视频显示产业

汕尾市以显示面板为主的超高清视频显示产业具有良好的基础，聚集有信利国际、康源半导体、比亚迪电子等龙头企业，行业初具规模。深圳是全球重要的超高清视频显示全产业链技术创新高地和高端生产制造基地，大尺寸面板和超高清视频显示终端的出货量和市场占有率全球领先，行业优质资源高度聚集，行业领先企业众多，上下游资源丰富。

（3）高端装备制造产业

汕尾市高端装备制造业已逐步做大做强，汽车装备制造、海工装备制造具有良好的基础，明阳智慧能源、恒明盛、氟迪电池等项目陆续落地并开工建设。汕尾市“十四五”规划提出打造“三强一智造”专项行动，包括实施智能制造专项行动和“机器人应用”计划，推动大型骨干企业开展智能化技术改造，开展“智能工厂培育建设试点”等。深圳已拥有完整的机器人产业链条，在SCARA机器人方面具有优势，行业不断向技术价值高地开展技术攻关。

（4）现代时尚产业

汕尾市现代时尚产业企业主要集中在海丰县，以金银首饰加工、彩色珠宝、时尚美妆为主导，海丰首饰产业环保集聚区是广东省内唯一一家拥有电镀配套手续的首饰专业园区，打造金银珠宝首饰、小五金、配套电镀等一个完整产业链集聚化的全新多元化复合型产业环保集聚区，目前多布局在生产加工环节。深圳现已成为国内行业门类齐全、原创品牌集中、产业配套完善、规模集聚效应显著的时尚产业基地之一，已形成龙头企业总部、高端时尚品牌、设计师和工匠、大型展会活动、行业协会等要素集聚发展的产业生态。

4. 河源

依托河源电子信息、食品饮料、先进材料、机械模具等制造业发展基础及丰富的生态资源优势，聚焦产业链上游原材料及下游生产制造，拓空间、优存量、扩增量，推动与深圳电子信息、现代农业、食品饮料、新材料、中药、医疗器械等产业“同频共振”。

（1）电子信息产业

合作基础：河源以智能终端为代表的电子信息产业初步形成规模效应，已落户中兴通信、卓翼科技、中光电等通信设备、智能终端整机制造生产基地，是广东省第四大手机生产基地，具备较好的终端整机组装加工产业基础。智能终端产业是深圳新一代电子信息产业的主心骨。集聚了华为、荣耀等整机品牌龙头企业，富士康、立讯精密等先进制造企业以及信维通信、欣旺达等关键元器件和零部件核心供应商，初步形成了集核心零部件研发、代工生产、品牌整机、生态建设于一体的智能终端产业体系，产业规模全国领先，优势显著。

对接思路：一是积极承接大湾区智能终端产业转移，进一步发挥河源组装代工的优势，拓展智能手机、智能家居等新型智能终端品类，扩大产业规模优势。二是依托河源现有龙头企业，支持其进行5G通信终端技术攻关，向产业链高价值环节攀升。三是面向河源重点发展的智能终端领域，重点补强显示屏、摄像模组等关键环节，以智能终端为核心培养网络通信、超高清视频显示等产业集群。四是推动制造业工厂数字化升级改造，积极引进承接龙头代工厂，扩张产能布局，提升智能制造能级。

（2）现代农业

合作基础：河源市现代农业呈高质量发展，已形成“一县数品”和“一镇一品”的区域特色格局，拥有优质粮油、优质蔬菜、生态畜禽、特色水果、高山茶叶等品牌产品，东瑞食品等农业龙头企业，10家省级现代产业园，7家农业相关省级工程技术研究中心。深圳作为国内科技和产业创新高地，在生物技术、农机装备、农业智能化等领域拥有先进的研发技术和生产制造能力，同时众多的人口为河源农产品提供了广阔的消费市场，双方在产业链上下游优势互补，部分深圳企业在河源投资意向较高，深河合作前景十分广阔。

对接思路：一是发挥深圳在生物育种方面的科技优势，开展针对河源丝苗米、蔬菜新品种等特色农作物的性状改良等育种合作，提升河源市传统农作物种子质量。二是鼓励深圳智能制造和数字技术企业，与河源本地企业合作开展智能巡检、无人植保、农产品溯源等方面合作，进一步提高河源农业的数字化水平。三是发挥深圳超大消费市场的优势，打通两市在农产品产、供、销合作上的堵点，推动深圳企业与河源农户、合作社、基地等签订供销协议，建设农产品物流中转中心，促进深河绿色农产品、食品产销衔接。四是打造河源农产品品牌示范效应，支持品牌建设和宣传，按照“圳品”品牌规范与标准开展产品认定，探索“现代农业+直播”等新型销售模式，加强品牌宣传和推广。五是深化农文旅深度融合发展新模式，鼓励深圳有运营经验的文旅企业，利用河源良好的生态环境，打造农耕文化体验、休闲观光农业等精品旅游线路，推动河源由传统农业生产向附加值更高的农业文化旅游服务延伸。

（3）食品饮料产业

合作基础：立足河源广阔的土地资源和低廉的用工、用地成本，为企业提供充足的产业园区空间并吸引企业入驻，依托当地优质水资源优势可提高饮料产品品质和品牌影响力，且当地引进的中储粮仓库项目使原料要素更集中。深圳市有1700余万人口，拥有广阔的消费市场，并具备优越的产业、政策、人才等优势，但土地空间不足，有低附加值产业转出需求。依托河源产业基础好、交通区位优、生态环境美、发展空间大等优势和深河两地的市场基础，做强做优食品饮料产业，强化深河创新链、产业链协作，打造食品饮料产业发展高地，协同推进深河食品饮料高质量发展。

对接思路：一是探索构建发展新模式。创新构建“深圳总部+河源基地”“深圳研发+河源孵化”“深圳创新+河源产业化”三种产业发展新模式。二是引进深圳及全球知名品牌企业。通过深圳密集的各项商业要素及河源优质的原料资源和廉价的制造成本，重点招引总部设立在深圳的食品饮料企业进驻河源开设基地，并引进全国及世界知名进口食品饮料企业进驻深河。三是强化品牌建设，树立品牌形象。借助深圳国际化平台，利用河源万绿湖得天独厚的水资源优势，提高河源食品饮料产品的知名度和品牌影响力，帮助河源打造出具有河源特色的食品饮料产品，并走向全国和出口世界。四是拓展预制菜消费市场。加强两市餐饮行业交流与合作，帮助即食、即热、即烹等面向家庭日用和节庆聚餐的预制菜（如河源市饭饭得食品），利用深圳消费大市场，拓展销售渠道。五是发展药食同源功能性食品产品。顺应社会对安全、营养、功效食品和保健品的需求增长，依托河源市营养保健品领域重点企业联合深圳大健康领域企业发展药食同源功能性食品产品。

（4）新材料产业

合作基础：河源具有丰富的矿产资源，但在硅材料、先进金属材料、稀土材料等领域精深加工水平较低。深圳“20+8”战略性新兴产业集群中，大多数产业集群发展依赖硅材料、先进金属材料、稀土等材料及其制品的供应，而新材料产业龙头企业众多，受限于环境、场地等多重因素，外迁需求较多。

对接思路：一是联合深圳龙头企业研发玻璃制品、单晶硅、半导体材料等硅材料制品，为深圳产业发展提供重要原材料资源支撑。二是联合深圳先进金属材料、绿色建筑材料等领域生产企业，积极引进硬质合金、复合金属材料等细分领域先进技术、先进设备及新工艺，推动现有产业向专用化、功能化、高端化方向发展。三是联合深圳稀土材料领域生产企业，布局软磁材料、发光材料、电感元件等合作项目，提升稀土材料制品附加值。

（5）中药产业

合作基础：河源具有适宜中药（南药）种植的气候、山地、水源等条件，全市中药（南药）产业现以种植为主，共有种植企业、合作社、专业户、小农场等近90家，种植面积达6万亩，年产值约3.4亿元，种植品种主要有牛大力、三叉苦、五指毛桃、铁皮石斛等。河源市中药生产加工环节相对薄弱，2018—2022年中成药产值由2249万元增长至7059万元，增长明显但总体规模较小，从事中药制剂、饮片生产的大中型企业有9家。深圳在中药研究及中成药、中药饮片加工生产环节具有优势，2022年中药产业营收超50亿元。全市已布局中药口服制剂关键技术国家地方联合工程研究中心、中药药学及分子药理学研究国家重点实验室等多个创新载体，拥有华润三九、海王生物等链主型龙头企业，在新药研发、加工工艺、制剂技术、质量控制等方面具有明显优势。

对接思路：中药产业链中游附加值高，是产业发展的关键，建议深河两地在河源现有中药种植的基础上，促进中药上游、中游产业融合发展。一是开展中药种植技术合作，发展南药优势品种，重点推进河源灯塔盆地中药种植基地与中山大学（深圳）、华润三九等企业及机构合作，在江东新区飞地产业园建立中药种植技术研究中心，推进五指毛桃、灵芝、铁皮石斛等优势品种良种繁育、规范化种植。二是依托河源市中药材种植优势，重点瞄准中药制药企业开展深河联合招商，以南药初加工为基础、南药精深加工为方向，加大招商引资力度，积极引进有实力的央企、国企、知名民企合作建设精深加工项目。三是基于深河现有的供产销合作，建立中药国际贸易中心，探索“研发在深港、产业化在河源、市场向海外”的国际化发展模式，打响河源特色南药品牌，推动中医药文化走向世界。

（6）医疗器械产业

合作基础：河源市医疗器械产业具有一定产业基础，2022 年河源市医疗器械产值 51 亿元，拥有医疗器械生产企业 13 家、经营企业 213 家，鸿德医疗、埃纳生医学等医疗器械代表企业发展势头良好；河源市政策驱动产业发展，《河源市制造业高质量发展“十四五”规划》提出，大力引进一批研发能力强的医疗器械龙头企业，重点培育发展医药制造和医疗器械两大生物医药产业集群。深圳市是国内医疗器械产业第一重镇，2022 年深圳市医疗器械产值为 986 亿元，产值约占全国的 8%，拥有医疗器械生产类企业 1826 家，产值超亿元企业有 98 家，迈瑞医疗、稳健医疗等龙头企业综合实力领跑全国；深圳市企业具有转移意愿，医疗器械产业对研发生产场地的层高、承重、洁净、污废处理等环节有较高要求，受制于深圳紧张的产业空间资源，医疗器械企业希望转移部分产业链环节至市外。

对接思路：一是支持深河两地企业开展医疗器械共性关键技术攻关工程，依托稳健医疗、先健科技、菲鹏生物等深圳龙头企业，推进与鸿德医疗、埃纳生医学等河源企业建设共性关键技术研发实验室，提高河源医疗器械产业附加值与竞争力。二是围绕深圳医疗器械产业转移需求，在河源市国家高新区南部片区和跨江融合发展区布局一批体外诊断、医用耗材生产示范基地，配套建设洁净车间、控温控湿车间、污废处理等设施，满足企业对专业产业空间的特殊需求，实现深圳医疗器械企业“拎包入住”式转移。

5. 中山

深中经济合作区谋划在现有空间规划和产业布局的基础上，建设翠亨马鞍岛城市新中心（以发展科技创新、现代服务业、国际商贸为主）、深中合作创新区产业链专业协作基地（以发展健康医药、光电信息、新能源、高端制造装备为主）、高端制造合作基地（以发展新一代电子信息技术为主）、文化与科技合作基地（以发展新兴潜力产业为主），构建形成“一中心三基地”

协同发展的空间功能布局。具体如下：

（1）翠亨马鞍岛城市新中心

发挥深中通道主动脉联结作用，推动马鞍岛复制、推广前海创新政策，打造成为前海深港现代服务业合作区拓展区。马鞍岛南部重点发展科技金融、商务会展、跨境电商等现代服务业，中部战略性布局人工智能、细胞治疗等前沿领域，培育发展数字经济和创意经济，北部共同在低温储氢、风电装备等先进制造领域精准发力。

（2）深中合作创新区产业链专业协作基地

围绕链主企业就近配套需求，支持链主企业布局协作专业园区，招引产业链上下游配套环节，共同打造配套完整、安全可控的产业链、供应链体系。一期重点布局生物医药（化学药、中成药）、高端医疗器械（家用医疗器械）、超高清视频显示（显示面板制造材料与器件）、激光与增材制造（光学元器件、激光器）等深中优势产业领域；二期计划布局新能源、高端装备制造等深中未来重点发力产业领域。

（3）高端制造合作基地

以合力共建新一代电子信息完整产业链条为出发点，面向网络与通信、智能终端等制造领域，协同引进和孵化一批光模块、光纤光缆、光通信设备等领域行业企业，推进大型手机、平板、智能家电等智能终端整机企业布局生产环节，为大湾区打造世界级电子信息产业集群提供支撑。

（4）文化与科技合作基地

重点发展创科经济、文旅经济等新兴潜力产业。创科经济组团联合前海共同建设港澳青年创新创业基地，开展研发设计、技术咨询、知识产权等专业服务。文旅经济组团积极引进深圳及港澳文旅生态企业，大力发展都市农业生态旅游、历史文化旅游、滨海休闲旅游等业态。探索协同港澳开展中医药、海洋电子信息、航天卫星等优势产业合作。

6. 江门

立足深江两地资源禀赋、产业基础，充分发挥深圳研发设计转化、江门生产制造与产业化的比较优势，聚焦产业链上、中、下游，在新材料、新一代信息技术、高端装备、生物医药与大健康等产业领域构建跨区域协作模式。

（1）新材料产业

江门市新材料产业主要集中在新能源电池材料、石化材料等新材料制备领域且国内领先，珠西新材料园区入选广东省危险化学品生产企业承接园区名单，具备生产动力电池负极材料、半导体材料等环境和资质条件。深圳新材料产业龙头企业众多，但受限于环境、场地等多重因素，外迁需求较大。

（2）新一代信息技术产业

江门市以印刷电路板为主的新一代信息技术产业具备良好的基础，拥有世运电路、依利安达、崇达电路、建滔集团等优势企业，行业初具规模。江门市提出“十四五”期间将新一代信息技术产业培育成千亿级产业集群，将继续做大基板材料、磁性材料、印刷电路板、新型显示器件、电声器件、电线电缆及新一代通信设备等优势领域，为此，在深江合作园区中，专门规划出新一代信息技术特色园区，以承接深圳有序转移的相关企业。深圳电子信息产业规模约占全国的1/6，全球的1/10，领跑全国，产业链条完整，优势显著。

（3）高端装备产业

江门新能源电池产业发展势头迅猛，引进总投资200亿元的中创新航动力电池项目，带动锂电装备等产业集聚发展，并引进隆基绿能等光伏制造企业，发展硅能源产业。在数控机床、激光装备、工业机器人及智能专用装备等领域有较好产业基础，但也存在规模总体偏小、技术相对低端、创新能力较弱、系统集成能力差、产业体系不够完善等问题。深圳在锂电制造装备、光伏组件制造装备等专用装备领域优势明显，在智能装备控制系统、装备数字化等方面具备良好的基础。

（4）生物医药与大健康产业

江门市在营养保健品和绿色食品、生物医药和中医药、医养与康养服务三大领域具有良好的产业基础或自然条件，珠西新材料园区作为广东省危险化学品生产企业承接园区之一，具备生产化学原料药的配套设施。

7. 南宁

基于南宁“十四五”时期重点产业集群发展方向和深圳“20+8”产业集群发展需求，瞄准东盟在基础设施建设、数字经济发展、能源开发合作等领域产业合作机会，充分发挥南宁链接深圳与东盟的渠道作用，聚焦新一代电子信息、生物医药与健康、高端装备制造、绿色食品加工等重点产业领域，构建面向东盟的跨境产业链。

（1）新一代电子信息产业

南宁市电子信息产业占全市工业总产值的26.6%，主要涉及电子元器件、智能消费设备、计算机与通信设备等行业，“十四五”期间重点发展计算机与网络通信设备、智能终端、新型显示、集成电路（封测）4条产业链。东盟电子信息产业发展迅速、市场广阔，但工业基础短板明显，主要涉及低端制造与组装环节。深圳电子信息产业规模约占全国的1/6，全球的1/10，领跑全国，产业链条完整，优势显著。可充分利用南宁的渠道优势，积极开拓东盟市场，维护深圳电子信息产业链、供应链安全稳定。

（2）生物医药与健康产业

生物医药产业是广西壮族自治区和南宁市重点发展产业，南宁在中药民族药、医疗器械、生物医药三大领域具有良好的产业基础或自然条件，药用动植物资源占全国的1/3，是我国的“天然药库”和“中药材之乡”，六景化工园区作为省级专业化工园区，具备生产医药中间体的配套设施。康养领域，深圳人工智能、大数据等技术在旅游、康养领域应用优势明显，具备提供成套智慧解决方案能力。

（3）高端装备制造产业

南宁市高端装备制造产业发展势头迅猛，面向东盟国家重点需求初步形成了物料处理装备、环保装备、轨道交通装备等为主导的产业体系，同时大力发展智能装备和智能智造，不断提高装备产业本地配套率，提升工程机械再制造水平和后服务能力，但仍然存在产业规模较小、技术相对低端、创新能力较弱、系统集成能力差、产业体系尚未完善等问题。深圳在锂电制造装备、光伏组件制造装备等专用装备领域优势明显，在智能装备控制系统、装备数字化等方面具备良好的基础。

（4）绿色食品加工

绿色食品加工作为南宁六大千亿产业之一，产业规模排名全区第一，主要涉及调味品、水牛乳、肉制品、预制菜、精制茶、饮料、休闲食品等行业，拥有海天、双汇、东鹏、皇氏等代表性企业。深圳消费市场庞大，绿色食品研发和品牌设计能力强，可依托南宁丰富的特色农产品资源优势，重点发展绿色食品加工及推广销售环节，强化两市创新链、产业链协作，支持合作区绿色食品加工企业开拓深圳及大湾区市场，打造区域性绿色食品加工基地。

8. 赣州

基于赣州资源禀赋和“1+5+N”产业体系，瞄准深圳“20+8”产业集群发展需求定位，重点聚焦新材料、现代家居、新能源及储能、新能源汽车、新一代电子信息、高端装备制造等产业领域开展补链、强链、延链工程，赋能赣州产业转型升级。

（1）新材料产业

重点聚焦稀土等有色金属材料领域开展合作。赣州矿产资源优势明显，离子型稀土资源储量居全国、世界同类矿种第一，拥有金力永磁、开源科技、新南山科技等龙头企业，稀土和钨后端应用、新材料发展速度较快；但产品结构单一，附加值低，且缺少下游企业联动。深圳在稀土材料领域具备技术市场优势，拥有铂科新材、华星光电等龙头企业，在稀土永磁材料及稀土发光材料领域产品附加值较高，且对上游原材料需求较大。建议支持深圳企业在园区设立生产基地，重点引进布局永磁材料、发光材料生产制造环节，提升稀土材料产品附加值，同时为新能源产业发展提供配套服务。鼓励与深圳在锡、钨等金属精深加工领域企业积极开展合作，引进锡、钨深加工纳米锡粉、锡焊料、硬质合金等生产项目，促进形成精锡、钨生产深加工产业链，提升产业智能化、自动化水平。

（2）现代家居产业

重点聚焦智能家居转型升级开展合作。赣州现代家居产业基础雄厚，其中南康区是中国家居之都，也是全国最大的家具生产制造基地、木材和家具交易集散中心。集聚顾家家居、左右家私、大自然家居等一批家居龙头企业；但龙头企业示范带动效应不强，品牌影响力有待提升，产品附加值相对较低。深圳在智能家居领域优势明显，集聚科技公司如华为、小米、格力，电商平台如阿里巴巴、京东，互联网公司如腾讯、百度、360 等一批行业龙头企业，具备赋能赣州智能家居转型升级能力。建议鼓励引进深圳互联网、大数据、智能制造等先进技术，融合本地企业生产制造，将家具生产逐渐转变为以制造为基础的解决家居系统方案的服务模式，如全屋定制、集成家居等，实现现代家居产业转型升级。

（3）新能源及储能产业

重点聚焦光伏材料领域开展合作。赣州产业发展优势突出，集聚爱康集团、南康格力、沃能新能源等一批光伏行业知名企业，目前已布局有爱康6GW异质结太阳能电池项目，预计年产值达70亿元；南康区家具集聚区屋顶分布式光伏发电项目涉及14个家具集聚区。深圳光伏产业优势明显，是国内光伏产业发展最早的城市之一，已形成较为完整的光伏产业链，集聚捷佳伟创、华为、格瑞特、珈伟新能、拓日新能源等一批龙头企业。建议支持深圳企业与本地光伏新能源企业开展合作。重点布局电池片、支架、逆变器等光伏新能源产业细分赛道，打造光伏新能源产业零部件生产基地，积极推进现有产业链补链、延链。

（4）新能源汽车产业

重点聚焦动力电池和永磁电机领域开展合作。在动力电池领域，赣州具备良好的产业基础，拥有吉利、孚能科技等知名企业，周边已落户江西理工大学、赣州职业技术学院、赣州经开区技工学校，具备产学研合作基础。深圳具备产业优势，拥有贝特瑞、新宙邦等锂电行业龙头企业和一批上下游企业；在燃料电池领域，拥有南科燃料、通用氢能等知名企业，研发、产业化水平较高。建议促进深圳动力电池领域链主企业和当地科研机构及配套企业紧密协作，提高产业配套率，打造具有区域影响力的动力电池研发生产基地。在永磁电机领域，赣州具备一定发展基础，集聚年产值达100亿元的中车生一伦电机、恒玖电气、英华利、格特拉克、五环机器、加佰加汽车聚氨酯内饰材料、聚电出行等电机生产及配套企业。深圳具有技术优势，建议支持深圳企业落户合作园区，开展高功率永磁电机、电驱动系统生产，与赣州相关领域企业共同打造电机电控全产业链条。

（5）新一代电子信息产业

重点聚焦电子元器件及功能材料、智能终端等领域开展合作。在电子元器件及功能材料领域，赣州初步形成电子信息产业链企业集聚效应。其中，经开区内266家电子信息企业，南康区建设有磁电功能材料及器件产业园，搭建了军用磁电材料与器件、电子信息材料与器件及低温共烧陶瓷材料与元器件三大功能区；但赣州在电子元器件及功能材料领域产业集聚低，产业链散乱且断层较多。深圳在电子信息制造业具备明显优势，行业规模占全国的

1/6，上游设计能力突出，下游应用场景广泛，但制造业规模不能满足产业发展需求。建议支持深圳企业为赣州电子信息产业数字化转型与品牌推广提供创新技术与专业服务支持，共同开拓前沿领域新产品、新场景、新业态应用示范市场。支持深圳企业与本地企业联合突破软件与集成电路设计高端环节，提升电子元器件、电子信息机电产品等基础产品附加值，打造国家级重点电子信息产业集群。在智能终端领域，赣州产业发展潜力较大，拥有赣州国际陆港，是赣粤电子信息产业带重要板块，并且建有临港电子信息产业园，培育有德普特、三晶电气等智能触控显示屏领域优势生产企业；但产值规模较低且产业集聚不明显。深圳中下游环节实力雄厚，拥有创维、荣耀等整机品牌及富士康、立讯精密等代工制造企业，亟须拓展国内外市场，将生产制造环节转移至要素成本低且具有税收优惠的地区。建议支持深圳企业与本地企业联合开展智能装备制造，形成“智能家居及其高端装备制造”产业链。做大做强智能触控显示屏优势产业，打造以智能触控显示屏为主要业务的电子信息产业生产基地。

（6）高端装备制造产业

重点聚焦无人机领域开展合作。赣州无人机产业发展潜力较大，是全国首个无人机物流配送试点，丰羽顺途获得国内首张无人机航空运营（试点）许可证，也是全国首批民用无人驾驶航空试验区，并建设有综合性能测试实验室、飞行测试基地、科普研学培训等平台，具备较好的产业基础。深圳被誉为“无人机之都”，集聚大疆创新、赛为等1300余家企业，2022年产值达750亿元，占全国七成，其中工业级无人机占据全球50%的市场份额，产业实力雄厚。建议推动深赣无人机产业供需深度合作，联合开展无人机在城市管理、农林植保、军事应用等场景服务应用。

9. 广安

深圳与广安产业协作拥有一定基础，深圳企业在广安投资超100万元项目合计有26个，总投资额119.14亿元，带动就业人数约6500人，营业收入12.75亿元，纳税4183.63万元。其中，深圳与广安在化工新材料产业和电子信息产业领域互补性较强，可以作为两市战略合作的重点领域，为深圳企业开拓西部市场提供支撑。

（1）化工新材料产业

长期以来，深圳缺乏化工园区，导致新材料产业发展受限，生产基地大多布局在深圳市外区域，但深圳市在新能源材料、电子信息材料、生物医用材料、先进金属材料、高分子材料、绿色建筑材料、前沿新材料等领域拥有一批具有行业影响力的企业，并不断涌现出创新型企业，对在深圳市外布局生产基地有着持续性的需求。

广安经开区已形成农化主导，新能源电池、化工新材料等协同发展的产业体系，是“十四五”时期西南地区唯一一家发展农药产能的重点园区——国家级广安经开区，同时是四川省气盐结合精细化工基地。

一是上游企业比较集中。目前，广安经开区新桥化工园区新型储能产业的上游企业，主要生产氰化钠、导电浆料、金属锂、碳纳米管等储能原材料、钠离子电池关键材料、固态锂电池关键材料等，且产能较高，其中诚信化工年产 7 万吨氰化钠；信敏惠导电浆料项目年产 16 万吨 NMP（N-甲基吡咯烷酮）、3000 吨高纯化碳纳米管、5 万吨锂电用导电浆料；玖源化工年产 10 万吨/年 NMP（N-甲基吡咯烷酮）。二是产业向下延伸的内驱动能较强。依托广安经开区充足的储能原材料，在广安（深圳）产业园重点发展新型储能产业，有助于产能就近配套、产品就地转化，产业发展内驱动能强劲。三是园区毗邻连片。广安（深圳）产业园产业核心区、新桥化工园区同属广安经开区，两园区直线距离约 15 千米，新桥化工园区已形成新型储能上游产业集群，在广安（深圳）产业园布局新型储能中、下游产业，有利于降低综合物流成本，促进新型储能产业连片发展。

对此建议，深圳可以利用广安现有化工园设立“园中园”，打造广安深圳化工合作产业园，引导深圳生物医药、新能源、新材料等企业入驻，整合上下游产业链，并可在广安（深圳）产业园开展动力电池、储能装备组装生产等业务，提高产业的整体效益，进一步完善广安化工新材料产业链条，同时解决深圳化工园区缺失的短板。

（2）电子信息产业

一是区域行业市场规模巨大。目前，与广安毗邻的核心城市重庆已形成 7000 亿级的电子信息制造业产值规模，5000 亿级智能终端产业集群，集成电路、新型显示、仪器仪表、智能家电等多个百亿级产业集群，以及汽车产量全国第二、整车年产能400万辆、汽车产量232万辆、4700亿级产值等市场规模。深圳已有部分电子信息龙头企业部分生产环节转移到了重庆，如传音等。二是广安已有良好的产业基础。广安借助成渝地区双城经济圈建设国家战略的实施和毗邻重庆的地理区位，为重庆新一代电子信息产业发展配套的优势明显。目前，广安华蓥已建成四川省电子信息产业重点布局区，已入驻电子信息企业52家，其中规模以上电子信息企业35家；广安（深圳）产业园内比亚迪云轨、云巴、新能源汽车电池托盘等产能已达4.5万吨/年，汽车线束产能达1万吨/年，在相关细分行业领域具备融入重庆、深化协作的基础。

第三节 深圳建设飞地经济的重要意义

进入“十四五”时期，我国区域协调发展向着更高层次迈进，深圳也进入“双区建设”，培育发展“20+8”产业集群引领高质量转型发展的关键时期，深圳国资国企探索高质量建设飞地园区具有以下三方面重要意义。

一是服务大局，为建立全国统一大市场提供深圳经验。习近平总书记明确提出，要“实施区域协调发展战略”，“建立更加有效的区域协调发展新机制”，“构建以国内大循环为主体、国内国际双循环相互促进的新发展格局”。国家“十四五”规划纲要提出，“鼓励探索共建园区、飞地经济等利益共享模式”。跨区域共建产业园区和发展飞地经济能够促进生产要素跨区域流动和优化配置，促进地区间资源互补与协调发展，是有效促进全国统一大市场建设和构建“双循环”新发展格局的一种重要举措。近年来，全国各地积极探索共建产业园区和发展飞地经济模式，在破解土地、人力等资源约束和创新跨区域合作机制等方面取得了一定的成效，但整体而言，成功的案例并不多，实践过程中仍普遍面临制度保障缺位、合作质量不高、管理机制不顺、利益共享不畅等诸多难题。基于前期异地产业园区探索积累和产业园区运营、金融服务、创新人才等资源优势，以及国家赋予的先行先试政策优势，深圳具备为全国率先探索高质量建设飞地园区的绝佳条件和责任担当。

二是主动作为，为深圳制造业有序转移提供优质空间。近年来，随着深圳产业结构优化调整，叠加土地资源紧缺、生产要素成本上升等多重因素影响，深圳制造业企业外迁呈现逐年上升趋势和无序状态。2023 年 6 月赛迪发布的《深圳市制造业迁移全景报告》显示，2017 年深圳迁出制造业企业 463 家，2021 年为 4344 家，5 年间外迁企业数量增长 8.38 倍，且外迁企业所属行业多为电气机械和器材制造业、计算机、通信和其他电子设备制造业。继续任由企业无序外迁将给深圳市经济发展和打造“20+8”产业集群带来严峻挑战。飞地园区是引导产业有序转移的重要空间载体。在产业发展规律的指引下，通过政策、管理、资金、人才等资源导入和利益共享等制度设计，引导产业链“总部+核心智造”等关键环节留在深圳，生产、服务等配套环节有序迁入梯次设置的飞地园区，既为深圳外迁企业提供类比深圳的优质发展空间，也为深圳“20+8”产业集群提供配套产业支撑，构建以“20+8”产业为引领内核，以飞地园区等外围产业网络为强力支撑的产业格局。

三是引领示范，为异地园区高质量发展提供国资贡献。飞地园区通常采用“政府引导、企业主导”的方式进行运作，理论上国有企业和民营企业都可以积极参与。实践中，现有异地产业园区大部分运营主体是由国企或国企主导的合资公司承担，由于异地产业园区具有投资回收周期长、投资回报率低且并无成熟经验参考等特点，民营企业参与异地产业园区建设的意愿较低，在当前房地产市场低迷的背景下更是如此。国有企业是国有经济的核心载体，是党和国家事业发展的重要物质基础和政治基础，也是推动地方经济发展和践行城市发展战略的重要抓手，是先行引领示范、打造高质量飞地园区的理想承载主体。从 2012 年开始，深圳市属国企先后主导了 20 个异地产业园区的建设与运营，积累了丰富的实践经验，运营团队熟悉异地产业园区的痛点、难点和堵点。同时，市属国企在城市基础设施建设运营、产业空间服务、金融服务和专业服务等方面全国领先，可以为深圳新建和现有异地产业园区模式优化、打造高质量飞地园区提供强力支撑。

第六章　异地产业园区面临的主要问题

当前，外地投资建设的异地产业园区数量持续增加、规模不断扩大，但由于异地产业园区涉及迁出地政府、迁入地政府、园区开发企业、园区入驻企业等众多主体，各方利益诉求、经营理念、规章制度、人文环境互不相同，在合作过程中逐渐暴露出一系列问题。

第一节　缺乏上位政策指导

目前，国内飞地园区一般由两市政府签订框架性的战略合作协议，政府间的背书能力有限，对后期飞地园区的合作模式、产业导入、政策支持等方面没有明确，园区选址也存在很大的不确定性。因此，当地政府、平台公司总体处于观望状态，多项工作难以实质推动，更难以形成“1+1>2”的合作局面。国家发展改革委、国土资源部、环境保护部等八部门联合印发的《关于支持“飞地经济”发展的指导意见》明确指出，政府可以通过签订协议来明确分工、权责和具体的利益分配等重要事项。但是，该规范性文件不能为地方政府让渡部分经济事务管辖权提供直接的法律依据。很多飞地经济模式仍然需要通过区域协作立法和跨区域协调组织来为行政管辖权提供合法性依据。在跨省财税分成方面，财政部和国家税务总局2015年出台了《京津冀协同发展产业转移对接企业税收收入分享办法》，可供参考。因此，虽然国家发展改革委、财政部等部门对跨区域合作利益共享机制提出了原则性的指导意见，但实践中既缺乏可落地的实施规则，也缺乏可推广的经验探索。

第二节　顶层设计尚需完善

异地产业园区需要一套完善的顶层设计体系协助各方协调解决发展中出现的各类问题，但目前相关的政策措施还不完善，主要体现在以下三个方面：

1. 缺乏有效的沟通协调机制

现有园区多为市属国企与当地政府之间合作建立，除对口支援、帮扶、合作、协作项目外，飞出地市政府及相关部门参与较少，未形成常态化、高层次的沟通协调机制，园区发展容易受到政府换届、政策变化等影响。同时，各省在产业发展、基础设施、配套设施等方面的政策并不完全一致。此外，由于两地人文环境和社会环境存在差异，双方人员在解决问题的理念上也难以完全一致。以上原因导致双方在跨区合作上不可避免地出现不同程度的冲突，难以有效沟通协调。部分合作项目如深河产业城甚至未建立两地政府之间的协调会议机制，导致产业共建工作缺乏引导和支持。

2. 权责划分尚不清晰

当地政府对其在园区建设中的角色定位与需承担的责任认识不足，各方职能职责界限不清晰，存在职能重叠、交叉、空白的情况，也存在“甩手掌柜”的情况。管委会的设立，以及管委会的责权关系由于没有协议约束，国企难以执行。一级开发方面，很多飞地园区政府提出需要飞出地承担一级开发或提供资金支持，这些都没有完全明确。

3. 缺少利益共享机制的成熟经验

异地产业园区建设能够为飞入地带来先进的技术积累、产业资源与管理理念，对当地产业起到较强的带动效应；同时，园区的税收、纳统均计入当地，能够有效推动当地产业与经济的发展。对于飞出地，开发异地产业园区可以满足其产业转移需求，但企业迁入异地产业园区后无法再将其产值纳统，企业税收分享比例有限，双方利益分配存在较大不均，因此目前政府主导的异地产业园区合作仍以政策性援建为主。并且，当前我国并没有从顶层设计上对异地产业园区的利益分配机制进行协调，导致发展过程中迁出地与迁入地双方难免产生利益冲突，影响园区发展。综观深圳市国企的 20 个异地产业园区合作，大多是通过合资公司实现收益分成，鲜有两地政府分享税收、GDP、固定资产投资数据的情况。

第三节　受制行政区划管理

飞地经济依靠行政之手推动，其发展也会受制于现有的行政体制机制。这一主要矛盾表现在：

由于财政体制改革、土地利用和环境保护趋严等制度变化，飞地经济在目前运行中遇到了上层政府管理制度调整导致的阵痛。例如，2017 年 7 月 1 日实施的新一轮省以下分税制改革，取消了对合作共建园区等事项的税收增量返还政策，支持经济薄弱地区发展的资金，全部要纳入转移支付范畴，由各地政府统筹用于保工资、保运转和保民生等方面。这一政策的调整，对现有飞地经济的正常运行是个严峻考验。

飞地经济发展的最大困难是共建方政府之间的横向协调，即市县政府之间、县与县之间、县与园区管委会之间行政管理协调的难题，主要集中在税收分成、管理机构设立、土地审批和征地拆迁，以及污染物排放等方面。

近年来，发展飞地经济的宏观经济环境发生了变化，推动飞地经济发展的市场动机和行政动力都在减弱。这主要是因为，飞入地本身要素价格快速普遍上涨，原有的经营成本优势弱化，尤其是交通运输、产业配套和生态治理方面的成本不断提升，地方政府推动飞地经济发展的动力不足。

受地理区位、自然环境、历史文化等因素制约，以及飞出地与飞入地在改革意识、开放意识、价值观念等方面存在差异，要真正实现地区间、政府间的合作、产业转移、互利共赢等存在一定困难。主要集中在以下三个方面：

在现行的体制机制下，中央政府或省级政府层面对飞地经济的政策激励不足。目前我国绝大多数地区对投资管理实行的仍然是正面清单管理制度，容易使飞地经济的相关各方在投资项目决策、投资规模选择等方面产生分歧，不利于开展合作。同时，飞地经济发展受土地制约的态势更加明显，飞入地规划区内的土地转为建设用地的过程冗长、涉及利益方复杂，整理出来的农村建设用地难以置换开发区建设用地。这些需要国家层面做出顶层设计。

飞入地与飞出地之间难以构建有效的利益分配与风险分担机制。发展飞地经济的核心是处理好双方的利益分配与风险分担问题。从利益分配来看，飞出地的利益需求是寻求过剩资本与产能的转移，而飞入地的利益需求在于产值、就业与税收。然而，受现行行政管理机构以及管理条例、管理方法等制约，飞出地与飞入地在飞地经济共治模式下，分工往往不够清晰。从风险分担来看，飞入地作为飞地经济的载体，直接承担土地开发、环境承载等一系列成本，如果飞地经济发展不顺利甚至失败，那么损失就要由飞入地承担，而飞出地的损失相对较轻。利益分配与风险分担机制的不对称，是阻碍双方平等合作的重要因素。

在行政手段干预下，可能出现“拉郎配”式的合作或“一窝蜂”发展，不能真正顺应地区发展的需求。一方面，这样的发展模式可持续性差，随着政策导向的变化会产生较大波动，不利于跨区域合作机制的长期稳定发展；另一方面，会导致真正想进行跨区域联动发展的地区，难以得到政策支持。尽管飞地经济在初期以行政手段为主导来推行，但飞地经济的本质应是在尊重市场力量的基础上形成内生经济合力，探寻主动合作机遇，而不是单纯借助行政力量的传帮带。同时，产业转移只有顺应经济区域化发展的市场需求，才能快速有效地实现。因此，如何正确处理政府与市场的关系，显得紧迫且重要。

第四节　产业转移效果不佳

异地产业园区设立的动因在于不同地区之间存在资源禀赋差异，政府、市场及社会组织等各利益主体进行产业转移是出于对自身利益及区域共同利益的追求。迁出地在异地投资产业园区，很大一部分诉求是利用迁入地的资源，将本地已饱和的产业部分或全部向迁入地转移，实现本地资源的再分配。但目前深圳投资的异地产业园区中，深圳本土企业入驻率不高，普遍在10%以下，除以上原因外，还存在两方面问题制约着深圳企业的外溢。

一是园区发展目标与产业转移功能不适配。目前，大多数以市场化方式运营的异地产业园区，其定位并不是服务深圳产业转移。因此部分深圳市属国企投资的异地产业园区，是企业出于自身发展壮大的目的，以市场化的方式自主开发运营的，承担的产业转移功能较弱，在园区招商引资方面不局限于吸引深圳本地企业。例如，保定深圳园的定位是京津冀产业转移平台，发挥承接深圳产业的能力有限。

二是缺乏产业外溢专项政策。两地政府未形成政策合力，缺乏引导产业转移至异地园区的相关政策，企业迁移意愿不强。上述原因导致深圳企业入驻率低。在13个异地产业园区中，深圳本土企业入驻率普遍在10%以下。

第五节 商业模式亟待优化

目前所有的飞地园区均为以工业为主导的园区，工业园区投资大、回收期长，盈利能力弱，且传统房地产模式难以为继。目前，受房地产下行的影响，“产业园区拿地+房地产平衡”的传统盈利模式已不可持续。经测算，工业园区在没有政策支持的条件下，均为亏损状态——内部收益率均小于4%，低于国资国企一般6%的收益水平要求。此外，作为开发主体的合资公司，成立时间短，前期投入大，现金流情况不佳，偿债能力不弱，银行授信额度低。因此，在没有政府背书和差别性考核的政策下，按照市场化运作模式，深圳国资国企参与意愿低。

目前，市属国企在异地产业园区投资中采取的经营思路主要包括两个方面：其一，与当地企业合资成立平台公司，并共同出资进行产业园区内基础设施及各功能区建设，完成招引产业配套及环境布局。其二，通过物业租售、政策补贴、税收分成等方式回流资金，并通过提供配套服务、住宅开发、产业投资等方式扩大收益。但是，这种传统的商业模式受经济周期影响较大，难以实现可持续发展。主要存在以下三个方面的问题：

一是盈利模式较脆弱。受到经济下行周期的影响，“产业园区拿地+房地产平衡”的传统盈利模式已不可持续。例如，在深河项目中，已建成的创智产业园G2栋、G3栋长期处于毛坯状态，招商面临较大困难，近两年或将持续亏损。

二是投资收益率较低。异地产业园区项目通常难以捆绑价值高的住宅地块，再加上自持比例限制，异地产业园区的主要回报方式为园区产品租售，而迁入地往往为欠发达地区，租售价格普遍低，投资收益率不高。据投控公司估算，若不考虑租金补贴、招商运营奖励、税收分成及物业回购等手段，异地产业园区在传统的租售模式下投资收益率很难达到6%的投资标准。

三是融资难度较大。目前市属国企异地产业园区的投资普遍采用与当地成立合资公司的方式开发，这些新公司成立时间短，现金流情况不佳，财务报表难以支撑银行信用评级，偿债能力定级不高，因此融资能力较弱。例如，广深产业园在项目建设初期的总资产投资额就达到29.09亿元，给后续融资带来较大的压力。

第六节　履约能力有待改善

一是城市区位条件不佳。目前合作的多为欠发达地区，通常存在交通条件、产业配套、营商环境、市场化程度、教育医疗水平普遍较低的问题，并且地区内通常高学历管理人员和专业化技术工种人才匮乏，综合导致企业入驻意愿不高。

二是政策兑现不到位。由于当地政府财力有限、契约精神不足等，前期谈妥的优惠政策难以落地，造成多个重大招商项目流失。比如，在保定深圳园项目上，当地政府于2021年批复了《保定深圳高新技术产业园产业发展专项资金扶持政策（试行）》，并在人才引进、税收优惠、创业资金扶持、入园奖励等方面做出框架性指导，但具体实施细则尚未出台，扶持政策条款实际难以落地。

三是基建保障不及时。市属国企开展异地产业园区开发之前，通常需要由当地政府负责完成园区的一次开发，主要是场地的平整及水、电、气等基础设施的建设。但在实际开发过程中，多个项目出现当地政府未按标准交付项目用地的情况，影响市属国企的二次开发，如投控公司投资的成都白鹭湾项目和保定深圳园项目。另外，当地政府在基础设施保障能力或相关政策方面还有所欠缺，也难以满足企业的生产需求，如广安（深圳）工业园的地源热泵不能满足企业使用需求，深河产业城的供电容量、公共配套等无法满足部分企业生产需求。

第七节　反向飞地盲目跟进

1. 缺乏目标定位

一些地方在建设反向飞地时，没有基于人才和产业发展需求认真分析目标定位、建设思路和推进步骤。只是觉得其他城市建了飞地，自己也不能错失机会，往往没有思考清楚为什么要建反向飞地——是帮助本地企业建立离岸研发中心，还是为了吸引更多的项目入驻并通过离岸孵化的方式引入本地注册成立公司，以实现注册在本地、办公在飞地？或者是先建立联系纽带，将科创型企业导入飞地平台，经孵化后落地到本地来产业化？因为基本定位不清晰，所以客观上导致后续的服务体系、对接交流与本体承载方的衔接机制等方面出现各种不同的问题，反向飞地的作用没有完全体现。

2. 盲目建设、贪大求全

一些城市在规划反向飞地时，没有从实际需求出发，无论是购置还是租赁商务楼宇，动辄在一、二线城市的核心地段圈下数万平方米的运营面积。如此规模往往意味着巨额的资金投入，前期的装修和租赁费投入大，入住后每年银行利息、物业费、运营费等成本开支也很大。因为疫情原因，地方政府的财政收入普遍比较紧张，如此大的支出给地方政府造成了巨大压力。由于各地都期望通过反向飞地这种模式集聚科创人才资源，因此对科创项目要求较高，客观上就导致优质科创项目集聚较少，反向飞地的场地空间容易出现长期大面积闲置。一旦出现这种情况，往往运营团队就会降低企业入驻门槛、加大政策优惠力度，这样不仅使自己沦为“二房东”，还与其他城市的反向飞地产生恶性竞争，与设立反向飞地的初衷背道而驰。

3. 缺乏协调、相互竞争

除少数几个城市在反向飞地建设和协同方面有政府间的统筹和设计外，大部分地区的反向飞地是通过政府平台公司或采用购买服务的方式委托第三方机构建立的。由于政府层面没有明确的顶层设计，反向飞地双方在 GDP 统计、税收分配、土地资源、科技资源要素统筹配置上也存在利益冲突。入驻飞地的企业一般之前在飞出地所在的城市注册有公司，但由于缺乏顶层设计和区域协作及合理分税机制，入驻飞地的企业往往被要求在飞入地注册公司，且相应有在飞入地缴纳税收的指标。这不仅加重了企业的负担，而且会倒逼飞入地政府出台相应的财政奖补政策。一旦某个地方政府出台政策，其他城市也会出台更加优惠的优惠政策，客观上加剧了“内卷”。

第八节　飞地园区建设启示

1. 选址原则

在园区选址上，要尊重产业规律，遴选目标明确、利益趋同、互补共赢的合作方。综观各类园区建设，合理的选址无疑是园区成功的先决条件。一方面，要深入开展前期市场调研，选择有利于招商和产业导入的地区。比如，新加坡多方考察，最后选址苏州建设工业园，就是看中苏州毗邻上海，有完善的产业配套和交通运输条件；深哈产业园很大程度上得益于哈尔滨经济产业基础和市场需求，能够有效承接飞出地产业转移。国内许多园区发展缓慢，多数属于扶贫援建，政府“拉郎配”，两地在产业结构、营商环境等方面存在较大差异，大多以行政手段推动资源导入，难以持续。另一方面，合作双方应遵循优势互补、互利共赢原则，形成明确的合作目标和利益需求点。飞地园区项目投资规模和开发面积较大，从开发建设、产业导入到形成规模效应，往往需要5~10年，因此双方利益必须高度捆绑，各展所长、各取所需，统筹考虑合作双方的经济发展利益，这样的合作才可持续。因此，飞地园区不是片面转移低端产业，而更应该进行产业链上的合理分工，形成优势互补的关系。深越合作区的发展证明，只要选址地符合产业外溢规律，两地政府重视并给予一定的配套政策支持，企业就可以市场化的方式推动产业有序转移，实现多方共赢。

2. 开发模式

在开发模式上，要区分“管”和“办”，坚持政府主导、市场化运作。在现有飞地园区开发模式中，政企分开是最为常见的类型，政府来“管”，企业来“办”，而对于政府“管”的具体力度如何判断，怎么发挥政府引导和干预的效能，使得企业能够高效地“办”，是园区开发中需要重点考虑的问题。

在“管”方面，需要设立园区管委会作为园区的职能机构，行使规划建设、土地管理、经济管理、环境保护、招商、财政等方面的管理职能。园区管委会在“管”上有三点需要注意，首先要更新管理观念，倡导“亲商”意识，创造良好的投资软环境。例如新加坡苏州工业园，便是新加坡方面重点培育园区工作人员“亲商”管理理念，打造“亲商”服务体系作为招商引资最大亮点。其次要精简管理机构，产业园区的一大特点是机构设置综合化，按照管理需要，尽可能地精简机构设置，形成“小政府、大社会，小机构、大服务”的格局，既能精减机构人员，也能减少对企业的行政干预。最后要简化办事程序，提高工作效率，如建立“一站式”服务、“一条龙”服务、“一个窗口对外”等。

在“办”方面，飞地园区开发双方依据《中华人民共和国公司法》等有关法律组建园区开发公司，受园区管委会委托进行土地综合开发，根据公司股份比例出资并获得相应的开发收益。从既有实践来看，由发展优势方作为主导的异地园区绩效通常更加显著，发达地区的产业发展理念、经验等更容易被带到欠发达地区；而由发展劣势方主导的园区管理通常较为松散，效果不彰。

开发公司在“办”的过程中，需要当地政府配合，配合要以服务为主，不能过强或过弱。一方面，如果政府配合力度过强，会演变成政府接管，在该模式下，园区开发公司将变成政府融资工具，政府只会关心平台公司融资量，而不会重视公司自身发展，往往导致开发公司背负巨额债务。另一方面，如果政府配合力度过弱，园区开发公司仅依靠自身能力，将很难真正实现公司正常运转，导致园区开发失败。飞地园区通常是由经济发展较好地区在经济发展较差地区的特定区域合作建设开发各种产业园区，本身园区所处地区存在资源、产业、经济等发展劣势，如果没有政府的支持，很难实现园区的招商引资，进而导致园区无法正常运行。

3. 权责划分

在具体工作中，要明确分工，并有强有力的牵头单位。飞地园区开发中存在投资方和当地政府两个主体，应明确各方主体的权利、责任与义务，切实提高两地产业协作的稳定性和长效性。一般而言，需要重点明晰两个阶段的权责关系。

（1）园区开发建设阶段。该阶段内，园区的基础设施建设以及一系列优惠政策是园区能否顺利运营和拓展的保障，而这些通常由当地政府负责。如果当地政府履约能力不足，将严重影响项目开发建设进度和招商引资成效，给飞地园区拓展造成巨大损失。基础设施建设方面，例如深投控成都白鹭湾项目。根据投资合作协议约定当地政府应按照“七通一平”标准交付项目用地，保障项目范围内的公建配套及基础设施同步完成，目前园区用电等市政配套滞后，高压外电接驳点距离项目红线较远，相关建设成本较高，政府未明确相关具体解决方案，亦未表示承担相关费用。造成基础设施建设进度跟不上园区建设进度，导致园区损失较大。政策优惠方面，例如保定深圳园项目，当地政府于2021年批复了《保定深圳高新技术产业园产业发展专项资金扶持政策（试行）》，但具体实施细则尚未出台，扶持政策条款实际难以落地。使得相应的招商引资工作难以开展，对园区运行造成困难。

（2）园区运行发展阶段。这个阶段权责关系的重点是对运营主导方的明晰，这是飞地园区有效发展的关键。如果主导主体不明确，容易造成“两地都管”“两地各管”或“两地都不管”的局面，甚至出现权责推诿的情况。由于发达地区在要素资源、发展经验、产业结构等方面都具备优势，因此应该以发达地区为主导，赋予发达地区更大的管理权限。虽然从表面上看，发达地区和欠发达地区都贡献了生产要素，都可以主导园区运营，但任何生产都是一定社会关系下的生产，资金、项目等生产要素不仅代表着生产过程中的技术关系，也代表了一种社会关系。由发达地区全面主导园区运营管理，可以从根本上改变园区仅承载大量落后产能的局面，促进欠发达地区高质量发展。

现有经验表明，存在更高层级的政府部门统领，会极大地促进飞地园区建设开发权责明确。在上海、广东和苏州的共建园区中，一般有省级政府的统筹协调，合作双方政府领导担任共建园区发展领导小组组长，提高统筹协调力度和效率。中关村与外地合作共建园区也充分发挥政府部门的作用，共同组建领导小组协调处理共建过程中的重大事项，促进双方合作共建园区的快速、可持续发展。

4. 利益分配

在利益分配上，要做到统筹兼顾，筑牢各方合作基础。飞地园区建设双方开展合作的目的是获取利益，因此，完善的利益分配机制是产业园区能够长远发展的关键。在开展飞地园区开发时，要充分考虑双方的成本投入和利益诉求。要区分政府利益和市场主体利益、短期利益和长期利益、显性成本收益与隐性成本收益，既要算大账，也要算小账。

（1）政府利益和市场主体利益

对于政府而言，税收分成、GDP 统计等是政府重点关心的指标，而税收分成、GDP 统计的属地原则与政绩考核、官员擢升评价体系存在冲突，如何有效破解两地政府间税收分成和 GDP 统计分解难题，是影响合作双方持续投入、园区建设可持续发展的症结。对于市场主体而言，利润是其关注的重点。园区建设的市场主体通常为园区建设双方出资建立的园区开发公司，因此在利润分配时，通常采取按照出资比例分享园区开发公司的利润。

（2）短期利益和长期利益

飞地园区的发展应是需要长期的、可持续的，而不是仅关注短期带来的投资、建桥、修路等增量。因此需要平衡建设双方政府间的短期利益和长期利益。通常政府会将建设初期的税收返还，用于支持园区进一步建设。例如新加坡苏州工业园，园区新增财政收入 5 年内（1994—1998 年）免除上缴；深汕合作区在 2015 年前，深圳、汕尾两市将各自所得分成收入全额返还合作区，在 2020 年前，深圳、汕尾两市将各自所得分成收入的 50%返还合作区。

（3）显性成本收益与隐性成本收益

在进行园区建设双方利益分配时，除需要考虑如土地开发、拆迁安置、厂房建设、基础设施建设、投资开发、招商引资、配套服务等显性成本以外，还需要对隐性成本进行一定的考量，避免造成建设双方成本分担不平衡，进而降低园区开发积极性。对于投资方而言，园区开发建设具有较高的风险和不确定性，这会引致投资方存在合作顾虑；对于当地政府而言，园区运行的监督成本、环境保护成本、项目维护成本都由当地政府承担。

5. 利益共享

在长期合作中，要建立以合作双方需求为导向的动态调整机制。园区的建设开发需要当地政府的配合和支持，因此园区建设双方目标的一致性是园区长久发展的重点。随着经济发展与时代进步，当地政府在不同阶段对园区发展具有不同要求。园区建设要以需求为导向，基于当地政府当期目标动态调整园区建设方案。例如新加坡苏州工业园，在建设初期因为需要学习新加坡管理经验、园区规划经验、建设经验等，所以当时苏州工业园主要以新加坡方面为主导，进行园区建设规划。而在跨越发展的第二阶段，苏州当地政府需要苏州工业园服务地方产业升级和经济发展，因此对股权结构进行了调整，实现了中方主导经营管理，紧接着苏州工业园变亏损为盈利，带来了正向收益。

除当地政府需要关注以外，园区自身也存在改变发展方案的需要。飞地园区的开发建设过程会受到诸多外在因素的影响，如经济环境、宏观政策、区域一体化进程、产业转型升级等，这都会造成园区建设方案的调整以契合园区发展需要。

专栏 6-1　产业园区开发的各个阶段

1. 破局阶段（前 2~3 年），园区（一期）交付，策划规划、基础工程开发建设和形象工程等基础工程基本建成。

园区主要任务是策划规划、基础工程开发建设和形象工程打造，加之优惠政策释放，销售/租赁收益基本为零，所产生的红利大多是不可变现的，例如，由于区位利好带来的土地增值收益，或引入资源合作者合作开发，自己享有的土地入股收益等。

这一阶段是整个时序中投入最大、收入最小（没有收入）的时期，也是整个项目定调的最关键时期，无论是工业园区还是科技园区，都要在符合大的逻辑下，力求功能好用、形象好看，在开始阶段做好规划设计，就是为后期的销售、招商、运营提供必要保障。在该阶段内，需要政府为园区开发提供各项支持，尤其是资金支持。

2. 去化阶段（3~5 年），周边配套基本成形、市政设施上一个层次，主要道路打通，这一阶段，园区的主要任务是住宅/写字楼可销售部分去化，以及租赁物业的（预）招商。

这一阶段主要赚的是物业销售的钱，有前期开发的基础，整体形象已初步确立；而后续的租赁物业，又给投资者以足够的想象空间，用销售物业的钱反哺产业地产开发与运营，真正实现以园养园的开发模式，降低开发风险。同时，该阶段对产业的要求不高，只要符合政府要求即可。在该阶段内，为了保证前期去化顺利，实现资金流转，同样需要政府为园区开发提供资金支持。

3. 发展阶段（5~10年），区域配套完善，平台载体基本建成，招商策略以快速去化为第一要务。

企业通过汇集企业资源，通过经营服务平台，帮助企业做大做强；同时以优惠政策吸引部分企业虚拟入驻。这一阶段，园区赚的是租金收益和税收分成的钱，经过5年左右的发展，园区出租率已经较高，首批入驻企业已经形成一定产值和税收规模；这阶段，园区可为后续的产业提升打好基础，比如围绕主导产业进行企业招商，清退产业低端，以及发展情况不好的企业；同时，对于重资产运营、社会贡献大的园区开发建设而言，开发商应在获取中间收益的同时分享循环收益，这样才能保证园区的持续开发与运营。

4. 成熟阶段（10年以后），区域环境与政策成熟，招商策略由“聚人气”向“聚产业”转变，形成2~3个产业集群。

此阶段，园区主要赚资本和产业的钱。资本上，通过资产证券化，将园区受益提前变现，很大程度上平衡了前期投资压力，并可作为优质抵押物撬动更强力的融资杠杆；同时，随着客户资源的不断集聚，基于客户资源经营的收益会不断产生。做园区，要避免理想主义和教条误导，把前期准备工作做细，把企业利益保障谈妥，把商业逻辑理顺，这样才能按照节奏有条不紊地发展，实现园区可持续。

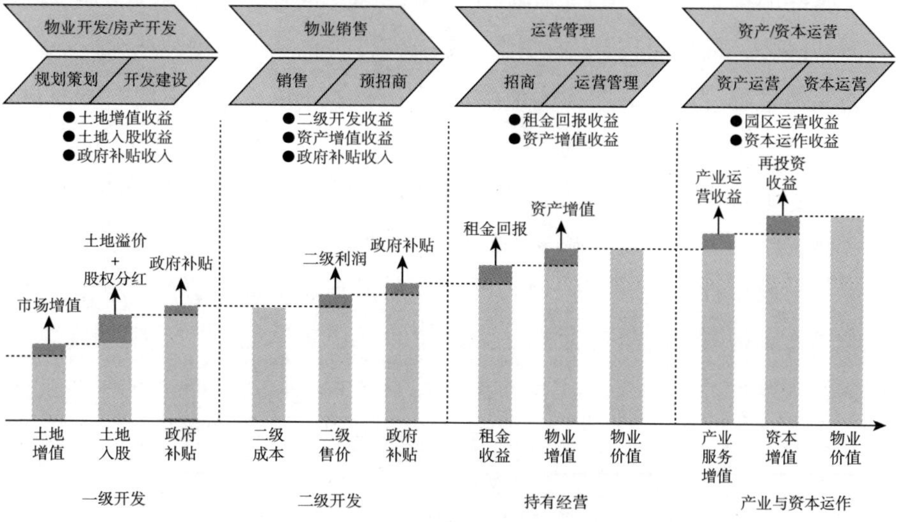

图1 各阶段园区开发收益

飞地经济必须得到相关领导部门的关心、爱护和支持。作为新加坡的飞地，（中新）苏州工业园是国内飞地经济最早的合作形态，其成功主要源于我国中央政府层面的协商和谈判。2006年后，江苏省政府总结了苏州工业园的经验，在“江阴—靖江工业园区”三年试验的基础上，在全省范围内推广南北挂钩共建园区的做法。与此配套的省级财政支持，采取“以奖代补”的政策，即从2010年起，省财政对符合规定和达到标准的园区，前3年每年给予1500万元的以奖代补，同时提供土地、用电等政策优惠。

飞出地和飞入地的合作双方，必须存在强大的合作动力。一方面，主要领导必须在思想观念上跟得上、推得动，在实施干部调配、挂职等制度时，应该更多地考虑如何服务飞地经济发展，有意识地安排干部双向交流和培养。另一方面，两地发展水平要存在较大落差。经济发展水平落差小的地区之间，往往互补性较差，竞争关系大于合作关系。

生产要素上存在一定的互补性，政治利益、经济利益上具有共享性，是飞地经济长期健康发展的基本保障。推动合作的主体是地方政府，合作对两地的产值、税收、就业、环保等是否有益，是合作时需要考虑的首要问题。这需要在统计上给予明确分割，奖惩分明。

飞出地有必要派出强大的经营管理班子，飞入地应配合飞出地进行具有本地化属性的次要管理。在早期阶段，考虑理念的先进性、干部的经验及技能方面的优势，最好由飞出地派出一支强大得力的干部队伍，全面负责飞地经济的经营管理。但这需要飞入地政府密切配合，解决土地利用、房屋拆迁、劳动力管理、基础设施建设等问题。也就是说，飞入地要专注于飞地经济的公共基础环境建设；在运行进入正常后，可更多地参与飞地经济运行，向飞出地经营班子多学习，以此减少扯皮，提高效率。

深化行政审批制度改革，加快推进负面清单管理制度在全国范围内的实施，通过将园区改建为具有独立法人地位的经济实体，以“计划单列”形式直接从省级或更高层面获得土地、规划、财政等权限，实现飞地经济的去行政化、去区域化发展。例如土地审批，可以在现行土地审批属地管理原则之上，由更高一级政府部门对跨区域共建园区设立专门的审批委员会，为飞地经济发展提供土地政策支持。

对于可能存在的不同层级的管辖权纵向协调问题，应明确中央与地方的政策边界。通过上级政府进一步简政放权，给予飞地经济发展足够的制度创新“特权”或优先权，使地方政府保持合作的积极性。同时，赋予地方政府依据当地实际情况制定相应发展政策的权力，改善飞入地市场营商环境，降低交易成本，保障按照市场化原则和方式开展合作，对于条件允许的地区，还可以采取制定相关法律法规的方式，保证政策长期有效施行。

为避免共建园区的行政管理分割问题，根据《关于支持“飞地经济”发展的指导意见》，合作方可以通过建立常态化的议事协调机制，加强在产业发展、功能布局等方面的政策对接，及时研究解决园区建设、项目引进和运营管理中的问题；通过共同建立园区管理委员会，选派干部到园区任职、挂职，不断创新管理体制，完善组织架构。以江阴—靖江工业园区为例，目前两市成立了联动开发协调委员会作为最高决策机构，协调解决联动开发过程中出现的重大问题；江阴市政府在园区成立了管委会，负责园区投资开发和管理工作，同时负责国税、质监工作；靖江市政府在园区成立了办事处，负责园区的社会事务，同时负责国土、规划、建设、水利、公安等方面的管理工作。当出现问题时，多个分属不同地区政府管辖的部门可能存在沟通不畅等问题，对此可采取“干部互挂”制度，由江阴市政府选派本地国土、规划、建设等部门相关人员到园区办事处任职，由靖江市政府选派本地国税、质监等部门相关人员到园区管委会任职，互相协助处理相关工作。

第七章 飞地产业园合作的总体思路

飞地经济将打破行政区划界限，创新跨区域合作模式，飞地园区合作是飞地经济落地实施的主要载体，需要进一步探索强化政府引导、企业参与、优势互补、园区共建、利益共享的飞地经济合作模式，促进资源优化配置和项目合理布局，需要构建科学合理的组织架构、产业体系、利益分配等制度和体系，以便飞地产业园可以顺利建设并高质量可持续经营，为两地政府产业发展和协同合作提供助力。

第一节 总体思路

坚持以习近平新时代中国特色社会主义思想为指导，全面贯彻党的二十大精神，完整、准确、全面贯彻新发展理念，坚持“政府推动、企业主体、市场运作、合作共赢”原则，充分发挥共建双方比较优势，创新体制机制，高标准规划、建设、管理、运营飞地产业园。以推动飞地产业园可持续发展为总体目标，统筹园区内和园区外两个市场的可经营性资源，分阶段做到项目平衡、财务平衡和经济平衡，挖潜“开发建设+特许经营+城市运维+增量共享”四种合作路径，构建集“土地经济、设施经济、房产经济、服务经济、商务经济、产业经济”六大业务于一体的多元化园区盈利模式，推动飞地产业园的可持续发展（见图 7-1）。

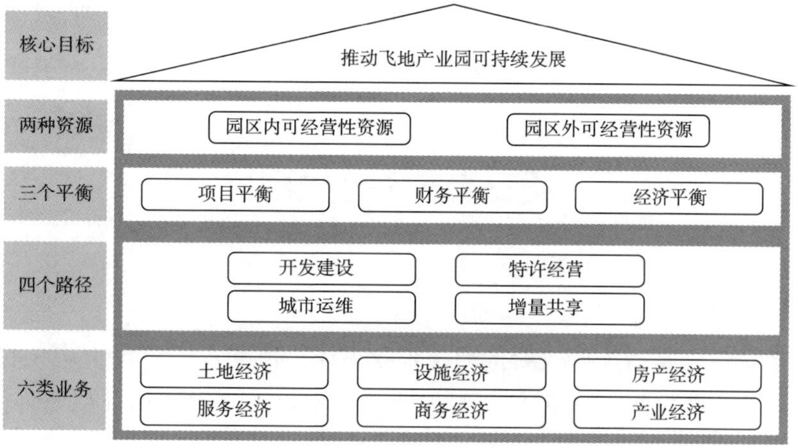

图 7-1 园区利益平衡机制总体思路

第二节 基本原则

政府推动，市场运作。两地政府积极发挥统筹协调作用，加强顶层设计和系统谋划，强化政策供给和要素保障，优化营商环境和服务水平。充分发挥市场在资源配置中的决定性作用，以企业为主体，以效益为导向，共建园区运营主体，实行市场化运作，实现可持续发展。

优势互补，合作共赢。充分发挥双方比较优势，推动飞出地产业、制度、技术、资本、品牌、渠道等优势与飞入地的资源、空间、市场、要素成本等充分对接。充分调动双方积极性，协调推进规划建设、基础设施、招商引资等事项，构建多元化利益平衡机制，保障双方政府和国资企业、社会资本同时受益，从“帮扶”走向“协作”，从“帮扶”走向“市场”，实现飞地产业园可持续发展。

挖潜资源，长期经营。飞地产业园的建设过程中，既要算政治账、社会账，也要算经济账、财务账，力争实现“大平衡”（两地政府各自投入产出平衡）和“小平衡”（开发运营企业投入产出平衡）。强化顶层设计、统筹兼顾，充分挖掘飞地产业园合作资源，在传统土地开发、物业开发的基础上，寻求城市基础设施开发、水电燃气等能源设施特许经营、优质产业项目投资、数字城市智慧城市运营服务等，长期为园区和城市提供投资、建设、运营服务，最大限度地满足项目投资收益需求。

第三节 企业指引

1. 适用范围

飞地企业，是指按照政府推动、企业主体、市场运作、合作共赢的原则，飞出地企业为拓展当地市场、利用当地资源禀赋，或因各类外部条件限制及企业自身条件不足等原因，将无法在飞出地实施的项目有序引导至飞地产业园而设立的分公司或子公司；飞地产业园共建双方联合招商引进的企业，且在飞出地设立总部或研发中心，在园区设立其他环节分公司或子公司；在园区实际经营并与飞出地企业存在密切合作，或者其在园区产生的产值、税收可按照双方协议由两地分成的企业。

2. 工作机制

建立飞地企业筛选引导机制。飞地产业园管理机构会同飞出地相关部门及协会，共同推进实施项目前期考察、洽谈、投资合同签订等工作。做好项目落地的全程服务工作，落实有关优惠政策。

建立飞地企业指标统计机制。省内飞地产业园应当将“园区固定资产投资额及增速、规上工业增加值及增速、税收收入增速、亩均税收、工业用地平均投资强度、新增规上工业企业数量、新引进高新技术企业数量”等数据纳入省产业有序转移考核指标中。

建立飞地企业财税征管机制。飞地企业按属地原则由飞地产业园管理机构负责日常征管，各项税收依据税收法律法规规定地点缴库。飞地企业税收由双方协商约定，综合考虑飞出地与合作地区权责关系和出资比例，协商约定税收分成。原则上前10年税收省级税收分成部分留存在园区，税收市、区（县）级税收，协商分成后，所涉资金留存在园区。

3. 支持政策

一是飞出地企业以分公司模式或子公司委托加工形式进驻园区，可享受飞出地相关优惠政策；未在飞出地设立总部或研发中心，但在园区产生的产值、税收可按照双方协议由两地分成的企业，可享受当地政策及园区留存资金支持。

二是用地支持。对飞地企业项目优先供应建设用地指标，符合省指标使用条件的项目由省统筹解决其建设用地指标。对于符合条件的飞地企业，提供场地租金补贴，租金减免金额及期限另行规定。

三是资金扶持。支持飞出地金融机构对飞地产业园企业进行授信。参照飞出地的做法，在园区实施产业补贴、科技研发、技改投资等优惠政策，所需资金从园区留存资金、园区所在地政府资金中解决。

四是落户奖励。对于在飞地产业园落户的项目，视投资额等情况给予落户奖励，重大项目实行“一事一议”。所需资金从园区留存资金、园区所在地政府资金中解决。

五是人才支持。企业在飞地产业园设立子公司、分公司的，对符合条件的人才，可申领相应层次的“鹏城优才卡”，并享受相关政策待遇。符合条件的飞地企业高级管理人员可选择在飞出地缴纳个税和社保，享受飞出地保障房等政策。

六是配套政策。飞地企业享受当地企业同等条件下的全部优惠政策以及深圳企业政策。支持企业通过劳务派遣等多种模式，为符合飞出地参保条件的园区飞地企业员工按照深圳标准缴纳社保。制定政策解决园区工作人员在深子女入学、升学等方面的问题。开通针对飞地企业“专精特新”等认定绿色通道。在飞地产业园设立的子公司、分公司一并纳入飞出地现有企业服务体系，在“深 i 企”平台开设专区，统一受理并协调解决企业诉求。支持飞出地国际仲裁机构为飞地产业园企业纠纷提供仲裁服务。

第四节　实施战略

1. 强化顶层设计

飞地产业园区以可持续发展为目标，编制“123”体系规划，即一套政策体制设计，两个规划（产业规划、空间规划），三个报告（开发模式报告、投资融资报告、招商运营报告）。对园区进行全生命周期规划，提供园区开发、建设、运营、管理全过程咨询服务，实现园区可持续发展。飞地产业园内部收益率参照政策性项目平均收益率。在项目启动之前，联合外部咨询机构，对飞地产业园区的产业基础、产业政策、营商环境（政务环境、市场环境、法治环境、人文环境等）、资源禀赋（劳动力、资本、土地、技术、管理等）等情况，开展翔实的尽职调查，开展产业园区利益平衡研究。积极参与两地合作协议的谈判和协议起草，建立产业园区发展联席会议制度，反馈园区建设过程中遇到的困难，由两地协商解决。

2. 强化园区选址

综合考虑地理位置、可拓展空间、交通物流、生活配套、能源供应等多种因素科学选址。优先选择靠近主城区的片区（原则上距离不超过 20 千米）、基础设施建设基本完善的片区，以及自贸区、高新区、经开区等享受特殊政策区域。确保飞出地对飞地产业园的选址权和规划权，合理规划片区用地类型，按照产城融合理念，居住、商业用地平衡，实现现金流较快回流。

3. 实施滚动开发

飞地产业园统一规划，但需要分步实施，实现“小组团”开发，按照产业协同发展需求进行空间总体布局，确定组团的四至范围。可分为组团、单元和地块三个层次进行布局，首先实现从园区单元的平衡，再实现组团乃至片区的全面平衡，逐步形成投入产出平衡的可持续发展模式，提升土地节约集约利用水平，实现“开发一片、成熟一片、收益一片”的良性循环。在园区无法实现平衡的情况下，及时调整开发策略和时序，与当地政府及飞出地飞地产业园建设工作专班进一步协商弥补亏损的具体方案，向园区开发运营公司补充现金流、资源或者政策，确保公司可持续经营。

4. 争取政策支持

飞地产业园的开发需要一定的政策支持。一是充分利用国家、省市各级各类对口帮扶资金，由园区管委会负责资金的管理和使用。二是积极争取政策性贷款和专项债，用于支持园区基础设施建设、园区建设、平台建设和园区服务设施建设等项目。三是飞出地产业和人才支撑政策可延伸覆盖飞地产业园，适度放宽飞出地高端人才、产业补贴、科技研发、技改投资、职业技能培训等政策对实施主体注册地要求，由注册地在飞出地的集团或总部企业申请，确保飞地产业园内符合条件的企业可同等享受飞出地相关优惠政策。四是需要当地政府出台针对园区的“一揽子”支撑政策，共同打造政策高地。

5. 优化营商环境

对标飞出地，复制推广飞出地经验，打造高标准高水平的营商环境，编制飞地产业园优化营商环境可复制推广清单，并经当地政府各相关部门评估后落实执行。优化企业入园行政审批，探索以设立园区管理机构或授权的方式，推行“一网通办”“跨市通办”，推动两地电子证照互认共享。完善市场准入、公平竞争、产权保护制度。搭建园区公共服务信息化平台，引入专业机构为园区企业提供“一站式”金融、商税、供应链、法律、知识产权、会计等服务。探索将飞出地行之有效、成熟的改革试点经验、企业服务措施、产业发展政策在对口地区推广应用。支持飞出地国际仲裁机构为飞地产业园提供独立性、公正性和高效率的仲裁服务。

第五节　盈利模式

按照“政府推动、企业主体、市场运作、合作共赢”的原则推进飞地产业园建设，市场化盈利模式主要包括土地经济、设施经济、房产经济、服务经济、商务经济和产业经济六大类，此外，对于仅依靠市场化运作无法实现盈利的项目，还可以通过政府专项资金奖励、租金补贴、招商奖励、特许经营、对口帮扶资金支持等方式，弥补飞地园区建设运营的亏损（见图7-2、表7-1）。

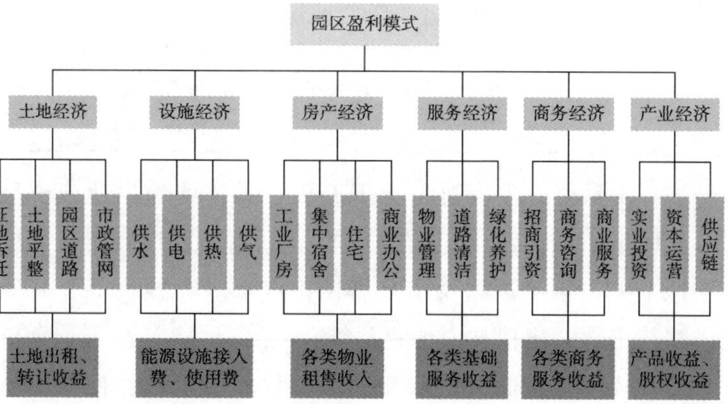

图 7-2　区域开发市场化的六种盈利模式

表 7–1　六种盈利模式释义

盈利模式	盈利项目	盈利点
A. 土地经济	土地开发	工业用地出租出售
		物流、商贸用地的出租出售
		商业与住宅用地的出租出售
B. 设施经济	水	污水处理费
	电	发电站、储能项目建设运营、充电站运营
	气	天然气供应
	热	供热供暖设施建设运营
	油	加油站运营
C. 房产经济	工业厂房	物业租售收入
	集中宿舍	物业租售收入
	住宅	物业租售收入
	商业及办公	物业租售收入
D. 服务经济	保安、保洁、绿化	物业管理费、卫生费
	工程维修	维修费
E. 商务经济	广告及中介服务	广告服务费、提供会计、法律、检测等中介服务
	企业服务	人力资源服务费
		信息服务费
		展览展示收费
F. 产业经济	股权投资	产业投资股权收益
	实业投资	产品销售收入
	物流中心	物流服务收入
	商业中心	商业收入
	酒店	酒店收入
	教育	教育产业收入
	医疗	医疗产业收入

土地经济：由片区开发商进行土地开发，并将熟地出让或出租给产业投资人，通过获取土地出让和出租收益来收回土地开发投资。开发成本包括征地拆迁、土地平整、园区道路及市政管网、广场绿化投资等，开发收益包括工业用地、商住用地的出租与出让收益等。

设施经济：片区开发商可引入专业基础设施投资商，投资和运营园区内基础设施，通过各类基础设施的接入费和能源使用费来回收基础设施的投资。

如可引入专业污水处理公司进行投资和运营，由园区企业付费，政府适当给予补贴；运营加油站、充电站等能源设施。

房产经济：片区开发商进行房产投资，将工业厂房及仓库、集体宿舍、别墅、公寓、住宅等物业租售给企业与个人，实现物业开发收益。房产开发要根据片区发展阶段和不同企业、各类人群的物业需求，适时推出不同的物业组合，使土地和物业的增值内部化。

服务经济：片区开发商为园区企业提供有偿的基础服务来获取收益，包括物业服务、维修服务、办公采购服务、装修服务、停车服务等。

商务经济：片区开发商通过为片区企业和员工提供全方位的商业配套，建设生产生活配套服务设施，提供餐饮、购物、商务、娱乐、旅行等商业服务获取收益，开发商还能通过开展政策咨询、管理咨询、物流服务、人力资源和知识产权服务等生产性服务业获取收益。

产业经济：园区发展经验表明，产业投资已成为园区盈利的重要方式，且产业投资可贯穿整个园区的生命周期。片区开发商可通过土地作价出资、物业作价出资、租金作价出资、现金投资、基金投资等多种方式进行产业投资，产业投资方式以股权投资为主，实业投资为辅，根据园区产业转型需要，在园区发展成熟后考虑开展企业孵化等产业投资模式。

结合本项目自身情况，主要考虑将土地经济、房产经济与服务经济纳入开发公司测算范围。其中，由于当前土地已达到可出让状态，且当地长期采取由政府直接出让给产业投资人的模式，因此本项目中，对于开发公司而言，土地经济是指政府在完成土地出让后，将部分土地价款补贴给开发公司的盈利模式；房产经济是指开发公司在进行部分商铺、住宅物业开发后，通过物业租售获取收入的盈利模式；服务经济是指开发公司通过提供物业服务、开展园区运营获取收入的盈利模式。

飞地产业园区开发利益平衡项目清单如表 7-2 所示。

表 7-2 飞地产业园区开发利益平衡项目清单

序号	盈利模式	盈利项目	盈利点	实施主体
1	土地一级开发（土地经济）	土地平整工程总承包	土地平整及设施建设工程收入	平台公司
2		土地开发 ABO 模式	按照“成本+回报”的模式实施，即每年对投入的费用进行审计，在片区实现增量收入后按照一定的投资回报率进行支付	平台公司
3	基础设施建设和运维（设施经济）	污水处理	污水处理设施建设收入及运营收入	市属国企
4		自来水厂及管网	自来水厂及管网建设与供水服务	市属国企
5		发电站	发电站建设及电力销售收入	市属国企
6		燃气门站及管网	施工总承包及天然气供应	市属国企
7		地下管网工程	地下管网建设工程收入或租赁收入	市属国企
8		供热供冷设施	施工总承包收入或供热供冷服务收入	市属国企
9		光伏电站（屋顶光伏）	建设安装收入及电力销售收入	市属国企
10		市政道路	施工总承包收入	市属国企
11		高速道路	施工总承包收入或运营收入	市属国企
12		轨道/城际/铁路交通	施工总承包项目管理或运营收入	市属国企
13		风电站	建设安装收入或运营收入	市属国企
14		储能		
15		垃圾焚烧及填埋场	施工总承包收入或运营收入	市属国企
16		机场		
17		港口码头		
18		充（换）电站	建设安装收入或运营收入	市属国企
19	土地二级开发（房产经济）	工业厂房	物业租售收入	平台公司
20		员工宿舍		
21		仓库及物流设施		
22		住宅		
23		商业及办公		
24		物流中心		
25		商业中心	物业租售收入	平台公司或市属国企
26		民办教育	施工总承包收入或运营收入	市属国企
27		酒店公寓		
28		医疗设施		
29		康养设施		

续表

序号	盈利项目	盈利项目	盈利点	实施主体
30	土地二级开发（房产经济）	广告服务	提供园区广告宣传及活动服务	平台公司或市属国企
31		人力资源服务	提供招聘、猎头、劳务派遣等人力资源服务	平台公司或市属国企
32		法律服务	提供各类法律咨询服务	平台公司或市属国企
33		财税管理	提供各类财务及税务咨询服务	平台公司或市属国企
34	园区服务（服务经济）	企业咨询服务	提供项目申报、政策法规、会计审计、融资担保等咨询服务	平台公司或市属国企
35		停车场服务	停车位租售收入	平台公司或市属国企
36		场地租赁服务	各类场地租赁服务	平台公司或市属国企
37		设备出租收入	各类设备租售收入	平台公司或市属国企
38		知识产权服务	知识产权代理、注册、转让等服务	平台公司或市属国企
39		融资担保	提供融资担保服务	平台公司或市属国企
40		金融租赁	提供金融租赁服务	平台公司或市属国企
41		安保服务	提供安保服务	平台公司或市属国企
42		交通物流服务	提供园区交通接驳、线路运营及租车等服务	平台公司或市属国企
43		数据机房	为园区企业提供机房租赁、云服务、机房维护等	平台公司或市属国企
44		能源管理	提供能源管理和节能服务	平台公司或市属国企
45		食堂配餐	提供园区餐饮及餐食配送服务	平台公司或市属国企
46		企业信息化服务	为企业信息化和智能化提供咨询、实施和运维服务	平台公司或市属国企
47		融资中介服务	对接金融机构，提供更多金融创新产品及服务	平台公司或市属国企

续表

序号	盈利项目	盈利项目	盈利点	实施主体
48	园区服务（服务经济）	专业技术平台	公共实验室、研发平台、检测服务平台	平台公司或市属国企
49		物业保洁服务	物业管理及保洁服务	平台公司或市属国企
50		工程维修	园区企业物业设施及设备维修费服务	平台公司或市属国企
51	城市特许经营权	生活垃圾处置场经营权	争取获得地方政府各相关部门的特许经营授权，并扩大享受特许经营的区域范围，从园区拓展到全市	平台公司或市属国企
52		餐厨垃圾处置场经营权		
53		特种垃圾处置场经营权		
54		建筑垃圾处置场经营权		
55		城市轨道交通特许经营权		
56		城市自来水生产和供应经营权		
57		污水处理经营权		
58		天然气管网及管道燃气经营权		
59		货运汽车城市道路使用权		
60		加油站特许经营权		
61		加气站特许经营权		
62		城市公共汽车客运线路运营权		
63		客运出租汽车运营权		
64		占道停车泊位经营权		
65		机场特许经营权		
66		地下空间资源使用权		
67		城市道路、桥梁、隧道、休闲广场冠名权		
68		文化体育设施特许经营权		

续表

序号	盈利项目	盈利项目	盈利点	实施主体
69	城市特许经营权	户外广告载体使用特许经营权	争取获得地方政府各相关部门的特许经营授权，并扩大享受特许经营的区域范围，从园区拓展到全市	平台公司或市属国企
70		公建配套停车位及政府投资建设的公共停车场经营权		
71		旅游资源开发经营权		
72	政府购买服务	城市规划	承接政府各部门的规划咨询项目	市属国企
73		市政道路维护	承接区域市政道路维护项目	市属国企
74		道路照明维护	承担区域道路照明设施维护项目	市属国企
75		绿化管养	承担城市绿化管养服务项目	市属国企
76		公共交通运输基础设施维护与管理	承担公共交通运输基础设施维护与管理项目	市属国企
77		行政事业单位物业服务	承担行政事业单位物业服务项目	平台公司或市属国企
78		政府公务人员培训	承担政府公务人员培训	平台公司或市属国企
79	智慧城市	城市数据运营维护	系统建设及城市数据运营维护收入	平台公司或市属国企
80		城市数据交易市场	城市数据交易市场建设及运营服务收入	平台公司或市属国企
81		数据基础设施建设运营	城市数字基础设施建设与运维收入	平台公司或市属国企
82	自然资源开发	地下水开发	矿泉水、地下水开发收入	市属国企
83		河砂开发	河砂开发收入	市属国企
84		矿产及其他自然资源开发	矿产及其他自然资源开发收入	市属国企
85	政府奖励及补贴	周边区域土地增值共享	争取地方政府各类补贴	平台公司
86		租金补贴		
87		招商引资服务		
88		对口帮扶资金		
89		企业及产业扶持资金		
90		税收留成补贴		
91		分享土地出让金增值收益	除获得土地一级开发成本补偿部分外，还可以与政府商定按一定比例分享土地出让金增值收益	平台公司

续表

序号	盈利项目	盈利项目	盈利点	实施主体
92	金融创新收益	园区运营公司上市	通过园区运营公司上市获取投资收益	平台公司或市属国企
93		股权投资收益	通过投资园区优质企业获得投资收益	平台公司或市属国企
94		发行园区 ABS	通过发行优质园区物业 ABS 获得资金	平台公司或市属国企
95		发行园区绿色债券	通过能效提升、可持续建筑、污染防治、水资源节约和非常规水资源利用、资源综合利用、绿色交通、绿色农业、清洁能源、生态保护与建设等发行优质园区绿色债券获得资金	平台公司或市属国企
96		发行园区公募 REITs	通过发行园区公募 REITs 盘活存量园区资产，将租金提前变现	平台公司或市属国企

第六节　保障机制

1. 加强组织领导

组建成立飞地产业园投资公司，负责统筹对外合作园区的建设和运营工作。设立正局级投资开发国企，主要领导进入飞地园区管委会决策高层，建立由主要领导牵头的双方高层决策协调机制，明确园区发展方向，审查园区建设进度，协调解决重大问题。双方合理分工，飞出地主导开发建设、招商引资、运营管理等；对口地区主要负责征地拆迁、配套服务、社会管理，以及妥善解决历史遗留问题。推动两地在市、区层面成立飞地产业园工作专班，由工信和乡村振兴部门牵头，发展改革、规划和自然资源、商务、国资等部门共同参与，重点研究推动对接对口地区政府的谈判、选址、方案制定等协调部署工作。完善两地干部交流机制，飞出地派驻挂职干部可不占用派出单位编制和职数，安排对口地区干部挂职培训，提升履职能力和水平。

2. 压实工作责任

联合各相关部门全面摸清现有及未来的产业布局，重点企业外迁动向，从加强产业协作的方向引导部分产业迁入飞地产业园。联合工信、发展改革等部门从产业布局、区域协作的角度，充分考虑拟合作地区的资源禀赋，优势产业等因素，对共建飞地产业园区进行评估，提出合理的合作模式。联合科创部门结合对口地区科创资源，开展两地科研合作交流，支持科技企业发展。联合商务部门综合考虑两地企业需求、产业布局等，指导产业园区招商工作。联合市场监管部门指导产业园区建立以信用监管为基础的新型监管机制，深化商事制度改革。联合金融部门及机构为园区导入深圳金融资源，促进园区企业融资。

3. 强化智库支撑

成立专门团队共同推动产业园区工作，组建专家智库队伍，提供园区开发、建设、运营、管理全过程咨询服务。针对选址确定的产业园区，做到“一园一策”，精准发力，细化园区建设开发的细节和具体任务。

4. 差异化考核

对飞地园区开发运营公司进行差异化考核，按照飞地园区的分类，充分考虑固定资产投资、招商、园区服务体系建设等不同类别的早期考核指标，中后期则主要将园区产值、税收、进出口额等作为考核指标，运营期过半进行中期考核，重点考核园区运营的现金流、利润总额、净利润率、资产总额等指标，对实现盈亏平衡的时间进行预测，制定相关调整方案。

第八章　飞地园区开发政策顶层设计建议

飞地园区的顶层设计将成为两地合作协议的核心，包括了管理体系、协调机制、开发实体组建、运营管理模式以及两地政府权责划分等，是飞地园区规划、建设和运营的纲领，是确保园区建设不走弯路，得以快速高效推进的根本性指导文件。

第一节　管理体制设计

在合作区前期规划筹建阶段，深圳市和飞地城市将成立工作专班，其中深圳市飞地园区工作专班设在深圳市乡村振兴和协作交流局，飞地城市工作专班设在市发展改革委。两市飞地园区工作专班将重点就飞地园区合作的前期工作进行沟通协商，共同推进飞地园区“123”概念性规划的编制和审定工作，并协助飞地园区管理机构顺利筹建并投入运作。

在合作区建设运营阶段，管理体制方案将根据当前政策及发展现状，综合考虑实施难点和落实的可行性，分阶段采取不同模式。在建设的前期，为在最短的周期内建立起合作区建设管理机构，将采取“合作区开发建设指挥部（当地机构）+合作区开发建设平台公司”模式推进项目建设。待片区发展成熟后，结合合作区体制改革，争取深圳市委、市政府支持，进一步探索建立“管委会+合作区开发建设平台公司”或“管理局（法定机构）+合作区开发建设平台公司”管理模式。

（1）近期方案：“合作区开发建设指挥部+合作区开发建设平台公司”模式。按照“高效精简，先易后繁”的原则，尽快启动合作区建设。

市政府成立合作区开发建设指挥部，由常务副市长兼任指挥长，合作区开发建设平台公司董事长兼任副指挥长，成员单位包括乡村振兴、发展改革委、规划和自然资源局、工信局、国资委、商务局等，指挥部每月召开协调会议，解决开发重大事项。指挥部下设合作区开发建设工作专班，专职推进合作区建设。合作区开发建设平台公司：由深圳国企与地方国企合资成立，其中深圳国企持股不低于51%，合作区开发建设平台公司统筹合作区的开发建设运营工作，担负产业空间建设、产业招商导入、产业项目审核、产业及创新平台建设运营、园区企业服务等职责，并将根据自身发展需求参与合作区土地一级开发。

（2）中长期方案："管委会+合作区开发建设平台公司"模式。社会事务由地方统一管理，经济事务依托属地政府/管委会，实行属地化管理。由深圳派员担任相关管理机构领导，将片区的开发建设、招商等授权给片区合作区开发建设平台公司。合作区开发建设平台公司由深圳国企与当地国企合资成立，其中深圳国企持股不低于51%，合作区开发建设平台公司统筹合作区的开发建设运营工作，担负产业空间建设、产业招商导入、产业项目审核、产业及创新平台建设运营、园区企业服务等职责，并将根据自身发展需求参与合作区土地一级开发。

（3）创新探索"管理局（法定机构）+合作区开发建设平台公司"模式。按照中央和省市有关规定，成立合作区管理局，市政府出台相关条例对管理局授权，作为法定机构，负责具体行政事务管理，党工委书记由当地行政区书记兼任，管理局局长由深圳委托国企干部担任，兼任所在行政区区委常委。

合作区开发建设平台公司：由深圳国企与国企合资成立，其中深圳国企持股不低于51%，合作区开发建设平台公司主要统筹合作区的开发建设运营工作，担负产业空间建设、产业招商导入、产业项目审核、产业空间建设、产业及创新平台建设运营、园区企业服务等职责，并将根据自身发展需求参与合作区土地一级开发。

第二节　对接协调机制

为了更好地推进合作区建设，建议深圳市、地方政府建立合作区"一会、一办、两委”机制，作为合作区的制度保障。

“一会”，即地方政府与深圳市人民政府共同建立的合作区联席会议制度，负责处理合作区政策、合作区发展方向等原则性问题。

“一办”，即合作区联席会议制度下设的联席会办公室，联席会办公室由地方政府常务副市长、深圳市乡村振兴和协作交流局主要领导、合作区开发建设平台公司董事长作为联席会办公室共同召集人。地方政府副秘书长、合作区开发建设平台公司深圳方主要负责人作为联席办公室负责人，共同全面主持联席会办公室工作。联席会办公室负责定期组织召开会议，协调合作区开发建设及招商过程中的重要事项等工作。

“两委”，即合作区规划建设联审委员会，由地方政府相关职能部门代表及深圳代表、外部专家组成。负责合作区项目具体规划、立项、用地、建设、环评、验收等方面的联审决策工作。合作区招商项目联审委员会，由地方政府相关职能部门代表及深圳代表、外部专家组成，负责合作区招商项目政策研究、税收减免、“绿色通道”等方面的决策工作。

第三节　平台公司组建

合作区一级开发由地方政府国企牵头，联合社会资本加速推进，可优先考虑与深圳企业合作。结合前期对接情况，初步建议合作区开发建设平台公司由深圳国企、地方政府国有平台共同出资组建，主要负责统筹合作区的二级开发以及招商运营工作，视情况参与部分一级开发。双方按照约定并同步出资成立合作区开发建设平台公司，地方政府可考虑使用“部分优质经营性资产注入+现金组合”的方式出资，深圳国企以现金方式一次性出资。合作区还可大胆探索由深圳市多个国企参与合作区开发建设平台公司组建，实现多主体同步推进，保证深圳方占51%以上的表决权。

第四节　运营管理服务

（1）统筹合作区内和合作区外两个市场的可经营性资源，挖潜“开发建设+特许经营+城市运维+增量共享”四个阶段，构建集“土地经济、设施经济、房产经济、服务经济、商务经济、产业经济”六大业务于一体的多元化合作区盈利模式，助力合作区高质量发展。

（2）参照深圳相关标准与规定，共建符合先进制造业制造环节需求的标准厂房。复制推广合作区运营模式，支持合作区运营商到合作区运营，逐步形成“构建产业链、形成产业集群、培育产业生态”的合作区发展模式。引入专业机构为合作区企业提供“一站式”金融、商务、供应链、法律、知识产权、会计等服务，搭建公共信息服务、电子政府服务等公共服务平台，完善新型基础设施和数据底座建设。以合作区为试点建立数字产城示范基地，打造一批“产业数字化转型、城市数字化建设、合作区数字化改造”的标杆示范项目，构建产业合作区数字化、智能化发展模式。

（3）推动设立合作区行政审批部门，在合作区内推行市场主体政务办事“一网通办”“跨市通办”等审批服务模式，通过使用“合作区行政审批专用章”通办所有行政审批业务。建立统一的市场准入、公平竞争、产权保护等市场体系基础制度，推动两地电子证照互认共享。推行多部门联合精准执法模式，落实“信用分级分类+双随机”监管模式，实现“无端不打扰，无故不上门”。探索如何将深圳行之有效、成熟的改革试点经验、企业服务措施、产业发展政策在合作区推广应用。

（4）深圳发挥资本、产业、管理、技术、政策等方面优势，大力参与合作区开发建设、运营管理、招商引资等。为合作区提供土地、人力资源等要素支撑，统筹自然资源、经营权、基础设施、公共设施等资源禀赋，支持合作区实现健康可持续发展。两地将合作区纳入统一招商部署，形成“深圳总部+飞地合作区”联合招商模式。搭建招商引资信息平台，定期发布产业对接需求清单、两地企业投资需求清单、两地政府对接合作清单。结合深圳产业薄弱环节，争取在能源、原材料、农产品、军工、教育、科研、文旅等领域，发挥合作区优势，保障深圳产业供应链体系的韧性与安全。

第五节　两地职责分工

1. 当地政府

（1）负责征地拆迁工作。成立合作区征地拆迁工作专班，根据合作区建设各类型用地需求及建设进度，全力以赴做好征地拆迁工作。

（2）支持合作区规划相关工作。支持深圳主导的合作区综合规划，配合规划团队对合作区选址、产业对接、前置招商、有关政策措施等进行深入研究。在合作区开发建设平台公司成立和合作区全流程规划出台前，严控合作区范围内的土地审批。

（3）负责保障土地指标。根据合作区发展需要，提前优先安排建设用地指标。支持合作区开发建设平台公司依法获得土地使用权、开发权等。合作区范围内进行规划调整或土地出让需征得深圳同意。

（4）授予相关特许经营权。成立工作专班，对南宁基础设施投资建设运营收益，包括供水、燃气、污水处理、充电站、风电站、储能、建筑光伏、港口码头、公共交通、通信、数据中心、智慧城市、停车场等基础设施的工程建设收益及特许运营收益进行全面梳理评估，并授予深圳建设运营，为合作区投资收益平衡提供保障。

（5）降低合作区生产要素成本。在土地出让、工业用电、燃气等生产要素上，在国家和地方有关规定的范围内进行调整，研究制定优惠措施，并制定出台时间表和施工图，提升合作区综合要素成本竞争力。

（6）负责其他社会管理事务。

2. 深圳市

（1）负责合作区综合规划工作。强化顶层设计和规划引领，对合作区战略定位、产业布局、招商运营、经营管理等进行深入研究，开展合作区综合规划编制工作。规划内容涵盖空间规划、产业规划、政策设计等。

（2）提升合作区企业服务水平。充分借鉴深圳政务服务经验，在合作区内推行市场主体政务办事“一网通办”“跨市通办”“免证办”“免申即享”

“秒报秒批”“不见面审批”等审批服务模式。结合合作区实际，移植深圳政务服务信息化平台，推动审批系统联通，推动政企数据互通及证照互认共享。复制深圳政务服务全流程管理机制，加强全流程闭环管理，提升政务服务效能。推动两地电子证照互认共享。

（3）支持重点企业强链、补链、延链。支持深圳重点企业根据自身发展需要，采用“总部+基地”“研发+生产”“委托+代工”“生产+服务”“生产+营销”“生产+仓储”等模式，将产业链一般环节落户南宁合作区，形成合理分工。

（4）将深圳部分惠企政策延伸至合作区入驻企业。适度放宽深圳高端人才、产业补贴、科技研发、技改投资、职业技能培训等政策对实施主体注册地要求，由注册地在深圳的总部企业申请。合作区符合深圳参保条件的企业中高层管理人员可在深圳缴纳社保，符合条件的合作区企业中高层管理人员在购房、子女入学时与深圳企业人员享受同等待遇。

（5）负责其他经济管理事务。

3. 两市共同职责

（1）开展联合招商。建立常态化联合招商工作机制，加强招商引资信息跟踪和重大招商项目全流程跟踪服务。每年组织开展全国乃至全球产业对接洽谈，引导一批企业到合作区投资发展。编制产业链全景图和招商需求清单，共建招商数据库和招商地图，精准匹配产业链招商，实现招商平台、招商网络共建共享。

（2）共同向国家、省（区）争取支持。积极争取国家发展改革委、证监会及相关部门支持，为合作区发行基础设施公募 REITs 提供绿色通道。共同向国家和省（区）争取在合作区内实施企业所得税、个人所得税“双 15%”优惠政策。

（3）共同加快合作区配套建设。按照深圳相关合作区标准和要求，建设高标准智慧合作区，打造数字产城示范基地。前瞻布局基础设施，结合产业发展未来需求，完善供电、供水、供气及信息基础设施，配套建设委外加工原料仓库等产业设施。抓好合作区物业开发和经营，包括标准化工业厂房、商务办公、商业设施、保障性住房和商品房开发建设等，满足产业空间和人才需求。加快合作区的外部交通设施（包括轨道）和市政配套设施建设，保证合作区与城市中心区和重要功能区的便捷联系。加快学校、医院、公园等公共服务设施建设。

第九章　飞地园区开发产业选择机制

产业发展是飞地园区发展的根本，是园区规划建设运营的核心，只有产业落地生根才能够带动当地经济发展，同时为飞出地产业拓展空间提供支持，这也是携手建设飞地园区的初衷。只有基于当地基础和资源，结合飞出地优势，按照产业发展规律，积极迎合市场需求，才能够科学地确定飞地园区产业体系，有利于产业集聚和飞地园区长期健康发展。

第一节　全球产业发展趋势

1. 国际经贸关系波动，需扩大开放共赢

近年来，国际经贸关系摩擦不断，深圳市面临国际经贸合作带来的较大压力。过去开展国际经贸合作以效率优先为主，当前美国及欧盟国家频繁以保护本国就业机会、维护国家安全、巩固区域联盟等为由，限制与我国的外贸和投融资活动（见图 9-1）。

2. 供应链安全承压，要求提升科创实力

国际科技竞争的加剧，对深圳市以开放合作为特征的全球供应链安全和稳定产生了威胁。以美国为代表的发达国家，以多种理由和手段通过全供应链打压国际竞争对手，目的是维持其科创领域的优势，以科技见长的深圳市企业压力尤为明显。美国等发达国家在供应链的上、中、下游分别对关键零部件、核心材料、信息技术和市场准入实行限制和打压。例如，在供应链上游，美国对我国实施出口管制“实体清单”，断供核心零部件；在供应链中游，美国实施“净网行动”，全面打压中国信息科技领域相关企业，印度政府以危害国家安全为由封杀了包括 Tiktok 在内的 106 款中国 App；在供应链下

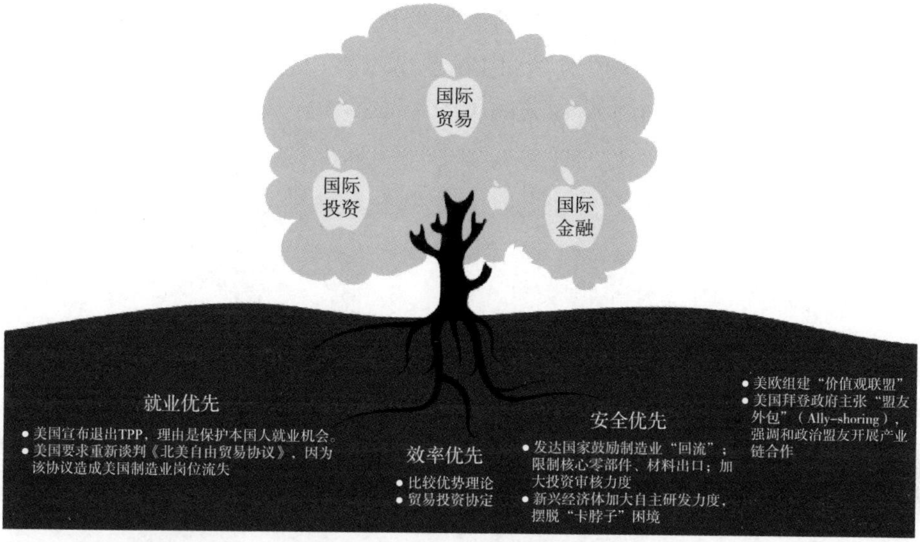

图 9-1 国际经贸关系变动

游，美国联邦通信委员会（FCC）决议，终止华为、中兴通讯、海能达通信、大华科技、海康威视 5 家中国厂商监控设备进入美国市场（见图 9-2）。

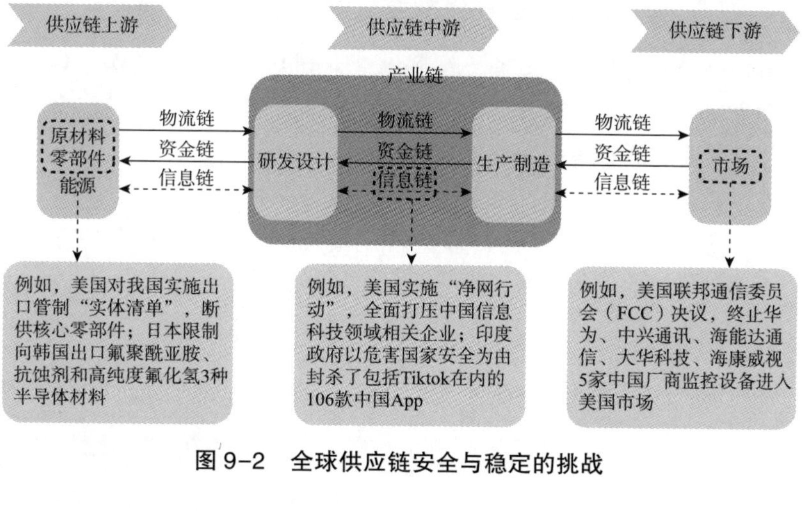

图 9-2 全球供应链安全与稳定的挑战

3. 国际贸易摩擦加剧，亟待产业链升级

现行国际贸易结算规则下，以产业链中游、组装生产终端产品出口为主的国家容易出现贸易顺差，致其成为国际贸易争端被打击对象。在现行的贸易结算体系下，亟须通过向产业链两端升级，减轻因贸易顺差导致的贸易摩擦（见图9-3）。我国连续15年保持货物贸易出口规模全球第一①，深圳连续30年保持我国出口第一城位置②，国际贸易摩擦给经济增长带来一定压力，导致部分企业向海外寻求更低成本的生产地。

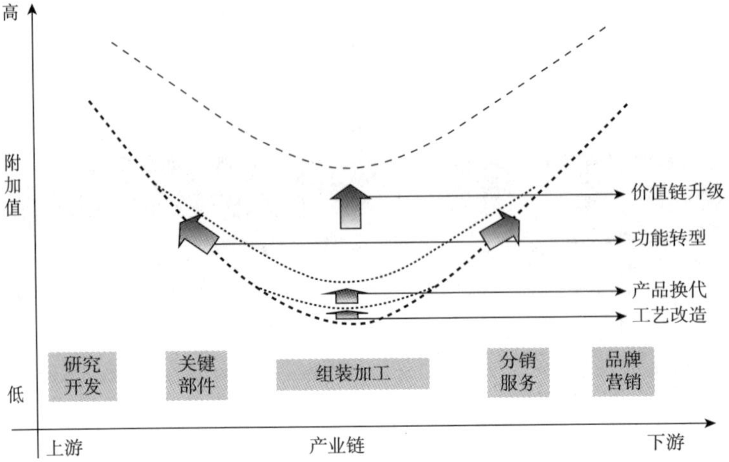

图9-3　产业链升级方向

专栏9-1　我国出口面临外贸结算带来的挑战

我国部分出口产品的价值链，打上"中国制造"标签的产品，包含了进口零部件和中间产品，中国贸易顺差只截取了部分增值。

国际贸易通行原产地规则偏重最后工序发生地，未考虑生产过程中的国际价值转移。最后工序在中国，就贴上"中国制造"的标签。

为了避免"中国制造"缴付高额关税，部分企业将最后组装工序从中国转移到成本具有比较优势的东南亚、南亚、非洲、南美洲等地。

---

① 世界贸易组织发布的2023年全球货物贸易数据显示，我国出口3.38万亿美元，占全球市场份额的14.2%。商务部外贸司表示，我国货物出口贸易规模连续14年保持全球第一、货物进出口贸易规模连续7年保持全球第一。

② 中华人民共和国海关总署公布"中国外贸百强城市"，深圳位居榜首，2022年深圳外贸出口2.19万亿元，规模连续30年居内地外贸城市首位。

第二节　产业发展领域研判

从培育方向来看，智能、健康、低碳是先进制造业发展的重要方向，信息、生物、新能源等将是各国各地区近期聚焦的主要领域。从技术上看，目前，全球先进制造业技术应用呈现多极化的特点。以全球 PCT 专利申请为例，在细分技术应用领域中，计算机技术和数字通信组成的信息技术、医学技术和生物科技组成的生物技术、能源设备三大技术最为活跃，形成了信息技术、生物技术和能源技术三大技术应用格局（具体细分见图 9-4）。从各国发展政策来看，发达国家均聚焦于信息、生物、新能源领域制定先进制造业发展政策。例如，美国的《2022 财年政府研发预算优先事项和全局行动备忘录》强调支持未来工业、能源环境、空天科技等领域基础和应用研究。德国推出 1300 亿欧元刺激经济计划，重点聚焦药物和疫苗研发、电动汽车、氢能、数字化和通信技术、人工智能和量子技术等领域前沿技术开发。从国内看，各主要城市"十四五"规划中，提到最多的是量子信息、人工智能，其次是生物制造、生命健康等。例如，北京围绕国际科技创新中心建设，超前布局量子

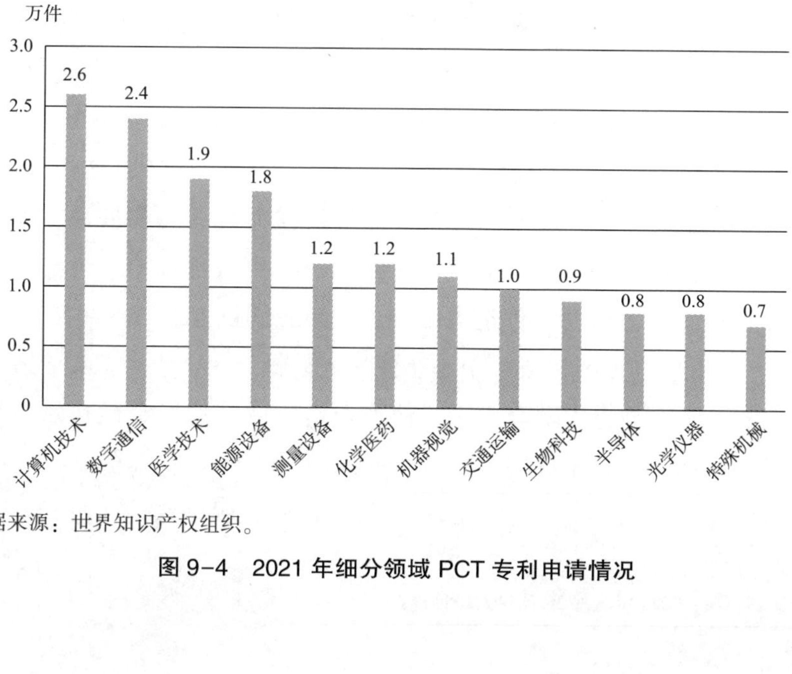

数据来源：世界知识产权组织。

图 9-4　2021 年细分领域 PCT 专利申请情况

计算、未来网络、超材料等新兴产业；广州重点布局3D打印、尖端生命科学、区块链、量子通信等产业，强化前瞻研究和部署；深圳规划在5~10年内将合成生物、区块链、细胞与基因、空天技术等发展成为战略性新兴产业，在10~15年内将脑科学与类脑智能、深地深海、可见光通信与光计算、量子信息等发展成为战略性新兴产业。

从企业梯队建设来看，国家加快培育领军企业和“专精特新”企业。一方面，党的十八大以来，中央出台了一系列保护支持企业发展的政策措施，促进行业领军企业加快发展。例如2021年6月，工业和信息化部等六部门联合印发《关于加快培育发展制造业优质企业的指导意见》，明确提出加快培育产业链领航企业，支持有条件的单项冠军企业和大企业集团不断增强国际竞争力，提升对产业链、供应链、创新链的引领整合能力，发展成为产业链领航企业，引领带动产业发展。2022年2月，中央全面深化改革委员会第二十四次会议审议通过《关于加快建设世界一流企业的指导意见》，明确提出“产品卓越、品牌卓著、创新领先、治理现代”的世界一流企业建设标准，加快培育一批世界一流企业，在全面建设社会主义现代化国家、实现第二个百年奋斗目标进程中实现更大发展、发挥更大作用。一些地方也纷纷出台政策支持产业生态主导企业培育。例如，广州市提出要支持培育具有生态主导力的产业链链主企业，所需资金纳入预算统筹安排。另一方面，“专精特新”企业是中小企业增长的主要贡献者。数据显示，“专精特新”中小企业2021年营收增速、利润率和发明专利成果占有量分别是规模以上工业中小企业的2.2倍、1.4倍和3.4倍①。“专精特新”企业能够提升产业链供应链的稳定性和效率，“专精特新”企业发育的地方，经济往往更具活力和韧性。2022年5月12日，工信部会同国家发展改革委、科技部、财政部等十一个部门共同印发《关于开展“携手行动”促进大中小企业融通创新（2022—2025年）的通知》，进一步引导“专精特新”中小企业加入以骨干大企业为龙头、链长的产业链中，提升上下游协作配套水平，使产业链供应链的稳定性和效率有效提高，提升我国现代产业体系的质量和水平。可见，发展领军企业和“专精特新”企业已成为我国推进制造强国建设的一项战略性举措。

① 资料来源：2022年3月25日《人民日报》。

从企业竞争力来看，打造数字业务新支点将成为先进制造业企业保持竞争力的核心。随着数字技术与先进制造业的不断融合，运用数字技术构建数字业务生态将成为企业塑造和保持自身竞争力的关键。未来企业业务生态的数字化将主要体现在企业技术壁垒、创新效率和智能制造三个领域。具体来看，一是数字技术产生的开发软件相关知识产权，将成为企业构建技术壁垒的“护城河”。数据显示，目前在先进制造业中小企业中，新兴领域企业知识产权成果拥有发明专利和软件著作权的企业占比已超过90.5%①。二是数字技术深度融入创新过程，将成为企业挖掘创新红利的加速器。从先进制造业企业的创新模式来看，单一技术创新向融合创新发展的趋势明显，许多企业已实现多领域的融合创新。三是数字技术将深度融入生产环节，优化对复杂产品和核心工艺的竞争能力，展现智造水平。从智能制造领域的服务产品来看，完成全生命周期的数字孪生应用是制造业企业推动数字化转型展现竞争实力的主战场。四是云计算、大数据、物联网、人工智能、移动互联网、数字孪生、区块链等形成技术主导的前沿技术群落，将持续推动先进制造业与新一代信息技术、现代服务业等多领域的融合发展态势。例如，制造业领域数字孪生是实现物理世界与虚拟世界融合映射的有效手段，数字孪生的融入将全面推动产品在设计、生产、维护、维修等环节的变革，推动智能制造升级；区块链在共享数据、构建可信体系、优化流程等方面有着独特优势，可从加速生产、安全互联、产业链协同等赋能工业，为智能制造升级注入新动能。

第三节　深圳“20+8”产业合作

2022年6月，深圳出台《关于发展壮大战略性新兴产业集群和培育发展未来产业的意见》，培育发展壮大“20+8”产业集群，发展以先进制造业为主体的20个战略性新兴产业集群，前瞻布局八大未来产业，形成一批引领型新兴产业集群，网络与通信、软件与信息服务、智能终端、超高清视频显示、新能源、海洋产业等增加值千亿级产业集群发展优势更加凸显，半导体与集

① 数据来源：《2021中国先进制造业晨星企业》，赛迪顾问。

成电路、智能传感器、工业母机等产业短板加快补齐，智能网联汽车、新材料、高端医疗器械、生物医药、数字创意、现代时尚等产业发展水平显著提升，合成生物、区块链等未来产业逐步发展成为新增长点。到 2025 年，深圳战略性新兴产业增加值将超过 1.5 万亿元，成为推动经济社会高质量发展的主引擎。

（1）宽带网络通信产业集群。推动固网通信、移动通信和卫星通信协同发展，加强网络通信芯片、关键元器件与模组等技术攻关，建设国家 5G 中高频器件创新中心、未来网络试验设施等重大创新载体，启动前沿技术储备，加强行业标准研制，支持南山、宝安、龙岗、龙华等区建设集聚区，打造全球网络与通信产业创新发展高地和“双千兆”、全光网标杆城市。

（2）半导体与集成电路产业集群。加快完善集成电路设计、制造、封测等产业链，开展电子设计自动化（EDA）工具软件、半导体材料、高端芯片和专用芯片设计技术攻关，推进 12 英寸芯片生产线、第三代半导体等重点项目建设，支持福田、南山、宝安、龙岗、龙华、坪山等区建设集聚区，打造全国集成电路产业集聚地、人才会聚地、创新策源地。

（3）超高清视频显示产业集群。推动新型显示器件、面板生产、终端制造和应用等领域协同发展，着力突破 4K/8K 视频采集器件与设备、显示面板工艺与技术、核心基础材料等关键共性技术，主导或参与国际标准制定，依托南山、宝安、龙岗、光明等区打造全链条产业创新区和全场景“AI+5G+8K”应用示范先行区，努力建设全球领先的超高清视频显示产业。

（4）智能终端产业集群。围绕智能手机、个人电脑、VR/AR、智能可穿戴设备、智能车机、智能家电等智能终端产品，打造从关键核心元器件到高端整机品牌的完整产业链，加快应用软件、核心器件等关键技术突破，推动智能终端产业向福田、罗湖、南山、宝安、龙岗、龙华、坪山等区集聚发展，打造全球手机及新型智能终端产业高地。

（5）智能传感器产业集群。聚焦智能传感器设计、制造、封测、装备材料等环节，加快新型传感器材料、CMOS-MEMS 集成技术、先进封装工艺等核心技术攻关，建设 MEMS 中试线、MEMS 传感器产业基地，丰富智能传感器在消费电子、汽车电子、智慧城市等领域应用场景，支持南山、龙华、光明等区建设集聚区，打造全要素完备的智能传感器产业集群。

（6）软件与信息服务产业集群。推动操作系统、数据库、中间件、办公套件、低代码开发平台等关键性基础软件和计算机辅助设计（CAD）、计算机辅助工程（CAE）、建筑信息模型（BIM）、城市信息模型（CIM）等工具软件实现源头创新，加大基础共性标准、应用示范标准研制及推广力度，实施开源生态孵化工程，推进软件技术在制造业、服务业深度融合，依托福田、罗湖、南山、宝安、龙岗等区建设集聚区，打造具有竞争力的软件名城。

（7）数字创意产业集群。大力发展创意设计、数字文化装备、影视制作、动漫游戏等细分产业，塑造一批优质数字内容原创作品和IP，高标准建成一批数字创意孵化和服务平台，加快数字创意与文化旅游产品以及教育等公共服务融合融通，支持福田、罗湖、盐田、南山、宝安、龙岗等区建设数字创意产业集群，构建“一核、一廊、多中心”的数字创意产业布局，打造全国数字创意产业创新发展标杆。

（8）现代时尚产业集群。推动服装、家具、黄金珠宝、钟表等优势传统产业时尚化、品牌化升级，加强服装功能面料、家具智能芯片、钟表机芯等技术攻关，建设时尚产业互联网平台和珠宝玉石综合贸易平台，培育若干国际知名展会，支持罗湖、福田、南山、宝安、龙华等区，以及前海深港现代服务业合作区（以下简称前海）建设集聚区，打造新兴时尚产业高地、国际时尚消费中心城市、国际会展之都。

（9）工业母机产业集群。聚焦数控机床、锂电池制造装备、半导体制造装备、显示面板制造装备等重点领域，突破主轴、丝杠导轨等关键零部件制造技术“瓶颈”，加强装备数字化技术攻关，建设新型显示技术智能装备总部基地、集成电路检测装备研发及生产基地等重点项目，支持宝安、龙华等区建设集聚区，增强工业母机对先进制造业的基础支撑能力。

（10）智能机器人产业集群。重点发展工业机器人、服务机器人、特种机器人、无人机（船）等领域，突破减速器、控制器、伺服系统等关键零部件和集成应用技术“瓶颈”，拓展智能机器人在电子信息制造、汽车、航空航天等高端制造应用场景，依托福田、南山、宝安、深汕等区及前海建设集聚区，打造智能机器人产业技术创新、高端制造、集成应用示范区。

（11）激光与增材制造产业集群。重点发展高功率超快激光器与装备、增材制造装备与系统等行业，提高特种光纤、高功率光栅、高功率激光芯片、高性能激光器等上游材料和器件国产化率，开展专用特色装备技术攻关，建设光电光纤激光总部及研发中心等重点项目，支持宝安、龙华、坪山等区及前海建设集聚区，巩固激光与增材制造产业竞争优势。

（12）精密仪器设备产业集群。围绕工业自动化测控仪器与系统、信息计测与电测仪器、科学测试分析仪器等领域，提高探测器、传感器、高端示波器、频谱分析仪等关键零部件和产品创新能力，建设深圳中国计量科学研究院技术创新研究院、先进测试与高端仪器研究平台等重大创新载体，支持南山、宝安、龙华、光明等区建设集聚区，提高精密仪器制造国产化、智能化、绿色化、服务化发展水平。

（13）新能源产业集群。重点发展智能电网、分布式光伏、氢能、海上风电等细分产业，加强高效燃气轮机、高能量密度储能、燃料电池等关键核心技术攻关，推进虚拟电厂落地，加快综合能源补给设施建设，依托龙华、龙岗等区推进数字能源融合发展示范区、国际低碳城和求雨岭氢能产业园等建设，构建清洁低碳、安全高效、智慧创新的现代能源体系。

（14）安全节能环保产业集群。提升监测预警技术装备、应急处置救援技术装备、高效节能技术装备、先进环保装备等行业发展水平，加强固体废物综合利用，大力发展安全节能环保服务业，健全安全应急物资生产保供体系和绿色生产消费体系，支持罗湖、宝安、龙岗、龙华、光明、深汕等区建设集聚区，为建设韧性城市提供坚实保障。

（15）智能网联汽车产业集群。重点发展智能感知系统、车载计算平台、车用无线通信、云服务终端、动力电池、电机电控、快速充电设施等细分领域，突破感知设备、线控底盘、智能驾驶操作系统等关键技术，建设智能网联交通测试示范平台、深汕汽车工业园等重点项目，依托南山、坪山、深汕等区建设集聚区，引领智能网联汽车产业高质量发展。

（16）新材料产业集群。推动新材料与新一代信息技术、新能源、生物等产业融合发展，发展电子信息材料、新能源材料、生物医用材料、高分子材料、绿色建筑材料、前沿新材料等，推进高端锂离子电池负极材料、超高模量透明聚酰亚胺薄膜工程化项目建设，支持罗湖、宝安、龙岗、光明、深汕等区建设集聚区，建成新材料创新中心和技术转化中心。

（17）高端医疗器械产业集群。发展新型医学影像、生命监测与生命支持、高端植介入产品等细分领域，突破高端影像系统、手术机器人、新型体外诊断设备、高通量基因测序仪等重大装备、关键零部件技术“瓶颈”，充分发挥国家高性能医疗器械创新中心作用，支持南山、龙华、坪山、光明等区建设集聚区，推动高端医疗器械产业高质量发展。

（18）生物医药产业集群。支持化学创新药、全新剂型及高端制剂、现代中药、先进制药设备以及数字化医疗等领域发展，推动新型基因治疗载体研发、工程细胞构建、抗体工程优化、人工智能辅助药物设计等“瓶颈”技术突破，加快宝龙生物药创新发展先导区、坪山生物医药产业加速器园区等项目建设，支持坪山、南山、福田、龙岗、光明和大鹏等区创建产业集聚区，推动生物医药产业集群成为产业发展新亮点。

（19）大健康产业集群。重点发展精准医疗、康复养老、现代农产品、医疗美容、化妆品等行业，扩大健康产品高质量供给，加强再生医美材料、康复器具、种质资源与基因发掘、精准药物开发等技术攻关，建设精准营养研发与应用平台、健康设备计量测试平台等创新平台，支持罗湖、盐田、宝安、坪山、大鹏等区建设集聚区，促进大健康产业创新发展。

（20）海洋产业集群。巩固提升海洋交通运输业、滨海旅游业、海洋能源与矿产业、海洋渔业等产业优势，培育壮大海洋工程和装备业、海洋电子信息业、海洋生物医药业、海洋现代服务业等产业，推进国际海洋开发银行、深圳国家远洋渔业基地、海洋新城、蛇口国际海洋城等重大项目建设，以深圳西部海岸—东部海岸—深汕合作区为主轴，构建“一轴贯通、多区联动”海洋产业区域协同格局，建设全球海洋中心城市。

深圳主要有合成生物、区块链、空天技术、细胞与基因、脑科学与类脑智能、量子信息、深地深海、可见光通信与光计算八大未来产业。2024 年，深圳推出“20+8”的 2.0 版本，增加、合并和调整了部分战略性新兴产业集群，并对 8 大未来产业分组设置了中长期发展目标（见表 9-1）。

表 9-1　深圳“20+8”战略性新兴产业集群

	20 大战略性新兴产业																						8 大未来产业							
分类	新一代电子信息					数字与时尚				高端装备制造					绿色低碳			新材料	生物医药与健康			海洋产业	未来产业							
1.0 版本	宽带网络通信	半导体与集成电路	超高清视频显示	智能终端	智能传感器	软件与信息服务	数字创意	现代时尚	—	工业母机（调整）	激光与增材制造（调整）	精密仪器设备（调整）	智能机器人（调整）	—	新能源	安全节能环保	智能网联汽车	新材料	高端医疗器械	生物医药	大健康	海洋产业	合成生物	区块链（调整）	空天技术（升级）	细胞与基因	脑科学与类脑智能	量子信息	深地深海	可见光通信与光计算（调整）
2.0 版本	宽带网络通信	半导体与集成电路	超高清视频显示	智能终端	智能传感器	软件与信息服务	数字创意	现代时尚	人工智能（新增）	高端装备与仪器（调整）			机器人	低空经济与空天（新增）	新能源	安全节能环保	智能网联汽车	高性能材料（调整）	高端医疗器械	生物医药	大健康	海洋产业	5~10 年规模倍增				10~15 年成为战新产业			
																							合成生物	光载信息	智能机器人	细胞与基因	脑科学与脑机工程	量子信息	深地深海	前沿新材料

（1）合成生物。重点发展合成生物底层技术、定量合成生物技术、生物创制等领域，加快突破人工噬菌体、人工肿瘤治疗等创制关键技术，推进合成生物重大科技基础设施建设，建设合成生物学研发基地与产业创新中心。

（2）区块链。重点发展底层平台技术、区块链+金融、区块链+智能制造、区块链+供应链等领域，推动在技术框架、测评体系、应用规范、跨链互操作等领域形成一批技术标准和规范，打造区块链创新引领区。

（3）空天技术。重点发展空天信息技术、先进遥感技术、导航定位技术、空天装备制造等领域，推动航空航天材料及部件、无人机、卫星等技术创新，规划建设国内领先的空天技术产业研发与制造基地。

（4）细胞与基因。重点发展细胞技术、基因技术、细胞与基因治疗技术、生物育种技术等领域，完善细胞和基因药品审批机制、监管体系、临床试验激励机制、应用推广机制，加快建设细胞与基因产业先导区。

（5）脑科学与类脑智能。重点发展脑图谱技术、脑诊治技术、类脑智能等领域，开展类脑算法基础理论研究与前沿技术开发，推进脑解析与脑模拟重大科技基础设施建设，抢占脑科学领域发展制高点。

（6）量子信息。重点发展量子计算、量子通信、量子测量等领域，建设一流研发平台、开源平台和标准化公共服务平台，推动在量子操作系统、量子云计算、含噪声中等规模量子处理器等方面取得突破性进展，建设粤港澳大湾区量子科学中心。

（7）深地深海。重点发展深地矿产和地热资源开发利用、城市地下空间开发利用、深海高端装备、深海智能感知、深海信息等领域，推进国家深海科考中心、海洋大学等重大项目建设，打造深地深海科技创新高地。

（8）可见光通信与光计算。重点发展可见光通信技术、光计算技术等领域，推动建立可见光通信标准化体系，布局一批高价值专利，促进可见光通信技术与光计算技术应用示范，培育可见光通信技术与应用创新产业集群。

根据产业发展特点，将20个战略性新兴产业集群分为四大类。战略重点类产业集群：针对具有战略意义、处于风口期、资源投入大的半导体与集成电路、人工智能、低空经济与空天、新能源、智能网联汽车、生物医药、高端医疗器械7个产业集群，举全市之力集聚资源，以超常规力度支持培育。优势拓展类产业集群：针对产业基础好、市场相对成熟的网络与通信、超高清视频显示、智能终端、软件与信息服务 4 个产业集群，进一步固本强基，以链主企业为核心完善产业链关键环节布局，形成产业链优势互补发展格局。基础支撑类产业集群：针对基础支撑作用大、成效显现周期长的智能传感器、高端装备与仪器、机器人、高性能材料 4 个产业集群，聚焦重点环节靶向发展，为其他产业集群增势赋能。综合提升类产业集群：针对产业集聚效应初显、处于成长阶段的数字创意、现代时尚、安全节能环保、大健康、海洋 5 个产业集群，以精深化发展为主攻方向，推进重点领域场景应用落地，推动产业集群特色发展。

同时，深圳统筹各区错位发展，着眼于产业成长性，结合各区资源禀赋，合理规划各产业集群的重点布局区和各区重点发展的产业集群。原则上每个产业集群控制在 3~5 个区布局，其中细分领域较多的产业集群可适当增加布局区；每个区重点发展 3~5 个产业集群。战略重点类产业集群和未来产业由市级层面结合实际统筹布局。

专栏 9-2　深圳市“20+8”产业集群发展分类

战略重点类产业集群（7）：半导体与集成电路、人工智能、低空经济与空天、新能源、智能网联汽车、生物医药、高端医疗器械，全市统筹支持培育。

优势拓展类产业集群（4）：网络与通信、超高清视频显示、智能终端、软件与信息服务，以链主企业为核心，形成产业链优势互补发展格局。

基础支撑类产业集群（4）：智能传感器、高端装备与仪器、机器人、高性能材料，聚焦重点环节靶向发展，为其他产业集群增势赋能。

综合提升类产业集群（5）：数字创意、现代时尚、安全节能环保、大健康、海洋，以精深化发展为主攻方向，推进重点领域场景应用落地，推动产业集群特色发展。

第十章　飞地园区开发空间支撑机制

飞地园区的选址和空间开发对园区后续运营成本和效率至关重要，也是未来能否吸引企业入驻发展的关键，在选择园区范围和地址的阶段，必须充分考虑交通可达、区域功能协同、土地获取成本等多种因素，避免后期成本超过产业企业发展的承受能力，也避免过度追求空间规模，不利于飞地园区与周边产业集聚区开展良性互动。

第一节　坚持熟地开发

1. 风险比较

在考虑飞地园区生地开发模式的时候，我们需重点关注飞地园区土地一级开发的特征、风险及收益。基于此，我们从园区开发自主可控性、融资模式、盈利模式及风险因素四个方面进行相应对比分析。

（1）园区开发自主可控性比较

飞地园区需按照深圳标准进行打造，土地一级开发以及配套设施（学校、医院、人才宿舍等）的建设开发投入大，若依靠当地政府采用财政专项资金的模式进行开发建设，极有可能出现基础设施及配套设施建设滞后的问题。在生地开发模式下，因园区开发企业介入土地一级开发，园区二级开发建设计划较为容易落实，基础设施及配套设施落地相对较快，能更好更快地实现园区开发建设及产业招商运营。在熟地开发模式下，园区开发企业只能通过协商手段促使基础设施及配套设施落地。

总体来看，在园区开发自主可控性方面，生地开发模式相对较优。

（2）融资模式比较

在生地开发模式下的土地一级开发阶段，园区开发企业需要支付征地、拆迁、补偿、“七通一平”、绿地绿化等各项成本及相应管理费用、财务费用，资金投入巨大。在这一阶段，整备土地权属尚归地方政府，园区开发企业无法利用土地抵押进行融资；同时，地方政府的收入结算一般需要依靠土地出让金及财政支出来进行安排，在时间上一般相对滞后。基于此，土地一级开发一般需要企业垫付大量自有资金。

在二级开发阶段，两种模式下的园区开发企业均可以通过土地抵押办理商业银行或政策性银行贷款，自有资金投入可控制在30%左右。

总体来看，在融资模式方面，生地开发模式前期需投入较为巨大的自有资金，对企业的现金流形成压力。因此，从企业自身角度来看，熟地开发模式相对较优。

（3）盈利模式比较

生地开发模式盈利来源比较丰富，包括但不限于政府支付固定比例的一级开发费用、土地出让金或土地增值收益分成、持有优质公建设施、基础设施经营等多种盈利模式；熟地开发的盈利模式较为单一，主要通过实现土地二级开发物业的销售和出租来获取收益。

在盈利模式方面，表面上看，生地开发模式增加了企业的收入来源，但是与收入相伴而生的风险也明显增多。因此，从这个角度综合来看，两种模式并无优劣之分。

（4）风险因素比较

生地开发模式虽然存在多样的盈利模式，但因各种盈利模式的实现都存在客观条件及实施方自身能力的要求，因此风险也较大。一是政府违约风险，土地整备的出让金分成及增值收益分享都依赖于良好的政企关系，在现行法律法规下，相关事前约定协议都存在被判定为无效的风险；二是公建设施的经营及其他创新盈利模式，因收益率较低、回报周期长，对实施主体的经营能力、资金实力都有较高要求；三是土地一级开发收入结算较晚，大量占用自有资金，容易导致企业现金流紧张。

此外，两种模式均承担二级开发产品销售价格下跌、出租价格下跌、销售及出租率不及预期等市场风险。

在风险方面，企业介入一级开发需充分考虑交易对手的履约能力，因飞地园区土地出让收益（以工业用地为主，价格较低）无法完全覆盖土地一级开发成本，若当地政府无法提供充足的财政支持，则生地开发模式的风险较大。

综合上述因素，生地开发模式在园区规划落地、开发计划执行方面占优，也能为参与企业提供新的盈利来源；但该模式下对园区开发企业的资金实力、土地一级开发相关经验和政府履约能力的要求都很高，一旦某一环节出现障碍，则容易导致生地开发模式的失败。

2. 熟地开发建议

建议市属国企以熟地开发模式参与飞地园区建设。理由如下：

一是市属国企不具备异地开展土地一级开发的优势，土地一级开发中的征拆、补偿等环节涉及大量与当地民众的协商谈判，在当地社会关系不够广泛的前提下往往难以推动。若市属国企参与，很可能会提高整体土地一级开发成本。二是飞地园区的生地开发风险高，难以依靠市场化方式推动。飞地园区的用地指标以工业厂房及相关配套为主，仅配备少量住宅，由于政府工业用地土地的出让金较低，容易造成飞地园区的土地出让收入大幅低于土地一级开发成本。若园区开发企业受托进行土地一级开发，后续一级开发的成本和收益都需要当地政府财政予以补贴，在地方土地出让收入少、财政紧张的普遍情况下，很可能出现无法及时结算的风险。三是飞地园区拓展应坚持优中选优，建议从现有园区中择优进行提升改造。深圳对开展飞地园区建设握有主动权，应专注于发挥深圳在科技、品牌、资金、经验等方面的优势，集中精力进行二级土地开发和三级运营管理，而非将大量资金、人力和时间投入前期土地一级开发，土地一级开发工作由当地政府来完成将更为顺畅、更有保障。

（1）生地与熟地。生地：通俗来讲，生地是已完成土地使用权批准手续（征收），没有进行或部分进行基础设施配套开发和土地平整而未形成建设用地条件的土地，多见于乡村集体土地。熟地：通俗来讲，熟地与生地相对应，多指已具备一定的供水、排水、供电、通信、通气、道路等基础设施条件和完成地上建筑物、构筑物拆迁的形成建设用地条件的土地。

生地、熟地的说法在上海市律师协会《办理国有土地使用权法律业务操作指引（2007）》中有所表述。与此相对应的另一对概念是“毛地”与“净地”，毛地与净地的概念在政策文件、土地出让文件中经常出现。

毛地：一般而言，毛地是已完成宗地内基础设施开发，但尚未完成宗地内房屋拆迁补偿安置的土地。毛地多见于城市国有土地。

净地：一般而言，净地是已完成宗地内基础设施开发和场地内拆迁、平整，土地权利单一的土地。

一般而言，“生地”“熟地”重点着眼于是否具备建设条件；而“毛地”“净地”更多着眼于土地出让，国土资源部〔2010〕151 号文明确规定，对于商品住房用地，不得以“毛地”出让。

（2）生地、熟地与土地一级开发。从前文定义可以看出，“生地”“熟地”是相对的概念，两者之间的差异体现在将“生地”转变为“熟地”的过程，即土地一级开发。

在相关政策文件中，土地一级开发是指土地储备机构按规定确定土地一级开发单位，依照土地利用总体规划和城市规划，对国有土地、集体土地依法实施拆迁、收回、征收和市政基础设施建设，达到土地供应条件的行为。

在实操层面上，土地一级开发是由政府或其授权委托的企业，对一定区域内的国有土地、集体土地进行征地、拆迁、安置、补偿和进行“七通一平”，使其达到有偿出让条件。

土地一级开发的主体一般为土地储备中心、政府平台公司或市场化企业。其中，土地储备中心为非营利性政府职能机构，由政府财政专项拨款进行土地一级开发。市场化企业参与土地一级开发主要包括三种模式。一是工程总承包模式，指企业接受土地储备中心的委托并按要求进行开发，土地储备中心按照总建设成本的一定百分比作为经营利润（北京市规定利润率不高于预计成本的 8%）。二是利润分成模式，指企业按土地储备中心的委托将“生地”变成“熟地”后，土地储备中心进行招拍挂出让，出让所得扣除开发成本后，在政府和企业之间按照一定的比例进行分成。重庆市土地一级开发采用过这种模式，也有其他地方直接采用土地出让金分成的模式。三是土地补偿模式，或称一二级联动模式，指企业在完成规定的土地一级开发任务后，土地储备中心并不以现金进行结算，而是给予开发企业一定面积的土地作为补偿（形式上仍需要通过招拍挂出让），华夏幸福采用过这种模式。

第二节 科学做好选址工作

选址是园区开发的起点，是规避对外投资风险的重要保障，在合作园区的选址方面需要遵循三个原则。

1. 共同主导原则

共同主导是指两市政府共同决定境外园区选址，充分表达两市政府对选址的理念及方案，以解决目前存在的单边与被动选址问题。三方参与是指两市政府、园区开发主体、主导产业投资商共同参与选址论证，并尽量在明确开发主体与主导产业投资商的基础上，再明确境外园区选址，以此建立“政府—园区开发商—产业投资商”的“铁三角”良性互动机制。

2. “双结合”原则

优先研判园区产业定位，充分考虑劳动密集型、资本密集型、技术与知识密集型产业对园区选址的侧重点，充分考虑农林牧副渔类、资源采掘加工类、生产制造类、商贸物流类、科技创新类等产业类型对选址的要求，充分考虑面向国际市场、面向区域市场与面向本地市场的园区对选址的诉求，进而开展园区具体选址工作。此外，园区选址需要综合考虑园区的生产功能、商贸物流功能、自由贸易功能、生活居住功能、生产配套功能，构建选址与“生产+流通+生活+配套”相互促进机制。

3. “城市—辖区—地块”三层次原则

从城市维度选择来看，两市是否存在国家层面的战略合作关系，或重大城市合作机遇，是否具有融入国际分工体系的比较优势，是否具有成为国际产业转移与合作的主承接地的前景；是否具有本地市场需求，能否与周边区域构成统一市场。从辖区选择来看，重点考察三个方面：一是该片区是否为城市的经济中心；二是该辖区是否有对外重大交通基础设施，如港口；三是该城市是否具有良好的工业基础、产业配套能力及充足的技术工人等条件。从地块选择来看，重点考察四个方面：一是地块尽量靠近既有城市或城镇，或在城市发展主轴或拓展区的近郊；二是相较于相邻的城区，地块的级差地租优势明显；三是确保地块能够便捷接入主干道路；四是园区能够便利接入水、电等基础能源设施。

第三节　坚持“小组团”滚动开发

综合考虑地理位置、可拓展空间、交通物流、生活配套、能源供应等多种因素科学选址。优先选择靠近主城区的片区（原则上距离不超过 20 千米）、基础设施建设基本完善的片区以及自贸区、高新区、经开区等享受特殊政策的区域。确保深圳对飞地产业园区的选址权和规划权，合理规划片区用地类型，按照产城融合理念，居住、商业用地平衡，实现现金流较快回流。

飞地产业园区统一规划，但需要分步实施，实现“小组团”开发，按照产业协同发展需求进行空间总体布局，确定组团的四至范围。可分为组团、单元和地块三个层次进行布局，首先实现从园区单元的平衡，再实现组团乃至片区的全面平衡，逐步形成投入产出平衡的可持续发展模式，提升土地节约集约利用水平，实现“开发一片、成熟一片、收益一片”的良性循环（见图 10-1）。在园区无法实现平衡的情况下，及时调整开发策略和时序。与当地政府及深圳市飞地产业园区建设工作专班进一步协商弥补亏损的具体方案。向园区开发运营公司补充现金流、资源或者政策，确保公司可持续经营。

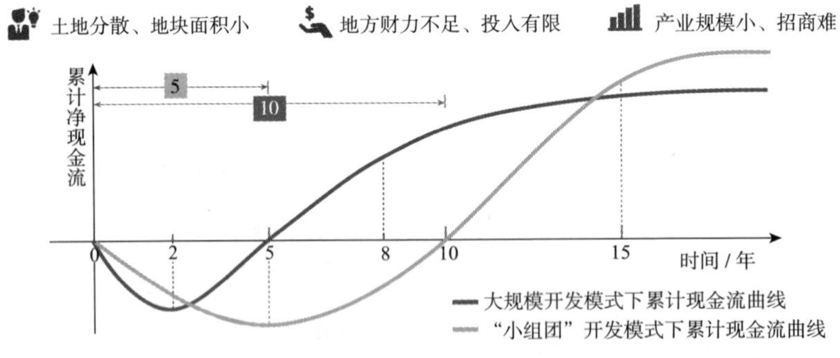

图 10-1　“小组团”和大规模开发模式下现金流模型

第十一章 飞地园区开发利益共享模式研究

飞地园区涉及的参与者有政府、企业及其他机构，对利益的诉求各不相同，政府更多重视园区开发建设带来的社会效益，促进就业和区域发展，并在后期获取财政收入，同时要确保开发成本可控。企业作为投资方需要考虑投资收益和未来风险的控制，对于不确定性较强的园区收益，导致园区项目总体无法平衡，则往往需要政府通过其他途径予以保障。

第一节 利益共享平衡

在片区开发无法实现平衡的情况下，需要通过利益共享机制解决；此外，通过深圳方导入的产业和企业资源，其创造的各项经济指标由两地共享。

1. 项目开发平衡

（1）园区开发初期盈利模式

在园区开发初期，投融资压力较大，资金回笼速度尤为关键。对此，一般着重园区基本功能及配套设施同步开发，尽力平衡资金流。同时，大力招商引资，培育产业氛围，夯实资金流集聚基础。本阶段主要盈利模式有三种：获取土地使用权出租或转让收入、配套商住设施租售收入、市政公用设施专营或专营权转让。

（2）园区开发成长期盈利模式

伴随产业氛围的逐步成熟，开发区将全面发展先进制造、物流、研发、商业服务、居住配套等功能，拓展多层次的配套服务产品，促进园区形成高速发展动力。本阶段主要盈利模式有三种：第一阶段的盈利模式、代理增值服务收入（包括信息咨询、物流代理、厂房代建、招商代理等）、商务增值服务收入（包括会展服务、会务服务、电子商务、酒店服务等）。

（3）园区发展成熟期盈利模式

园区进入成熟期后，伴随产业结构及消费结构的升级，一方面，积极挖掘各项延伸功能，着力打造园区服务的品牌效应；另一方面，积极探索多元化集约化的盈利模式。本阶段主要盈利模式有五种：初期和成长期两阶段的盈利模式、对外投资收入（包括产业投资、风险投资或金融投资等）、自主产业经营收入（如投资经营某一类实体制造业务）、公司上市及主业收入、园区品牌经营与输出收入。

在上述常规园区开发运营项目无法实现合作区开发建设平台公司项目财务平衡的情况下，按照“项目资金总体平衡、盈亏平衡、现金流平衡”的原则，合作区开发建设平台公司可开展多元化经营获得收益：一是基础设施投资建设经营收益，包括综合能源站、地铁、建筑光伏、燃气、污水处理、充电站、储能等基础设施的工程建设收益及特许运营收益；二是合作区运营服务收益，包括融资服务收入、运营管理服务、产业基金投资收益及其他增值服务收益等；三是其他收益，通过水电、燃气、矿产资源、数据特许经营权、导入优质资产项目、专项扶持资金、税收二次分配、政府采购等多种方式弥补前期投资及亏损，确保合作区开发建设平台公司现金流稳定和可持续发展；四是争取政府奖励及补贴，充分享受当地政府在园区开发、产业发展、创新研发等方面的政策，争取将省、市级税收留成部分留在合作区，以奖励的方式支持园区合作区开发建设平台公司；五是争取园区及周边地价增值奖励，支持合作区开发建设平台公司享受合作区开发的辐射带动效益，园区内及周边区域土地出让价格超过合作区开发之前市场价格的部分作为园区发展资金，奖励给合作区开发建设平台公司。

2. 经济指标共享

对于地区生产总值、工业总产值、进出口额等经济指标，两市综合考虑权责关系和出资比例进行协商划分，原则上五五分成。

（1）产值。原则上，深圳企业以分公司总部汇缴或委托加工形式实现产值回归，支持母公司在合作区设立原料仓库。综合考虑合作双方权责关系和出资比例，对合作区内纳统的全部企业产值等统计指标按五五分成。

（2）税收。委托加工企业按市场常规分别计入深圳、当地城市。合作区税收的市区留成部分全额留存支持合作区（前10年），争取地方政府省、市级留成部分也全额留存合作区发展。合资公司缴纳税收地方留存部分全部返还给合作区开发建设平台公司。

（3）投资和利用外资。固定资产投资、技术改造投资以及外资项目数、合同外资、实际吸收外资等统计数据，按属地入规入统。

（4）进出口。在飞地产业合作区设立分公司的企业，以深圳总公司作为进出口收发货人向海关申报进出口；引导在合作区设立独立法人公司的企业，通过委托代理报关的形式，以深圳母公司、深圳报关公司或者深圳供应链企业为进出口收发货人向海关申报进出口。

3. 鼓励社会资本合作

按照飞地园区多元化、市场化合作模式要求，对合作区内的部分项目或片区，由地方政府负责一级和二级开发，深圳国企或社会园区运营商提供轻资产运营服务，开展联合招商、园区运营、金融支持、数字化赋能等服务，共享深邕合作品牌，实现合作共赢。市场运作项目（片区）利益分成机制由深圳市和地方政府另行协商。

第二节　开展委外加工合作

1. 委托加工条件

“委托加工”是指由深圳市规模以上工业企业（委托方）提供主要原材料，委托其他工业企业（受托方）按照要求加工生产产品并收取加工费的经营活动。需同时满足以下条件：

委托方和受托方签订委托加工合同（非购销合同）。委托方购买主要原材料（价值占比50%及以上），但不与受托方结算；受托方只收取加工费，成品返还委托方销售。委托方和受托方按规定设置委托加工业务核算账簿，并建立进出仓制度。受托方开具加工费发票，委托方以加工费发票为原始凭证进行账务处理。

2. 委托加工的路径

有产能外溢需求，并已委托其他公司生产。①如受托方为委托方在深子公司，引导委托方、受托方各提供50%的原材料，实现委托方、受托方合计产值最大化。②如受托方为委托方在外地子公司，在与外地子公司进行结算时，引导企业尽可能将利润留在总部企业，提高在深总部的营业盈余，提高企业增加值率。③如受托方为其他公司，引导委托方与受托方签订委托加工协议，将产值纳入深圳（见图11-1）。

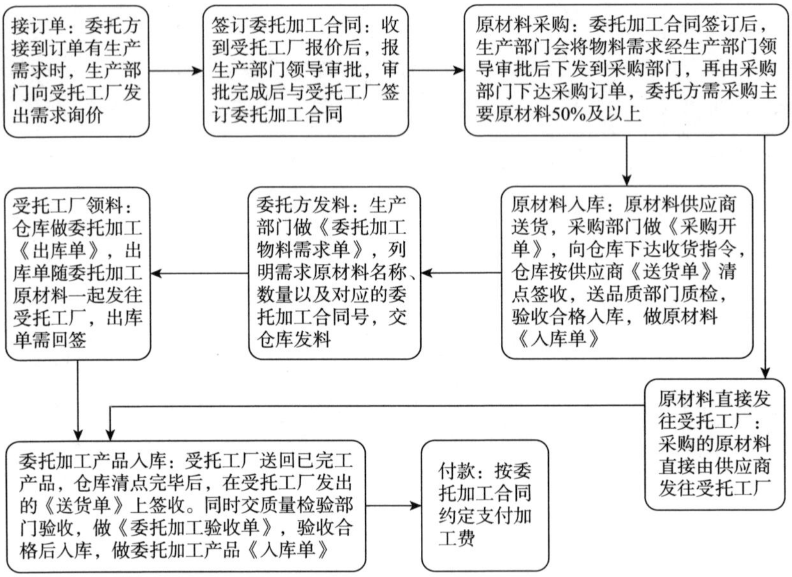

图11-1　委托加工流程

注：本流程图主要以OEM为例，EMS和ODM可在此基础上增加存货管理、货物运输、产品维修、研发设计委托等环节。

有产能外溢需求，但未委托其他公司生产。①企业要在外地新设子公司，引导企业在飞地合作区新设子公司，并签订委托加工协议，将产值纳入深圳。②企业不新设子公司，委托其他企业生产，引导企业签订委托加工协议，将产值纳入深圳。

专栏11-1　深圳市关于引导工业企业规范有序开展委托加工工作指引（试行）

为进一步引导我市规模以上工业企业规范有序开展委托加工，突破资源要素约束，制定本工作指引。

一、委托加工条件

本工作指引所指的“委托加工”是指由我市规模以上工业企业（即委托方）提供主要原材料，委托其他工业企业（即受托方）按照要求加工生产产品并收取加工费的经营活动。需同时满足以下条件：

（一）委托方和受托方签订委托加工合同（非购销合同）。

（二）委托方购买主要原材料（价值占比50%及以上），但不与受托方结算；受托方只收取加工费，成品返还委托方销售。

（三）委托方和受托方按规定设置委托加工业务核算账簿，并建立进出仓制度。

（四）受托方开具加工费发票，委托方以加工费发票作为原始凭证进行账务处理。

二、委托加工模式

按照生产方式不同，常见的委托加工模式主要有OEM、EMS和ODM三种。模式一：OEM（Original Entrusted Manufacture）即“代工生产”或“定牌生产”，委托方不直接进行生产，将全部或部分生产环节交由受托方完成的生产方式。比如荣耀委托比亚迪、深科技为其提供手机代工生产；比亚迪委托安泰科技、弗迪科技等为其提供共模组件、车身控制器等代工生产。

模式二：EMS（Electronic Manufacturing Service）即“专业制造服务生产”，受托方除提供传统的OEM代工生产外，还提供存货管理、货物运输、产品维修等服务。比如苹果委托富士康提供手机整机制造、物流、维修等一系列生产服务；联想、英特尔等委托环旭电子进行电子产品EMS生产服务。

模式三：ODM（Original Design Manufacturer）即“研发设计定制生产”，委托方不仅将全部或部分生产环节交由受托方，还将全部或部分研发、设计环节交由受托方完成的生产方式。比如丰田委托立讯精密进行汽车整车ODM业务；苹果委托闻泰科技进行摄像头模组ODM生产服务；INDIEV公司（美国加州电动车公司）委托富士康进行整车ODM生产。

三、工作路径

（一）有产能外溢需求，并已委托其他公司生产。

1. 如受托方为委托方在深子公司，引导委托方、受托方各提供50%原材料，实现委托方、受托方合计产值最大化。

2. 如受托方为委托方在外地子公司，在与外地子公司进行结算时，引导企业尽可能将利润留在总部企业，提高在深总部的营业盈余，提高企业增加值率。

3. 如受托方为其他公司，引导委托方与受托方签订委托加工协议，将产值纳入深圳。

（二）有产能外溢需求，但未委托其他公司生产。

1. 企业要在外地新设子公司，引导企业在飞地园区新设子公司，并签订委托加工协议，将产值纳入深圳。

2. 企业不新设子公司，委托其他企业生产，引导企业签订委托加工协议，将产值纳入深圳。

第三节 内外贸一体化合作

1. 推动内外贸规则制度衔接融合

促进深圳与内外贸检验认证衔接，延伸深圳市各类综合服务平台，建立检验检测、认证认可“一站式”服务平台。完善内外贸监管机制，推广企业集团加工贸易监管模式；推动深圳与飞入地城市监管制度有机衔接，建立合作园区内外贸统一监管体系。

2. 促进内外贸市场渠道对接

依托深圳内外贸渠道和制度优势，支持地方政府合作园区企业在深圳进出口报关、设立批发贸易中心、建立跨境电商平台，享受增值税免抵退政策，构建生产在园区、贸易在深圳的良性模式。围绕链主企业供应链物流需求，支持深圳物流资源导入合作园区，招引龙头物流企业，加强交通设施、物流园区等配套建设，实现当地物流体系降本增效。支持深圳市供应链企业在当地集货，建设产业链配套中心和集货前置仓。

3. 优化内外贸一体化发展环境

加大对外贸企业商标权、专利权的保护力度，针对重点领域开展打击侵权假冒专项行动。推动产业合作园区信用信息共享，营造良好信用环境。加强跨区域、跨国境运输合作，鼓励航运企业基于市场化原则拓展内外贸货物跨境运输业务范围，提升物流便利性。搭建合作园区内外贸融合发展平台、对外经贸合作平台等内外贸一体化平台，支撑两地城市共同开拓国内外市场。

4. 开展跨境电商招商合作

支持地方政府商务局组织企业参加由深圳市跨境电子商务协会主办的全球跨境电商节，推动传统优势产业通过跨境电商拓展海外市场。深圳市商务局组织参加在飞入地城市举办的地方政府招商系列活动，邀请相关专家和跨境电商龙头企业参会。

5. 开展会展领域合作

推动深圳市会议展览行业协会与地方政府会展行业协会战略合作。鼓励支持双方企业参展参会，鼓励支持深圳市高交会等有条件的会展活动延伸到飞入地城市设立分会；鼓励支持深圳会展企业到地方城市落户发展，支持深圳会展企业围绕地方政府主导产业举办相关活动，享受相关政策支持。

第四节　开展反向飞地合作

所谓“反向飞地”，与较为常见的“正向飞地”相对，是一种从欠发达地区进入发达地区发展飞地经济的模式。县城不再将产业发展的眼光局限于自身的一亩三分地，而是放眼区域乃至全国，开始“飞”到城里去。越来越多的县、市政府主动出击，以“反向飞地”的方式将触角伸向创新资源更加富集的大都市，在异地培养本地发展的新动能。

对于深圳而言，反向飞地对提升深圳科技创新实力，强化区域合作也有积极作用，需要客观掌握这一规律，并灵活运用。

一是需要政策创新，建立财税分成机制。无论是飞地经济还是反向飞地经济，政府间的财税分成和利益共享机制都是必要的。要让两地政府共享发展红利，这样才能调动双方的积极性，飞地经济才可持续。

二是深圳可以给予适当优惠条件。反向飞地鼓励内地政府在深圳设立研发机构和企业研发中心，是对深圳科技投入的有效补充。因此，深圳可以给予必要支持。例如，鼓励反向飞地所在地采取长期租赁、先租后让、弹性年期等方式供应产业用地，将减免优惠政策作为正向激励因素纳入相关考核评价。

三是建立飞地经济后的产业链分工体系。在深圳设立“反向飞地”后，可以结合企业的需要，在内地设立制造工厂和原材料供给基地、服务外包基地，形成“深圳研发+内地制造+深圳品牌营销”的合作模式。这样深圳既得到了研发红利，又拓展了制造业发展空间和腹地。

四是需要创新合作模式。可以探索异地委托加工的模式，支持在深圳反向飞地的企业，在内地设立委托加工企业，这样既保证了研发人员直接服务企业，也让企业的产值大部分纳统到深圳，壮大深圳的工业总产值和增加值。

五是反向飞地需要政府的同频共振。反向飞地需要两地政府统一谋划、强化顶层设计，而且是在产业合作的基础上开展。内地在谋划反向飞地时，首要的就是知己知彼，瞄准大城市的产业增量，做好产业规划，明晰产业目标和定位。要以战略的眼光重视飞地，以其为纽带，打通两地产业市场。深圳也需要了解内地的资源禀赋优势，了解与深圳“20+8”的产业结合点在哪里，这样知己知彼，才能更加有效，最终实现统一规划，统一政策，统一营商环境，统一合作平台。

目前，深圳拟将高新区集中物业作为全市飞地园区反向飞地办公室，也作为当地政府在深产业协作工作地点。一旦启动，飞入地城市相关人员马上到位，配合深圳开展相关工作。

出台优惠政策鼓励合作城市规模以上企业通过子公司、分公司、办事处等方式在深圳设立反向飞地中园区，利用深圳优质资源为合作城市企业赋能，对于合作园区所在城市投资深圳的企业所产生的新增投产产值、税收地方留成等，在一定年限内按照一定比例划拨至合作园区，反哺飞地园区。争取上市公司全部在深圳反向飞地园区设立研发中心或总部，5%规模以上工业企业在深圳设立研发中心或总部。

争取深圳加大地方政府反向飞地的宣传和支持力度。支持地方政府通过设立反向飞地，引导企业回合作园区投资。

第十二章　飞地园区开发投融资研究

综合考虑融资成本、融资期限、融资条件等因素，建议近期争取采用地方政府专项债券、政策性银行贷款融资，中远期探索采用公司债、REITs 等融资工具。

第一节　政府层面投入产出

政府层面实现利益平衡主要指深圳市政府、飞地产业园区管委会在财政投入和产出方面分别达到相对平衡。其中，飞地产业园区管委会在当地政府的支持下，基本实现财政投入和产出的平衡，而深圳市政府需要在飞地产业园区各相关参与单位、企业统筹实现总体平衡。由于部分收益和社会效益无法量化，政府层面平衡主要从园区管委会的角度进行评估，支出和收入要素如下：

1. *政府层面支出*

（1）园区一级开发投入：包括项目前期规划研究费用，土地征用费、耕地占用税、劳动力安置费及有关地上、地下附着物拆迁补偿的净支出、安置动迁用房支出等土地征地拆迁费用，建设用地报批费用，市政道路、雨水、污水、自来水、天然气、电力、电信、热力及有线电视管线等“九通一平”，以及公共服务、环保设施工程等投入，土地一级开发融资成本或 ABO 服务费等。

（2）园区公共和服务设施投入：园区义务教育学校、医院、社康、文体设施等；“一站式”政务服务站点、共享展厅、路演厅、高品质公共交流空间等公共服务空间设施，提供会议活动、展览展示、大赛路演、对接交流等开放空间建设。

（3）园区各类创新及产业平台、政府部分物业的建设运营成本和费用。

（4）运营费用：管理机构人员、其他政府购买服务费用。

（5）各类补贴和奖励：园区招商费用及奖励、开发建设补贴、园区产业和企业各类扶持资金等。

2. 政府层面收入

（1）土地收入：园区经营性土地出让收入。

（2）财政预算收入：两地政府拨付给管委会的园区开发、运营经费预算。

（3）税收收入：园区产生税收的省、市（县）地方留成部分的分成。

（4）帮扶资金：中央、省及其他城市投入的帮扶资金。

（5）其他相关财政转移支付资金。

3. 利益平衡路径

一是科学规划。保障合理的土地财政。按照产城融合理念，打造满足生产、生活、生态的多业态、功能复合的现代产业园区。保障合理的居住和商业用地比例和开发规模，原则上，居住用地不低于20%，商业用地比例不低于6%。土地出让收入省级留存部分、市级留存部分，余额返回飞地园区。

二是统筹财税。建立税收分成和财政资金统筹使用机制。省级税收分成部分争取留存在园区，用于园区建设发展。市、区（县）级税收原则上由深圳市和当地市按五五分成，所涉资金在项目建设期（前10年）全部留存园区。争取各级财政转移资金和对口帮扶资金，由园区管委会或开发运营公司统筹用于飞地园区建设发展。

三是引导企业异地拓展业务。通过特许经营、政府购买服务等方式，支持深圳国企在飞地园区所在城市拓展业务，从事规划设计、工程建设、智慧城市运维、海上风电开发、金融创新服务等经营活动，以税收反哺支持飞地园区建设发展。支持深圳规模以上工业企业在飞地园区开展委托加工业务，支持深圳知名品牌企业在飞地园区所在城市设立“深圳精品展销中心”，支持飞地园区所在城市龙头企业在深圳设立区域研发中心、营销中心及企业总部。

4. 利益平衡目标

政府充分考虑财政能力，以“短期可承担、长期可持续”为原则，推动园区的开发建设。飞地产业园区共建要从对深圳市经济效益和社会效益“大平衡”的角度衡量财政投入产出的平衡，不以绝对的投入产出平衡为目标，综合考虑城市合作、社会效益和帮扶责任，以及财政可承担等因素，确定飞地园区建设总体财政投入规模。

第二节　开发主体利益平衡

由市财政出资，鼓励各国企参股设立市级飞地园区开发建设平台公司（以下简称平台公司）统筹各飞地园区开发运营，由平台公司与当地政府合资设立开发运营公司，推动各飞地园区开发运营公司独立运作。开发运营公司由深圳方控股，为园区的开发、运营主体，并由当地政府以ABO模式授权进行片区综合开发。为实现飞地产业园区可持续健康发展，实现两地产业合作和有序转移，推动区域协作发展，开发运营公司需在合作建设园区的周期内，实现在投资建设和运营园区的投入和收益的总体平衡。

1. 投入及成本费用

（1）建设投资：主要片区综合开发投入，包括土地一级开发（以ABO模式获得园区管委会授权）、园区基础设施建设投入、园林绿化、物业（厂房、办公、商业、公寓、住宅等）、创新平台及产业基础设施等建设投资。

（2）财务成本：筹措建设运营所需各类资金的融资成本。

（3）管理费用：园区管理运营人员费用、园区基础设施、绿化建设养护费用、园区管理运营固定资产采购及物料消耗、园区招商费用、创新平台及产业基础设施运营费用、物业管理及保洁服务、其他服务设施建设运营费用（如园区交通、园区食堂等）。

2. 开发运营收益

开发运营收益主要包括园区专业服务收入，市政设施运营服务收入，能源设施运营服务收入，物业管理服务收入，数字城市、智慧城市设施运营、招商引资奖励等增值服务收入等。

（1）片区开发收入（土地经济）：由平台公司进行土地开发，并将熟地出让或出租给产业投资人，通过获取ABO模式服务费、管委会支付土地开发成本收回土地开发投资。

（2）土地二级开发（房产经济）：片区开发商进行房产投资，将工业厂房及仓库、集体宿舍、商品房、公寓、住宅等物业通过租售实现资金回笼和利润。对园区土地规划进行优化调整，保障商业和住宅出让用地规模，弥补部分土地一级开发成本。积极与当地政府协商，位于园区周边区域但不在片区规划控制线内的地块的增值收益，由双方协商按照一定比例分成。

（3）园区服务（服务经济）：片区开发商通过为园区企业提供有偿的基础服务来获取收益，包括物业服务、维修服务、办公采购服务、装修服务、停车服务等。片区开发商通过为片区企业和员工提供全方位的商业配套，建设生产生活配套服务设施，提供餐饮、购物、商务、娱乐、旅行等商业服务获取收益，开发商还能通过开展政策咨询、管理咨询、物流服务、人力资源和知识产权服务等生产性服务获取收益。

（4）金融创新及产业投资收益：企业可通过多种方式对园区企业进行股权投资，培育其上市，此外，园区开发运营公司也可以培育上市。同时支持园区发行绿色债券、ABS 和 REITs 提前回笼资金，通过参股或控股的方式获取企业投资收益。

（5）政府奖励及补贴：一是将园区税收留成部分以奖励的方式支持园区建设运营。二是除获得土地一级开发成本补偿部分外，还可以与政府商定按一定比例分享土地出让金增值收益。三是深圳市财政针对飞地产业园区的各类补贴，包括对口帮扶资金、企业及产业扶持资金。四是建立园区亏损补偿机制（VGA），对于通过各种方式都无法实现利益平衡的项目，由当地政府对开发运营公司给予一定程度的补贴，由深圳市政府对飞地园区平台公司进行增资，再由平台公司向园区开发运营公司增资，以支持园区开发运营公司可持续运营。

（6）其他补贴：由深圳市财政统筹合作园区内产生的税收分成、反向飞地企业税收、深圳市属国有企业参与当地政府业务利润上缴部分等各类收益，作为对园区开发运营公司的奖励和补贴。

3. 利益平衡方案

一是持续提升物业开发盈利能力。全面提升平台公司专业化运作和服务水平，提高物业出租和出售价格，提高物业去化水平，提高增值服务水平，实现园区物业开发和运营服务收入的双提升，综合盈利能力达到国内一流园区运营商水平。

二是争取园区设施运营权。积极参加政府投资项目、政府专项债项目。片区开发商可引入专业基础设施投资商，投资和运营园区内基础设施，通过各类基础设施的接入费和能源使用费来回收基础设施的投资。例如，可引入专业污水处理公司进行投资和运营，由园区企业付费，政府适当给予补贴；运营加油站、充电站等能源设施。

三是争取城市特许经营权。积极争取当地政府将园区乃至全市的特许经营权授予平台公司或深圳市相应的国企，平台公司可通过自营或合作的方式经营，从而获取相关收入。依托智慧城市建设运营国企，承接当地政府数字政府、数字园区、数字教育、数字医疗等数字城市建设项目，提供规划咨询、实施和设备供应等服务，并为后续运营维护提供服务。按照深圳企业对原材料、自然资源的需求及开发利用能力，针对性地获得当地的自然资源开发权，弥补园区开发运营资金的不足。

四是争取政府奖励及补贴。充分享受当地政府在园区开发、产业发展、创新研发等方面的政策，同时通过与当地政府的谈判协商，将税收留成部分以奖励的方式支持园区建设运营；深圳市财政针对飞地产业园区设有各类补贴，包括对口帮扶资金、企业及产业扶持资金。

五是争取园区及周边地价奖励。两地政府设立园区工业、商业和居住用地出让锚定价，土地出让价格超过锚定价部分作为园区发展资金奖励给平台公司。借鉴其他地区招商引资经验，充分考虑园区对周边地价的带动效应，对园区周边 3 千米区域，地价增值部分按照一定比例奖励给平台公司。

4. 利益平衡目标

按照深圳飞地园区建设指引，以园区开发运营公司为主体，对按照三类合作模式建设的飞地园区项目开展投入产出分析，各类园区项目盈亏平衡的年份和投资回收期参考如下：第Ⅰ类园区（省内重点园区）原则要求实现在项目建设期 20 年内实现盈亏平衡；第Ⅱ类园区（省外重点园区）原则要求在项目运营期 10 年内实现盈亏平衡，投资回收期为 15 年以内，内部收益率原则上不低于 6%；第Ⅲ类园区（轻资产运营园区）原则要求在项目运营期 5 年内实现盈亏平衡，投资回收期为 10 年以内，内部收益率原则上不低于 8%。

第三节 融资方案建议

除利用财政资金外，园区开发可采用的融资模式分为股权融资和债权融资两种，其中平台公司等企业可开展贷款、债券融资等债权融资以及基金等股权融资，地方政府仅可开展地方政府专项债券等债权融资。项目融资渠道如表 12-1 所示。

表 12-1 项目融资渠道

主体	财政资金	债权融资												股权融资			
		贷款			债券融资												
	本级及上级政府资金	政策性/开发性银行贷款	商业银行贷款	其他金融机构贷款	地方政府专项债券	地方政府一般债券	公司债	超短期融资券	定向工具	中期票据	海外债	REITs	可转债	专项基金等私募基金	IPO	增发	配股
地方政府	√				√	√											
一般企业	0	√	√	√			√	√	√	√	√	0	√	√	√	√	√
平台公司/城投公司	√	√	√	√			√	√	√	√	√	√	0	√	0	0	0

注："√"表示政府及企业常用的融资工具，"0"表示使用频率相对较低的融资工具；贷款包括政策性/开发性银行、商业银行等金融机构提供的抵押贷款、信用贷款等。

建议近期争取采用地方政府专项债券、政策性银行贷款融资，中远期探索采用公司债、企业债、REITs 等渠道融资（见表 12-2）。

表 12-2　近期采用融资工具及融资成本参考

序号	融资工具	融资成本	融资期限	说明
1	地方政府专项债券	2.96% （平均值）	15 年 （平均值）	参考财政部统计 2023 年 1—11 月全国地方政府专项债券发行数据
2	政策性银行贷款	4.20% （基准值）	20 年 （居住、商办等物业建设项目通常最大值）	参考贷款市场报价利率（LPR）并结合对农业发展银行等政策性银行调研数据

1. 政府融资渠道

地方政府专项债券：建议当地政府积极争取专项债券额度，利用专项债券融资利率低、融资期限长等优势，支持平台公司启动区开发建设。一是产业园区建设契合专项债券投资领域。2022 年，全国专项债券投向领域以市政及产业园区基础设施为主（33.98%，含厂房建设），与合作区当前主要专项债券投向契合（见图 12-1）。二是专项债券发行条件总体不断优化。专项债券发行平均利率总体呈下降趋势，由 2019 年的 3.43%下降到 2023 年 1—11 月的 2.96%（见图 12-2）。同时，专项债券发行平均期限呈上升趋势，由 2019 年的 9.02 年提高到 2023 年 1—11 月的 15.25 年（见图 12-2）。

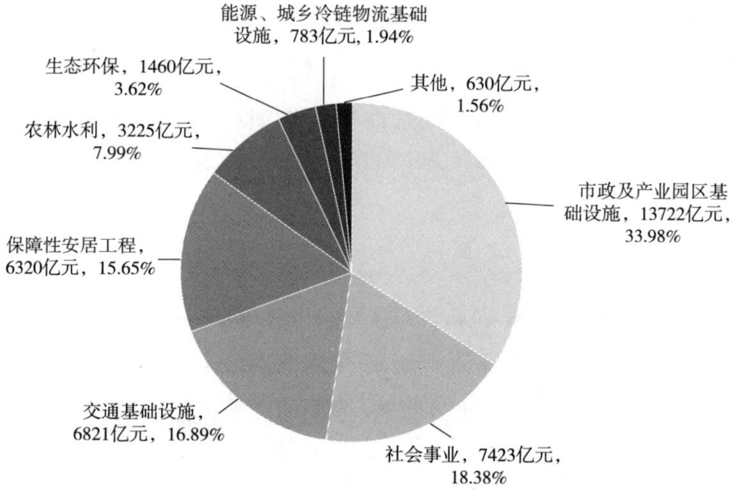

图 12-1　2022 年全国新增专项债券构成

资料来源：财政部官网、政府债务研究和评估中心。

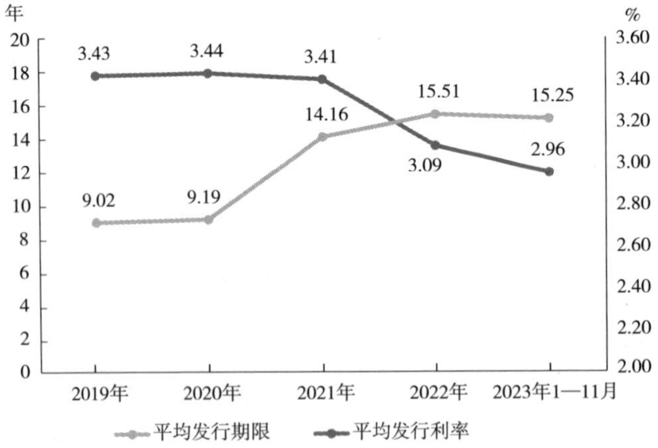

图 12-2　2019—2023 年 11 月专项债券利率与期限变化

资料来源：财政部官网、政府债务研究和评估中心。

2. 企业融资渠道

（1）政策性银行贷款

依托贷款利率下降趋势，建议平台公司积极使用政策性银行贷款等贷款融资渠道。LPR 是政策性银行、商业银行等金融机构贷款的主要参考利率，自 2019 年 8 月以来，LPR 整体呈下行趋势，5 年期以上 LPR 由 2019 年 8 月的 4.85%下降到 2024 年 1 月的 4.20%，贷款融资的资金成本逐步降低。结合对农发展银行、国家开发银行等政策性银行调研数据，相较于同期商业银行贷款，政策性银行贷款的利率水平更具优势，5 年期以上中长期贷款利率在 4.20%左右（见图 12-3）。

（2）债券融资

在满足公司信用评级要求后，建议平台公司采用公司债、短期融资券、中期票据、定向工具等丰富的债券融资方式获取项目建设资金，作为补充资金来源。同时，积极探索 REITs 等资产证券化融资（见表 12-3）。

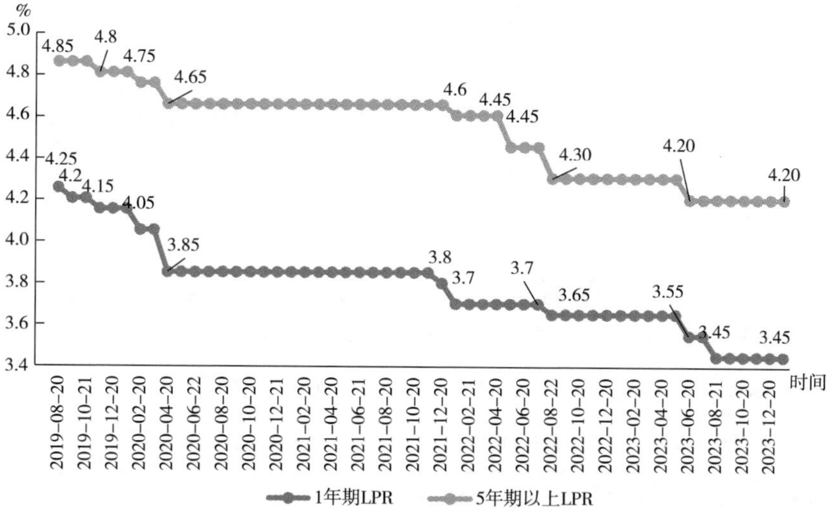

图 12-3　LPR 走势

资料来源：全国银行间同业拆借中心。

表 12-3　企业境内主要债券融资方式

	公司债	短期融资券	中期票据	定向工具
监管机构	证监会/沪深交易所/证券业协会等	人民银行/银行间市场交易商协会等	人民银行/银行间市场交易商协会等	人民银行/银行间市场交易商协会等
审核方式	注册制	注册制	注册制	注册制
交易场所	证券交易所、银行间债券市场等	银行间债券市场	银行间债券市场	银行间债券市场
发行人条件	境内注册的公司制法人	具有法人资格的非金融企业	具有法人资格的非金融企业	具有法人资格的非金融企业
发行期限	1 年以上，可发行长期产品	1 年以内	1 年以上，3 ~ 5 年为主	3~5 年
累计债务余额	公开发行无限制（2020 年 3 月 1 日废除）	不超过净资产的 40%	不超过净资产的 40%	无限制
发行时间	可采取一次核准，多次发行	注册有效期为 2 年，有效期内可分期发行，应在注册后 2 个月内完成首期发行	注册 2 个月内完成首期发行，可在 2 年内多次发行	注册后 6 个月内完成首期发行，可分期发行，注册有效期为 2 年

续表

	公司债	短期融资券	中期票据	定向工具
发行方式	公开或非公开发行	银行间公开发行	银行间公开发行	非公开发行
净资产要求	股份有限公司净资产不低于人民币 3000 万元，有限责任公司和其他类型不低于人民币 6000 万元			
盈利能力	最近 3 年平均可分配利润足以支付公司一年的利息			

注：考虑到 2023 年 10 月企业债审核职责已由国家发展改革委划归中国证监会且企业债、公司债的发行审核标准与流程等均将趋于一致，此处省略企业债相关介绍。

结合不同信用评级发行公司债的加权平均利率情况，建议开发建设平台公司积极争取 AA 级以上的主体信用评级，探索采用公司债等债券融资方式（见图 12-4）。

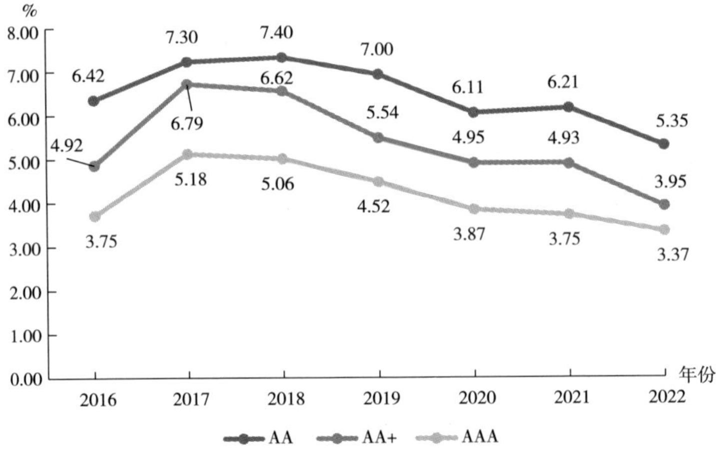

图 12-4　2016—2022 年公司债加权平均利率情况

注：假设主体评级与债项评级一致。

资料来源：WIND、CDI。

待满足项目运营年限及产生稳定现金流等融资条件后，建议平台公司探索采用基础设施领域 REITs 融资。REITs 支持合作区开发建设项目主要有三点优势：一是契合改造领域。REITs 试点政策重点支持园区基础设施、仓储物流基础设施等九大领域，可用于合作区内工业厂房等二级开发项目融资（见图 12-5）。二是盘活存量资产。REITs 可以将具有稳定现金流的重资产转化为小额的、流动性强的投资基金份额，使得平台公司在合作区内已有项目成熟后快速退出，形成新的资本金用于投资合作区内新增开发建设项目，极大提高持续投资能力。三是吸引社会资本。REITs 可在证券交易所上市交易，为投资者提供风险低、收益稳的投资产品及便捷的退出机制，可合理引导社会资本参与合作区开发建设（见图 12-6）。

交通基础设施	能源基础设施	市政基础设施	生态环保基础设施	仓储物流基础设施	园区基础设施	新型基础设施	保障性租赁住房	其他基础设施
包括收费公路、铁路、机场、港口项目	包括风电、光伏发电、水力发电、天然气发电等能源项目	包括城镇污水垃圾处理及资源化利用环境基础设施等	包括城镇供水、供电、供气、供热以及停车场项目	包括通用仓库以及冷库等专业仓库	位于自贸区、国家级新区、国家级与省级开发区、战新产业集群的研发平台、工业厂房、创业孵化器、等园区基础设施	包括数据中心类、人工智能项目，5G、智慧城市项目等	包括各直辖市及人口净流入大城市的保障性租赁住房项目	具有供水、发电等功能的水利设施；具有较好收益的旅游基础设施

图 12-5　国家基础设施公募 REITs 试点支持的九大领域

注：酒店、商场、写字楼等商业地产项目不属于基础设施公募 REITs 试点范围。

资料来源：《国家发展改革委关于进一步做好基础设施领域不动产投资信托基金（REITs）试点工作的通知》（发改投资〔2021〕958 号）。

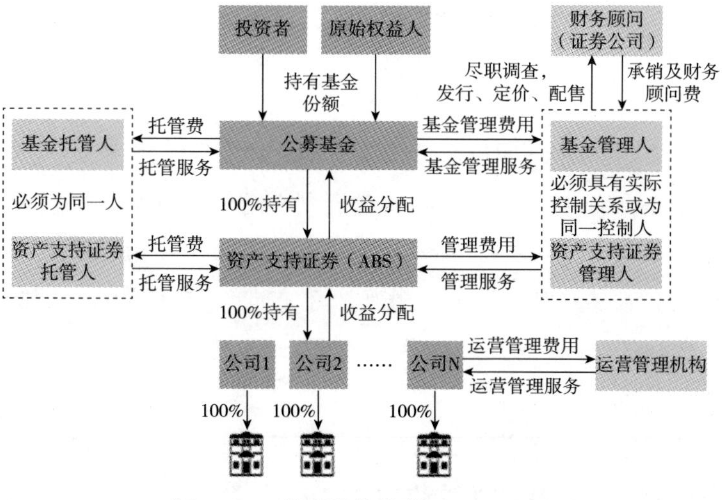

图 12-6　基础设施公募 REITs 示例

第十三章　飞地园区开发招商运营研究

招商引资是系统工程，也是飞地园区能否开发成功的关键。园区的招商运营必须有一套规范的流程，并基于此实施“六位一体”的招商运营体系。此外，建议飞地园区加快制定《合作区产业项目监管实施办法》，分行业类别制定产业准入门槛，同步实施惩罚和奖补措施。与入区产业企业签订产业监管协议，明确项目落地时效、投资强度、产出、社会效益等指标。按照协议要求，定期分阶段对产业发展监管协议的履约情况进行核查，并坚决实施惩罚措施，同时将履约情况作为奖补的依据，改变以往缺乏约束措施的粗放招商方式。

第一节　构建“六位一体”招商体系

1. 定规划

（1）“212 工程”

“212 工程”指在飞地园区总体规划方面，以“第四代产业园区”为发展理念，通过专业机构的“园区产业发展规划—空间布局规划—投资可行性报告—项目融资方案—园区运营方案”一站式咨询服务，指导产业园区新一轮转型升级实践。通过“212 工程”明确产业方向、空间落位、开发效益、融资方案和运营服务。

（2）编制招商“四张图”

招商“四张图”即投资考察线路图、平台载体导引图、产业用地供应图和产业链合作对接图，作为企业投资的“活地图”、政府招商的“通讯录”和空间落位的“指南针”（见图 13-1）。

01 投资考察线路图

八大类、106条投资考察线路，覆盖481个节点，投资者根据自身产业方向精准选择，线路可浏览的信息包括线路介绍、节点实景照片、行政地址、联系人、联系电话等，点击“地图”完成定位就可驱车前往。

02 平台载体导引图

23个类型、230个招商平台载体，总面积655万平方米，平台载体的名称、行政地址、总建筑面积、可招商面积、招商联系人、联系电话等一目了然。

03 产业用地供应图

31个类型、45个区域的产业用地，总面积68.8平方千米，可以看到，这些可供应地块上清晰标注重点招引产业类型，涉及智能制造、生物医药、人工智能、新一代信息技术等产业类型。

04 产业链合作对接图

175个项目、718项需求的投资合作机会信息，项目名称、简介、需求类别、需求内容、联系人、联系方式等一一公开促进产业链企业对接，助力建链、补链、强链和延链。

图 13-1　苏州招商“四张图”

2. 定方向

（1）抓住新一轮产业转移机遇

目前，全球主要经济体开始进入第四轮产业转移。通过分析前三轮产业转移可发现，产业主要通过外溢方式从经济发达地区向要素价格更低的地区转移。在本轮产业转移中，我国沿海地区的各类劳动密集型产业向东部欠发达地区、我国中西部地区、东南亚及非洲地区转移趋势明显（见图 13-2）。博乐边合区的招商工作应抓住新一轮产业转移的发展机遇，瞄准我国东部沿

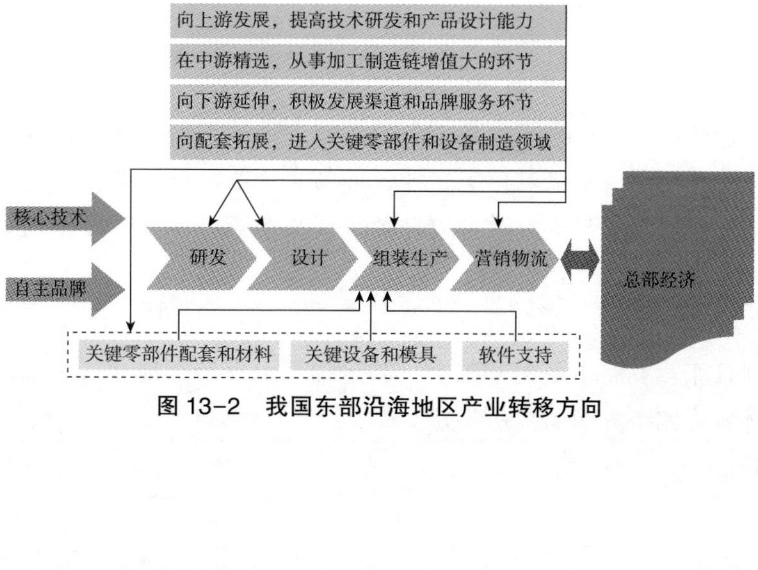

图 13-2　我国东部沿海地区产业转移方向

海地区产业外溢趋势，将招商重点地确定为东部沿海地区。

（2）兼顾产业链升级

在积极推进产业招商的同时，兼顾产业链升级，推动当地产业向价值链上游发展。区域产业升级围绕上游的研发设计、中游的加工组装、下游的营销物流以及产业周边配套进行资源匹配，通过工艺改造、产品换代实现产业链功能的转型和价值链的升级。

（3）创新大数据招商手段

在招商目标区域的选择上，采用产业转移大数据分析的手段，瞄准产业转移的主要溢出地开展精准招商。

3. 定主体

（1）实施"链长制"招商

明确项目招商负责人，实施由领导挂帅的"链长制"招商。结合"小组团"确定的新材料、装备制造、农副产品精深加工三大主导产业，每个产业由一位合作区管委会领导牵头负责招商，担任产业链链长，实施"一链一图、一链一制、一链一策"的"链式服务"。链长对产业链条的构建全面负责，对产业链链主企业和核心配套企业建立常态化服务机制。

例如，苏州在确定了生物药、医疗器械、光通信、软件、集成电路、智能网联汽车、机器人、高端纺织、钢铁新材料、智能设备制造 10 条产业链后，形成市领导挂帅产业链链长的工作机制，建立健全苏州市产业链"一个发展规划、一个支持政策、一个工作专班、一个研究院、一套运行机制、一群龙头企业、一个产业联盟、一批服务平台"的"八个一"工作模式，形成工作合力，招商效率大大提高。

（2）构建产业监管体系

在招商阶段，通过营收测算、尽职调研等方式，甄别企业优劣，拒绝招引劣质企业；有条件地奖励招引企业，如与企业签订产业监管协议或对赌协议，将企业年度营收与奖金及税收减免等优惠政策挂钩；对园区内企业实行年度测评考核，对僵尸企业予以清退。

4. 定激励

在保证企业发展水平的基础上，制定招商引资、土地高效利用、产业促进、人才发展四个方面的激励政策。

（1）招商奖励激励政策

①对新落户重大招商引资项目实行奖励：对重点行业设立不同的到位资金门槛，并对达标企业的业主给予到位资金一定比例的一次性奖励。对落户的工业制造类招商引资项目，企业从当地金融机构贷款用于生产设施建设及生产的，贷款超出基准利率部分，前 3 年由税收收益地财政给予贴息，贴息按贷款同期银行基准利率给予一定补贴。完善“一企一策”政策，对发展具有战略性、引领性作用以及发展潜力大、带动能力强、科技含量高的特别重大招商引资项目，在资金、配套服务等方面给予特殊政策支持。

②对招商引资中介机构和中介人实施激励：在引进合同签订之日起一年内实际到位资金达到一定数额以上的项目，按照经审核认定的招商引资到位资金的一定比例给予中介机构或中介人一次性奖励（可设置单次奖励上限）。若企业属于世界 500 强可获得额外奖励。

③对新增规上限上企业实施奖励：对被批准认定为新增规上限上企业的给予资金奖励等激励政策。

④对以商招商实施奖励：对于原落户的企业，引进主导产业企业（龙头企业）或上下游企业等，并完成固定资产投资额一定数额以上的，在竣工投产后，给予原落户企业一定金额的奖励。

（2）土地高效利用激励政策

①对具有龙头集聚效应的先进制造企业实施地价补贴：在地价方面给予入驻企业优惠，建立完善的项目评估机制，以政府投资基金的形式入股项目。

②对建设和租赁标准化厂房实施补助：建立补贴机制，鼓励企业自建及租赁标准化厂房。

③对仓储设施用地减征土地使用税：通过减征相关税费的方式，鼓励物流仓储企业在博乐发展。

④优化土地要素供给相关措施：与国土规划等部门密切沟通，为重大项目开设“绿色通道”。

（3）产业促进激励政策

①税费补助与减免：建立地方性的企业所得税、增值税、社保及其他费用的减征、免征制度，鼓励重点企业在博乐发展。

②物流补贴奖励：通过税费补贴和燃油费补贴的方式削减博乐企业以及

中哈跨境运输车辆的物流成本。

③产业专项资金：设立产业专项资金，补助重点行业相关企业。

④融资担保服务：借鉴广西经验，建立博乐小微企业融资担保有限公司，扩大博乐财信融资担保有限公司业务范围，为小微企业提供融资担保服务。

（4）人才发展激励政策

①企业用工扶持政策：进一步挖掘本地劳动力潜力，培育更多本地产业工人。与人力资源公司合作，积极从新疆其他地区以及邻近省区为企业引进工人。

②职业技能培训补贴：推进政企合作，鼓励本地农牧民在各类扶贫项目中就业并接受职业技能培训，并给予参与企业和员工现金补贴。

③高端人才补贴：设立合作区高端人才奖励专项基金，与对口帮扶城市合作，引进市场管理、招商推介、国际物流、国际贸易、工业技术等专业人才。

④境外人才引进机制：完善跨境务工管理制度，适度增加国际人才在合作区合法居留时长，设立国际人才服务中心。

5. 定方式

（1）传统+新型招商方式并举。创新运用中介招商、会展招商、驻地招商、以商招商等传统招商方式，以及载体招商、对口帮扶招商、资本招商、网络招商、飞地招商等新型招商模式，积极“走出去”开展招商活动。

（2）针对性地选择招商模式。基于项目条件和招商基础，针对性地选择招商模式，如表 13-1 所示。

表 13-1　园区招商模式分类

划分标准	招商模式	具体内容
招商主体	自主招商	品牌招商、资本招商、平台招商、展会招商等
	委托招商	以商招商、协会招商、专业机构招商等
	联合招商	政企联合招商、主力客户招商、园区 PPP 模式、众筹众包模式等
招商渠道	线下渠道	展会招商、拜访招商、驻点招商、小分队招商等
	线上渠道	互联网招商、新媒体招商等

续表

划分标准	招商模式	具体内容
招商方式	传统招商	土地招商、政策招商、以商招商、委托招商、考察招商、展会招商、资源招商等
	新型招商	资本招商、联合招商、飞地招商、双向对流、产业转移招商、对口帮扶招商、众创孵化模式、市场招商、服务招商等

（3）瞄准龙头企业和重大项目。以“招大引强”为着力点，瞄准行业龙头企业，实现“招引一个、引来一串”的集聚效应。优先从本地区的龙头企业入手，以龙头企业为节点，向其两端的供应链及服务链延伸。深入挖掘龙头企业的一级、二级、三级配套商，通过产业链的延伸形成产业配套集群。

采取企业拜访，通过走访龙头企业的生产和采购部门，掌握其一级配套商主要信息情况及采购的主要产品的种类及数量，并根据所掌握的资料进一步收集、整理、分析供应商当前的投资分布及产能等情况，制定下一步招商行动方案。

（4）创新互联网招商方式。构建投资促进信息化系统，利用“互联网+招商工作”，开展云招商、不见面招商，并通过对招商大数据的收集和分析，开展精准招商，提高招商引资的成功率及效率。

（5）鼓励第三方招商。第三方平台招商引资模式即利用第三方平台机构完成招商引资这一经济行为。根据其行为可以对第三方平台招商引资做以下定义：委托方通过专业投资第三方平台机构，将招商项目推向国内外相关投资市场，受托方对项目进行包装，按照公开、公平、公正的严格程序，开展一系列招商引资活动，为委托方选择最理想的合作伙伴，完善招商引资过程。

第三方平台招商引资模式实际上是地方政府与第三方平台机构的委托合作，作为委托方的地方政府将招商项目委托给作为受托方的第三方平台机构，通过独立的营销，在得到投资人的认可后，再将项目“转让”给委托人。与传统的政府主导型招商引资模式不同，这种新型的招商引资模式减少了政府的直接干预，而以第三方平台机构为主导，该模式可以归纳为以下几个特点：

①委托性。第三方平台机构首先要了解政府部门的委托权限，方能进行项目营销工作。在招商引资过程中，第三方平台机构作为项目推介和谈判的主角，代表政府与投资方进行洽谈，为委托方寻找最为理想的合作伙伴。避

免政府直接介入招商引资，使政府能够真正地由“前台”走向“后台”，将更多的精力投入公共服务中，更符合服务型政府的自身定位。

②专业性。处于招商引资中主导地位的第三方平台机构，不仅需要具备良好的信誉，更需要与包括投资咨询公司、社会团体、工商企业、金融机构在内的各种相关机构保持紧密联系。第三方平台机构依靠密集的信息以及扎实的专业知识背景，以及对投资领域和国际惯例的深入了解，有机地结合多种专业知识，对政府所委托的项目具有非常强的专业性和针对性。

③互利性。作为市场经济体制发展而来的产物，以第三方平台机构为主导的政府引导型招商引资模式，无论是政府与第三方平台机构、第三方平台机构与投资方还是政府与投资方之间，都是以双赢为目的。第三方平台机构通过对项目投资回报率的准确判断，提高业务水平，积累业界信誉，以期得到更多的委托申请。在这一点上，投资方的利益和第三方平台机构的利益应当是一致的，同时，委托方和第三方平台机构的长远利益也应该是一致的。只有保证三方利益的出发点相同，才能确保整个委托过程的顺利进行，充分发挥这种招商引资模式的优势。

④低成本。政府直接参与招商引资过程，无论是行政资源还是物质资源的消耗都是极大的，这也是引发当前招商引资模式弊端的原因之一。而第三方平台机构作为专业的受托方，利用其自身的专业性以及密集的知识储备，能够将政府从直接参与引资项目的烦琐工作中解脱出来，高效地找到政府所需的理想投资商。

6. 优环境

（1）升级园区硬件代际。通过对园区硬件设施的更新，推动园区由低代际向高代际升级，优化硬环境，达到“筑巢引凤”的效果（见图 13-3）。

（2）优化园区营商环境。对照世界银行标准不断优化区域营商环境，实行以企业为“主考官”的营商环境评价机制，全面改善区域营商环境，帮助企业“引得进、落得下、发展好”（见表 13-2）。制定博乐“小组团”营商环境第三方评价“红黑榜”，实行每两月一评，连续 3 期上黑榜的园区将移交处理。

图 13-3　产业园代际升级方向

表 13-2　世界银行营商环境指标体系及参考值

序号	一级指标	二级指标	前沿水平	中国水平
1	开办企业	开办企业程序（个）	1	4
		开办企业时间（天）	0.5	8.6
		开办企业成本（占人均收入比,%）	0	1.1
		最低法定资本金（占人均收入比,%）	0	0
2	办理施工许可证	手续（个）	5	18
		时间（天）	26	110.9
		成本（占人均收入比,%）	0	2.8
		建筑质量控制指数（0~15）	15	15
3	获得电力供应	手续（个）	3	22
		时间（天）	18	32
		成本（占人均收入比,%）	0	0
		供电可责性和电费活明度指效（0~8）	8	7
4	登记财产	产权转移登记手续（个）	1	4
		产权转移登记时间（天）	1	9
		产权转移登记成本（占人均收入比,%）	0	4.6
		用地管控系统质量指数（0~30）	30	24
5	获得信贷	动产抵押法律指数（0~12）	12	4
		信用信息深度指数（0~12）	12	12

续表

序号	一级指标	二级指标	前沿水平	中国水平
6	保护少数投资者	信息披露指数（0~10）	10	10
		董事责任范围指数（0~10）	10	4
		股东诉讼便利指数（0~10）	10	5
		股东权利保护指数（0~6）	6	5
		所有权和控制权保护指数（0~7）	7	6
		公司透明度指数（0~7）	7	6
7	纳税	费用（每年）	3	7
		时间（小时）	49	138
		总税率和贡献率（%）	26.1	59
		提交指数（0~100）	100	50
		增值税派税合规时间（小时）	0	无
		获得增值税退税时间（周）	3.2	无
		企业所得税审计合规时间（小时）	1.5	1
		完成企业所得税审计时间（周）	0	0
8	进行跨国贸易	出口时间：边界合规（小时）	1	20.7
		出口时间：单证合规（小时）		8.6
		出口成本：边界合规（美元）	0	256.2
		出口成本：单证合规（美元）		73.6
		进口时间：边界合规（小时）	1	35.7
		进口时间：单证合规（小时）		12.8
		进口成本：边界合规（美元）	0	241
		进口成本：单证合规（美元）		77.3
9	执行合同	解决商业纠纷的时间（天）	120	496.3
		解决商业纠纷的成本（债务的百分比）	0.1	16.25
		司法程序质量指数（0~18）	18	16.5
10	办理破产	回收率（%）	92.9	36.9
		破产法律框架保护指数（0~16）	16	13.5

（3）提供招商信息服务。在招商阶段，以招商专员为服务主体，为意向投资企业提供招商信息服务、项目跟踪服务、用地选址服务、优惠政策服务和项目签约服务，实现多渠道对接、动态化跟踪和精准化服务（见图 13-4）。

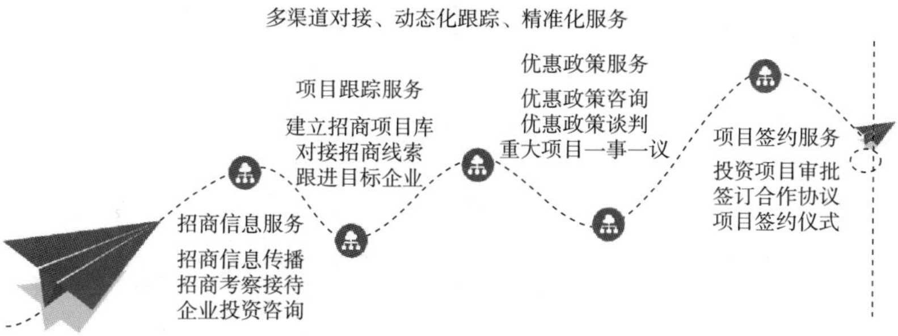

图 13-4 招商信息服务内容

（4）提供落地过程服务。在项目落地阶段，提供包括项目评估服务和规划选址、投资可研、政策设计等必要的项目落地服务（见图 13-5）。

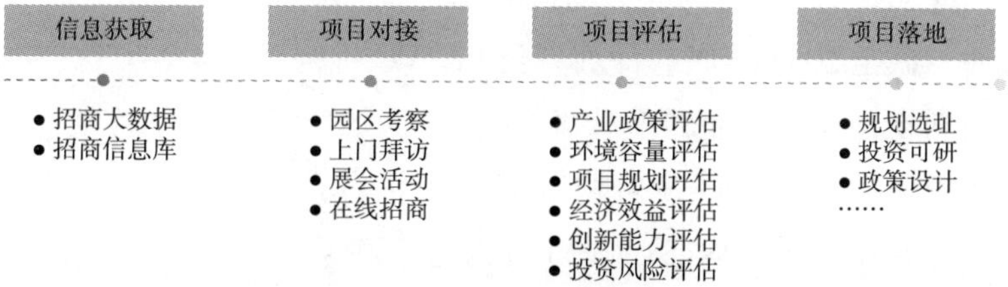

图 13-5 产业落地过程服务内容

（5）提供配套运营服务。在项目经营阶段，重点建设基础物业、园区政务、产业增值、共享服务、创新孵化和生活服务六大园区服务平台（见图 13-6）。

图 13-6 配套运营服务内容

（6）开展线上招商运营。充分利用微信等网络新媒体平台进行推广招商，主动吸引和对接外部资源。建立合作区产业招商微信公众号，内容包括园区介绍、投资环境、园区服务、招商动态、投资政策、招商申请等。推进智能化、数字化招商运营，创新举办“云招商”活动，以5G、VR/AR、大数据等前沿技术向潜在投资者介绍合作区投资环境。

第二节　推广第三方招商引资经验

1. 投资服务第三方

随着互联网与各行业的加速融合，新兴产业快速发展，大众创业、万众创新蓬勃兴起，作为资本市场的一种新型业态，风险投资及私募基金迎来重大发展机遇。截至2016年底，深圳各类PE/VC机构已达4.6万家，在推动深圳乃至全国创新创业和产业转型升级方面，发挥了极为重要的作用。

深圳市投资推广署广聚投资服务第三方平台，与IDG资本、红杉资本、达晨创投、弘毅投资等国内顶尖投资机构建立联系，将政府背书作为资源交换投资信息；与清科、中投等投资服务平台机构建立密切联系，通过联合举办宣讲、冠名年度排名、深度参与专家评测等活动深挖投资机构资源，积极探索“以资带投”“以投聚资”的招商引资新路径。2013年，深圳市投资推广署联合弘毅投资在深圳召开“弘毅投资2013全球年会”，借助弘毅投资向全球的投资人汇报即期投资情况的内部会议，与来自淡马锡、新加坡政府投资公司（GIC）、加拿大养老基金（CPPIB）、高盛、斯坦福大学捐赠基金全国社保基金理事会、中国人寿等弘毅投资的出资人建立联系平台，签订战略合作协议，提高投资及回报信息的知情优先级，把握最新产业导向，真正做到资源互换，共利多赢。随后，成功引进联想控股金融平台企业总部项目，在前海募集完成第一只10亿元人民币规模的夹层基金，正式向深圳市提出申请并获批准成为外资股权投资基金及其管理机构的试点企业，已申请10亿美元的外汇额度，用于投资包括深圳在内的国内实体企业。

另外，2014年12月9日，《国务院关于清理规范税收等优惠政策的通知》（国发〔2014〕62号）公布，不允许地方政府通过补贴、税收优惠等方式直接扶持，但可以通过引导基金等间接投资方式来促进产业发展。随后，深圳市政府的招商引资率先转向以资本助力企业的模式。深圳目前已设立1000亿元的政府投资引导基金，为产业发展营造最优的环境，吸引风投从业者配合深圳市政府成立各类分项基金完成创新创业。引导基金通过参股设立子基金，以股权投资、企业债券等市场化方式对企业进行支持，吸引社会资本投向创新创业、新兴产业、城市基础设施、民生事业发展等领域。

2. 金融服务第三方

深圳市借助国内外银行、券商以及权威行业组织、知名律师事务所和会计师事务所、高端管理咨询机构等资源，通过联合开展企业投资服务、投资政策宣传、营商环境推广等方式，实现互助合作、共赢发展，不断拓展项目来源渠道，延伸投资推广网络，力求“服务促进集聚”“集聚拉动服务”。深圳市充分利用普华永道（PwC）、德勤（DTT）、毕马威（KPMG）、安永（EY）四大会计师事务所，中信证券、国信证券、招商证券等国内优秀券商以及信托、保险等金融服务公司的专业能力和优质企业资源，深耕招商引资新途径。

2014 年，深圳市投资推广署与毕马威会计师事务所、德勤华永会计师事务所以及平安银行等金融服务机构签订战略合作协议，就资源共享、项目引进、信息咨询、投资评估等事项进行深入合作。一方面，深圳市投资推广署为金融服务机构提供深圳经济环境、投资形势、产业发展政策、资金扶持等信息，为金融机构搭建与深圳企业沟通交流的平台，并为金融机构客户来深投资提供优质政府服务：一是根据深圳市城市功能定位及产业发展导向，提供各类投资政策、产业规划、营商成本等信息；二是助力金融机构及其客户企业及时充分了解深圳市最新发展动态及远景规划，如金融机构客户企业在深圳投资过程中遇到相关问题，投资推广署将提供相应的政府部门协调和政策咨询指导等帮助，并视情况协助其在深客户企业的后续服务工作；三是积极协调有关政府部门和机构参与金融机构组织的对深考察、行业研讨等活动，并提供相应协助。另一方面，金融机构通过对全球市场行业研究及广泛的客户资源信息，从投资环境、市场潜力、客户需求、竞争优势和技术趋势出发，为投资推广署引进符合国家产业政策及深圳产业发展导向的海内外优质投资项目和人才团队提供协助。

通过第三方金融平台，成功引进毕马威创新创业中心项目（投资额 500 万美元）、香港凯达集团深圳公司项目（投资额 500 万美元）、美国麻省理工学院所罗英辰太阳能光热空调中国研究院项目（投资额1500万美元）。

3. 科技机构第三方

科研机构第三方，包括国内外大学、研究所、技术转移中心等，努力挖掘产业化前潜在优质项目。深圳市主动加强与国内外高等院校、科研院所、技术转移中心的紧密联系与合作交流，建立科学高效的技术转移、技术成果转化平台，配备相应的金融资源，深度挖掘待产业化、待融资的优秀前期项目。

2016年，深圳市与中科院深圳先进院、中国工程物理研究院、北京航空航天大学等院校建立了战略合作关系，成功引进了光启理工研究院、太空科技南方研究院、国家航天员训练中心、微软IT学院等一批重点实验室和研究中心项目。此外，港中大（深圳）与华为、达实智能等企业合作，初步形成了“港中大（深圳）+”模式。在开通“硅谷—深圳（龙岗）创新创业直通车”成功经验的基础上，推动筹建“筑波—深圳（龙岗）创新创业直通车”和海外（筑波）人才联络处，争取与日本筑波市32个国立研究所、300多个民间研究所互联互通。

同时，深圳创新“以技引技”方式。积极推动“风投+科技”发展模式，搭建国内外各种风投、私募机构与高科技企业的投资与科研嫁接桥梁，积极引进重大科研项目。加大对跨国公司研发中心类项目的引进，有计划地开展核心基础技术项目及相关科研机构和团队的引进，夯实科技创新基础，巩固相关产业发展地位。邀请国内外知名科学研究机构的专家、教授作为深圳市投资推广顾问，加强科技创新城市形象全球推广，提高深圳的世界知名度。

4. 专业组织第三方

通过包括各产业协会、展会机构、市场营销、品牌推广机构等专业组织第三方，摸清产业动向，深入产业前沿，精准招商是深圳市打造投资推广工作新途径的重要举措。

深圳市委书记许勤曾在深圳的招商引资工作会议批示：“借助大型展会等重要的招商引资平台，是我市招商的优势资源，如利用好，可事半功倍。”以高交会、文博会、IT领袖峰会、投洽会、深洽会、跨国公司峰会、生物技术展览会、太阳能展览会等高端展会为平台，开展拜访当地龙头企业、举办推介会等多种形式的投资推广工作，形成覆盖全国重点地区、重点产业的展会招商体系。

一是借助第三方专业平台，努力落实主动招商。针对重点产业高端环节，采取召开企业对接会、设置宣传展台、发放宣传资料、举办主题活动、走访特色展位、发表推介演讲等方式，全面展示产业优势和投资前景。二是全面推介，多角度宣传推广城市品牌。全面出击，动静结合，开展全方位的投资推广工作。将设置特色展位与媒体深度报道相结合，走访第三方会员单位与借力主题活动相结合，立体式全面推介城市营商环境。三是深度挖掘，积累优质项目投资信息。广泛接触、结识参会的政界和工商界等各界与会人士，发掘项目信息。四是广泛联系，拓展招商网络合作资源。与各地经济服务机构、各地驻深办等一批政府部门建立紧密的投资推广合作关系，拓展招商网络。

5. 行业协会第三方

近年来，深圳市贯彻落实中央、省相关文件精神，赋予社会组织更平等的社会主体地位，提升了深圳市社会组织的发展质量。行业协会作为一地工商界精英荟萃的社会组织团体，对资本、商品、市场、人才、技术、产业转移等信息极度敏感、需求旺盛，完全可以在招商引资工作中发挥直接投资合作和牵线搭桥的重要作用。在充分利用本地资源的基础上，如何借助和发挥外力的作用，加强合作，充分利用各类商会、行业协会的资源，创造一种由政府指导管理、行业协会积极参与的投资促进新体系，是提升招商引资水平的必由之路。

以深圳市新材料行业协会为例，2013 年 11 月，该协会在龙华新区成立办事中心，此后与龙华新区的合作开始驶入快车道，协会先后为新区成功引入了工信部国家级重点实验室和厦门大学龙华产学研研究中心。

2014 年至今，通过与深圳市产业技术创新联盟、深圳市 3D 打印产业创新和标准联盟、深圳市石墨烯协会、深圳市新材料协会等在内的一批产业组织的合作，成功引进沈兴集团石墨烯钛合金研发中心项目（投资额 2 亿元人民币）、深圳市石墨烯应用技术研究院项目（投资额 500 万元人民币）、瑞典查尔姆斯理工大学石墨烯技术应用项目（投资额 300 万美元）、光韵达 3D 打印创新应用中心项目（投资额 3000 万元人民币）等一批重大项目。如今，依托产业协会（联盟），实施专业招商，已成为深圳招商引资的常态，同时深圳市政府正在考虑与国内外更多产业联盟组织充分对接，借助协会的专业资源与行业号召力，直接面向“专业客户”招商，推动深圳产业加快形成集聚态势。

第三节 建立良好的投资服务软环境

良好的投资环境不仅包括税费的减免以及廉价的土地和劳动力，还包括一个地区可以提供给企业其需要的社会文化、法治建设和市场秩序等方面的条件和相应保证。

这些环境不仅能提高当地对外来资金的吸引力，也对当地的经济发展具有重大的意义。为了建设良好的投资环境，地方政府需要在政策优势的基础上在以下几方面努力：

1. 营造公平、合理的市场环境

完善的市场监管体制和规范化的市场秩序不仅可以有效防止恶性竞争，更是促进经济发展的基本保证。通过打击制假造假、拖欠贷款、不按时履行合同等商业问题，加大对地方保护主义和行业垄断的打击力度，可以切实有效地保护投资方合法利益不受侵犯，增强外来投资者的决心和信心，使市场中信息、技术等要素发挥更大的作用。

2. 维护高效、廉洁的政务环境

按照相应法律法规对行政许可行为的规范，政府应当从投资者的特点出发，依法改革投资审批体制，简化操作流程，增加政府行政工作透明度，完善可见度机制，提高政府职能部门的办事效率和服务质量，为企业和投资方提供一个公平公正的政务环境。以法律法规的形式明确政府的职能权限，严格规范政府行政行为以及介入经济生活的程序和方式。遇到投资者举报和投诉时，更要本着实事求是的原则，及时受理、公开解决。严格按照法定职责行使政府职能，通过司法权力对行政权力的有效制约和监督，确保政府部门行政行为的合法性。

3. 强化公正、高效的司法环境

司法保障和法律监督一直是保证经济市场秩序的有效工具，强有力的经济执法力度在保障公正的司法环境的同时，也为地方经济发展提供了空间。对企业和投资人的投诉需要做到及时处理，严厉打击敲诈勒索、偷盗哄抢和威胁恐吓投资者的违法犯罪活动，坚决遏制侵犯企业和投资人合法权益、蓄意破坏经济发展环境的违法行为。让司法保障为地方经济的健康发展保驾护航，使投资者对在当地经商、投资的安全性充满信心。

4. 创造和谐、稳定的人文环境

和谐、稳定的人文环境是地方对投资者吸引力的一部分，这不仅依靠地方的硬件基础设施建设，还需要结合公民的道德建设，采取有力措施对地方居民的整体素质进行提高。通过教育和引导，营造知法懂法、诚信守时、友善团结人民群众基础。在建设一个居住适宜、投资宽松的环境的基础上，吸引客商投资。

5. 提升人力素质水平和科技创新能力

除政策和上述环境的优势外，人力资源优势也是可以左右投资者意向的。不可避免地，自然资源和区位优势是一个地区的先天优势，但是通过培养和创造，一个地区的人才和科技实力可以通过后天营造出来。当前经济发展中，高新技术产业链是我国招商引资的主体产业之一，这些高新技术企业对高素质劳动力和高水平研发能力的渴求是不言而喻的，这是高新技术企业生产力的根本。通过建立相当数量的高校和科研机构，以及培养大量具有熟练技术的劳动者，使地区能够吸引更加优质的投资。

第四节　出台飞地园区支持政策

飞地园区以工业园区开发为主，由于投资大、周期长，经营风险较高，各飞地园区也针对性地出台了一些支持政策，保障项目的可持续发展。

1. 深圳市—汕尾市产业转移合作园（深汕合作拓展区）招商引资若干措施

（1）加快园区固定资产投资力度，对新设立或新迁入的制造业企业，新增实际固定资产投资（不含土地），且落户当年或第一个会计年度实际固定资产投资2000万元以上的，按实际固定资产投资额不超过2%的比例，给予最高 500 万元的一次性资助。

（2）对新能源汽车配套零部件、新材料、新一代信息技术、高端装备制造、现代农业产业等总投资 5 亿元以上的制造业项目，按其规定时限内新增实际固定资产投资额 1%的比例核算奖励资金额度，一次性给予最高 5000 万元奖励。符合本条款的不再享受前款，奖励就高不就低，不重复奖励。

（3）对新引进从汕尾以外整体搬迁落户的，且在 12 个月内搬迁价值 1 亿元（原值）以上设备的，按设备评估值或固定投资折旧后的 5%给予搬迁叠加补助，最高补助 500 万元。搬迁支持政策在设备安装完成后兑现 50%，按合同约定投产后兑现 50%。

（4）企业入园投产起 2 年内（含投产当年度），企业入园投产年产值达到 3 亿元（含）以上，5 亿元（不含，下同）以下的，达产年度给予 100 万元奖励；企业年产值达到 5 亿元以上，10 亿元以下的，达产年度给予 200 万元奖励；企业年产值达到 10 亿元以上的，达产年度给予 500 万元奖励。企业投产 2 年内只能申报一次产值奖励，以企业首次申报为准。

（5）企业在园区租赁厂房，租金均价约 20 元/（平方米・月）；半年装修期免租金；达产奖励：入驻企业年产值达到 1 亿元以上，每年按年标准租金总额的 30%给予奖励；入驻企业年产值达到 2000 万元以上，并已纳入规模以上企业统计的，每年按年标准租金总额的 20%给予奖励；每年申报一次，累计申报年限不超过 3 年。对新迁入的国家专精特新“小巨人”企业、省市“专精特新”企业、落户当年或第一个会计年度产值 2 亿元以上的企业，租赁本园区物业 2000 平方米以上作为自用产业用房（不含附属和配套用房）的，按实际租金且不超过 30 元/（平方米・月）的标准，给予 1 年租金资助，单个企业最高资助 300 万元。

（6）企业购地新建生产厂房两层及以上［含建设一层厂房层高（屋檐滴水高度）达到 8 米及以上，可享受扶持措施，按一层计算面积］，符合规划建设要求，且在签订《国有建设用地使用权出让合同》后 18 个月内建成并投产的项目，按照厂房建筑面积给予厂房建设补助，奖励标准为根据企业固定资产投资额分档次给予 60～150 元/平方米补助。以上工业厂房补助资金分期拨付，在项目厂房封顶后奖励 60%，在招商引资合同约定时间投产并达到固投数后奖补剩余 40%。

（7）企业在园区摘地自建厂房、固定资产投资达到5亿元（含）以上的，在项目摘地后，可由管委会平台公司代建厂房。企业支付70%的建设资金，剩余的30%资金在企业投产后5年内付清；也可由管委会平台公司全额代建厂房，建成后按一定租金租赁给企业使用，10年后再由企业回购，或10年经济贡献量达到一定数额的，该厂房产权划归企业所有，本款具体事项按“一事一议”的方式提出优惠申请。对固定资产投资20亿元（含）以上，或世界500强、中国500强、行业龙头、央企总部直投、国家专精特新“小巨人”企业、省市“专精特新”企业的工业项目等，可以采取“一事一议”的方式提出优惠申请（含政府补贴地价50%以上；由政府全额代建厂房，若干年后再回购等）。

（8）对产品进入广东省重大技术装备首台（套）、重点新材料首批次推广应用指导目录的企业，按省级资助金额的50%给予配套资助，单个企业年度最高资助300万元。

（9）对首次迁入园区且已实际投产运营的“专精特新”中小企业，给予20万元的一次性落户奖励；对首次迁入本园区且已实际投产运营的国家级专精特新“小巨人”企业，给予50万元的一次性落户奖励。

（10）对在园区注册的企、事业单位在园区新设立并经认定的市级、省级、国家级重点实验室（或技术创新中心、工程研究中心、工程技术研究中心、企业技术中心、新型研发机构）分别一次性给予50万元、100万元、200万元奖励。

（11）对首次迁入园区且已实际投产运营的中小板、创业板、科创板、北交所和境外主要证券交易所直接上市的上市企业，给予300万元的一次性落户奖励；对首次迁入本园区且已实际投产运营的境内主板直接上市的企业，给予500万元的一次性奖励。

（12）对符合产业引进的项目提供贴息支持。对新建项目固定资产投资（包括购买设备，不包括用地出让费用）达到5000万元、2亿元、5亿元（以发票为准）的企业，根据企业投资建设需求，分别给予每年最高80万元、100万元、120万元的银行贷款贴息补助。贷款资金以实际发生为准，仅用于本园区项目使用，按最新的贷款市场报价利率给予补贴，一年一兑现，贴息时间不超过3年。单个项目贴息金额就高不就低，不重复补贴。

（13）落户本园区的企业引进的高层次人才，国家级领军人才最高给予500万元专项工作研发经费、每年24万元生活补贴；省级领军人才最高给予250万元专项工作研发经费、每年18万元生活补贴。

（14）企业投产后年产值达到2000万元以上，达产年度给予该企业用电总费用30%的补贴。年产值按照会计年度计算，单家企业每次最高奖励不超过200万元。（责任单位：市发展改革局、市供电局）

（15）正式落户园区的企业，由园区管委会战略合作银行给予每家企业授信固投30%贷款额度。（责任单位：合作园区管委会）

（16）园区设立企业服务中心，建立一支企业服务员队伍，为正式落户的每家企业配备一名企业服务员开展“一对一”服务，企业从落户开始，在汕尾市辖区内需要办理的各项行政事务，由企业服务员全程代办。

2. 关于支持深圳—汕头产业合作园区高质量发展的若干措施

（1）支持企业扩大投资。对工业企业新增固定资产投资额1亿元以上，且供地项目投资强度不低于500万元/亩的，按照实际完成投资额的1%给予奖励，每家不超过500万元；非供地项目的设备投资额不低于500万元的，按照实际完成投资额的10%给予奖励，每家不超过500万元。

（2）支持企业产值增长。对工业企业年产值2000万~10亿元，且较上一年产值同比增长15%以上的，按产值增量的1%给予奖励，每家不超过300万元；对年产值10亿元（含）以上，且较上一年产值同比增长10%以上的，按产值增量的1%给予奖励，每家不超过500万元。

（3）支持企业降低用电成本。对深圳市—汕头市产业转移合作园区内企业使用独立用电户号的规模以上工业企业所用的全类电量，按平均电价超出0.6元/千瓦·时的部分给予补贴，每家不超过100万元。

（4）支持企业加快数字化转型。支持数字化转型服务机构为企业提供数字化转型诊断服务，对规模以上工业企业开展数字化转型的诊断费用按照70%给予补助，每家不超过3万元；对规模以上工业企业按诊断方案实施数字化转型的项目，总投资额达到100万元（含）以上的，按照不超过项目完工后审定的数字化转型费用的20%给予资助，每家不超过200万元。

（5）支持企业加大创新投入。对企业获得省级企业技术中心的，每家给予50万元资格性奖励；获得省级制造业创新中心的企业，每家给予100万元的资格性奖励。

（6）支持企业发展生产性服务业新业态。鼓励纺织服装、创意玩具和食品制造企业投资建设供应链选品中心和直播电商产业园区（基地）。对企业投资建设供应链选品中心，聚集汕头企业超过500家，且年网络销售额6000万元以上的，按实际投资固定资产建设费用的30%给予一次性补贴，最高不超过300万元。

鼓励企业引进头部主播来汕直播带货，对头部网红直播纺织服装日销售额超过1000万元的、直播创意玩具日销售额超过700万元的、直播食品日销售额超过700万元的，给予企业合作费的20%作为补贴，每家企业最高不超过50万元。

3. 广东省关于推动产业有序转移促进区域协调发展的若干措施

（1）加强用地分级分类保障。对粤东、粤西、粤北各市承接产业有序转移主平台、产业转移合作园区符合条件的基础设施用地由省指标保障。对符合条件的优质先进制造业项目给予用地指标支持，对粤东、粤西、粤北地区制造业发展较好的地市给予用地指标奖励。探索城乡建设用地增减挂钩节余指标省域内交易，支持粤东、粤西、粤北与珠三角地区各市按规定调剂使用补充耕地指标。鼓励粤东、粤西、粤北各市设置约束性工业用地分配比例，推动新增建设用地指标向制造业、重点园区倾斜。指导粤东、粤西、粤北各市落实“增存挂钩”机制，加大全域土地综合整治力度，优先盘活园区存量建设用地，推动零散低效工业用地向园区腾挪集聚，实施“标准地”“带项目”供应。指导粤东、粤西、粤北各市依法加大土地收储整备力度，进一步强化政府对土地一级市场的调控管理。推动土地节约集约利用，提高工业用地容积率和亩均产出率。结合国家土地利用计划管理规定，对粤东、粤西、粤北地区处置批而未供土地和闲置土地成效较好的地市，给予相应指标奖励。

（2）加大财政支持力度。落实先进制造业发展财政支持政策与新一轮“小升规”企业扶持政策，支持中小企业“专精特新”发展。省财政新增安排一定规模专项资金支持2023—2027年产业有序转移，通过注入资本金等方式，支持主平台建设，并根据主平台和产业转移合作园区的融资规模，予以适当奖补支持；对达到一定建设标准和企业入驻率的、新建或改（扩）建的标准厂房，予以奖励支持；对产业有序转移工作考核排名靠前的地市予以奖励，奖励资金由该市政府统筹用于支持产业发展；对粤东、粤西、粤北地区新引进的符合产业发展方向并实现投产的制造业项目，按其设备购置额的一定比例予以奖励。在整合、重组原省粤东西北振兴发展股权基金的基础上，设立省粤东西北产业转移基金，支持与粤东、粤西、粤北各市合作设立市级产业转移子基金。用好地方政府专项债券资金，鼓励在省财政下达的专项债券额度中，统筹优先支持园区基础设施建设。

（3）加大金融支持力度。引导金融机构创新支持产业转移的金融产品，推动产业链融资、订单融资、贸易融资、无形资产质押融资等业务发展。支持珠三角地区转移到粤东、粤西、粤北地区的企业申请首发上市。推动开发性政策性金融机构、商业银行加大产业转移信贷投放力度，鼓励对珠三角地区转移企业由转出地金融机构给予贷款授信或转出地转入地联合给予贷款授信。支持符合条件的各类园区建设公司、运营公司发行债券和上市。支持符合条件的承接产业转移园区项目发行基础设施领域 REITs。加大对产业链和供应链上中小微企业的金融支持。

（4）强化环保和用能政策支持。承接产业有序转移主平台、产业转移合作园区、重大产业转移项目的能耗指标、主要污染物减排指标，地市无法安排的可提请省有关部门协调解决。开辟“绿色通道”，依法依规加快办理重大产业转移项目节能审查。在严格遵循生态环境分区管控要求的基础上，对位于主平台、产业转移合作园区内符合条件的产业转移项目，充分实施豁免环评手续办理、环评告知承诺制审批、降低环评等级等改革措施。在符合条件的区域集中引入电镀、漂染、鞣革、铸造等产业链配套企业，推进污染集中治理。

（5）用足用好科技和人才政策。在资格有效期内整体迁移到粤东、粤西、粤北地区的高新技术企业，可按政策规定接续享受高新技术企业税收优惠政策。支持粤东、粤西、粤北各市在珠三角地区建立“人才飞地”和“离岸人才中心”，加大高层次产业人才、招商人才精准引进力度。大力实施“扬帆计划”，支持粤东、粤西、粤北各市聚焦重点产业，全方位、全链条打造产业人才队伍。支持粤东、粤西、粤北与珠三角各市开展“订单式”技能人才培养培训。开辟人才“绿色通道”，协调解决涉及产业转移引进人才的社保衔接、子女入学、看病就医等问题。

第十四章　深圳发展飞地经济的政策工具箱

随着深圳市的产业转型和经济结构优化升级，土地资源日益紧缺，也导致产业无序外迁。为进一步引导深圳产业企业有序向外拓展，解决用地发展空间不足、劳动力成本过高等问题，深圳积极探索飞地经济，与省内外多个城市共同打造共建产业园区，遵循产业发展趋势与规律，引导有需求的深圳企业前往飞地做大做强，为园区所在地经济发展注入强劲动力，促进区域协调发展。

第一节　管理架构：建立决策—协调—执行三级架构体系

建议按照“成熟一个，推动一个”的原则，尽快启动城市共建飞地产业园区协议的签订工作。飞地产业园虽然按照市场化理念开发，但是政府的前期推动也十分重要。如果没有政府间的协议明确合作模式、体制机制、政策支持、产业导入、资金安排、人员安排，将不利于平台公司与对方政府谈判，不利于争取开发收益，导致很多具体工作缺乏实施依据。协议需要做到“六定”，定范围、定主体、定产业、定模式、定机制和定政策。待两市政府间完成共建协议后，平台公司再与当地国有平台签订具体的开发协议。

建立“高层决策协调机构—园区管委会—园区开发运营公司”三级管理架构。按照高效精简原则，合作初期可设立园区筹建机构，在园区规划建设起步阶段同步设立园区管委会和园区开发运营公司，后续根据园区建设发展需要增设管委会内设机构。

1. 高层决策协调机构

决策机构组建包括两个工具选项：一是建立党政联席会议制度。由两地党委、政府主要领导作为召集人，相关部门为成员单位，共同协调、审议和决策园区建设发展中的重大事项。前期已建立两市帮扶协作、对口支援、对口合作联席会议机制的，可依托原有联席会议机制协调决策园区合作相关事项。二是成立园区共建协调推进小组。由两地分管市领导任组长，两市相关部门、国企主要负责同志为成员，不定期召开工作会议，及时研究落实高层重大决策部署，协调解决关键问题，督导重点项目建设等。

2. 园区管委会

管委会组建包括两个工具选项：一是可设立园区党工委、管委会（有深圳前方派出机构的，按有关规定合署办公），代表两地党委、政府行使园区内党的领导、经济管理及其他相应的行政管理权。园区党工委书记、管委会主任均由深圳委派（可兼任），党工委副书记由当地委派，强化经济社会事务协调力度。双方共同选派领导干部担任党工委委员、管委会副主任。管委会内设机构中，经济事务管理部门和办公综合部、人事财务部、行政审批部门负责人原则上由深圳委派，社会事务管理部门负责人原则上由当地委派，其他部门负责人及工作人员由双方协商委派。二是对于省外合作园区，近期跨省干部交流实施难度较大，建议党工委、管委会明确规格和编制，实行企业化管理、市场化运作，深圳派驻人员以国企干部为主。积极与省委组织部、中央组织部等上级单位协调，中远期探索领导跨省任职机制，提高合作园区深圳主导地位。

通过授权、委托或者下放等方式，园区管委会依法获得行使财政、环保、市场监管、自然资源管理等相关省、市级行政职权，在园区内行使行政经济事务管理，为园区建设运营提供保障。扩大定期拜访、干部挂职、跟班学习等规模，强化与深圳各层面的交流学习，复制深圳产业服务及政策，提高政策“含深度”。

3. 园区开发运营公司

园区开发公司组建包括三个工具选项：一是由市属飞地平台公司与当地优质城投公司成立合资公司，由深方作为控股股东主导园区开发。建议充分整合深圳国企力量和资源，在市级层面由1~2家具备园区开发运营专业能力和经验的市属国企牵头成立一家深圳飞地园区平台公司，同时组织一批有市场拓展需求和谈判能力的深圳国企以入股等方式参与园区合作，积极承接当地特许经营和工程项目，以期在市属国企间实现投资收益大平衡。深圳飞地园区平台公司负责全面统筹对接飞地园区工作，按照市场化原则与合作地区相关国企合资成立园区开发运营公司，共同负责合作园区的投资开发、运营管理等工作。园区开发运营公司原则上由深方控股，公司董事长、总经理及重要高级管理人员由深方选派，董事长兼任园区管委会副主任以上职务，确保园区开发运营公司有效参与园区管委会工作。园区开发运营公司在园区管委会的指导下独立行使园区开发运营职能，开展园区规划、建设、招商、物业管理、企业服务等具体工作。二是由市属飞地平台、当地城投与省级投资平台三方成立合资公司，仍由深方作为控股股东主导园区开发，通过引入省级平台，加大统筹协调力度，确保深方权益。三是带特定专业能力的社会资本方，如产业园区运营商、产业基金、生产性服务业平台，以小股的形式参与园区开发公司组建，以期发挥专业优势。

第二节 合作内容：坚持熟地开发导向

建议市属国企以熟地开发模式参与飞地园区建设。一是市属国企不具备异地开展土地一级开发的优势，土地一级开发中的征拆、补偿等环节涉及大量与当地民众的协商谈判，在当地社会关系不够广泛的前提下往往难以推动。若市属国企参与，很可能会提高整体土地一级开发成本。二是飞地园区的生地开发风险高，难以依靠市场化方式推动。飞地园区的用地指标以工业厂房及相关配套为主，仅配备少量住宅，由于政府工业用地土地的出让金较低，容易造成飞地园区的土地出让收入大幅低于土地一级开发成本。若园区开发企业受托进行土地一级开发，后续一级开发的成本和收益都需要当地政府财政予以补贴，在地方土地出让收入少、财政紧张的普遍情况下，很可能出现无法及时结算的风险。三是飞地园区拓展应坚持优中选优，建议从现有园区中择优进行提升改造。深圳对开展飞地园区建设握有主动权，应专注于发挥深圳在科技、品牌、资金、经验等方面的优势，集中精力进行二级土地开发和三级运营管理，而非将大量资金、人力和时间投入前期土地一级开发，土地一级开发工作由当地政府来完成将更为顺畅、更有保障。

第三节 利益共享：形成可持续开发合作共享机制

坚持“政府推动、企业主体、市场运作、合作共赢”原则，充分发挥共建双方比较优势，创新体制机制，高标准规划、建设、管理、运营飞地产业园区。以推动飞地产业园区可持续发展为总体目标，统筹园区内和园区外两个市场的可经营性资源，分阶段做到项目平衡、财务平衡和经济平衡，挖潜“开发建设+特许经营+城市运维+增量共享”四种合作路径，构建集土地经济、设施经济、房产经济、服务经济、商务经济、产业经济六大业务于一体的多元化园区盈利模式，助力深圳飞地产业园区高质量发展，为全国区域合作做出特区样板。

飞地产业园区的建设过程中，既要算政治账、社会账，也要算经济账、财务账，力争实现“大平衡”（两地政府各自投入产出平衡）和“小平衡”（开发运营企业投入产出平衡）。强化顶层设计、统筹兼顾，充分挖掘飞地产业园区合作资源，在传统土地开发、物业开发的基础上，寻求城市基础设施开发、水电燃气等能源设施特许经营、优质产业项目投资、数字城市智慧城市运营服务等，长期为园区和城市提供投资、建设、运营服务，最大限度地满足项目投资收益需求。

1. 两地合作模式

根据深圳产业发展对土地、劳动力、原材料、市场等需求，结合合作地区对就业、产值、税收等不同利益诉求，以及不同合作地区产业空间、产业规划、政府服务及自然资源禀赋差异，采取不同的合作模式，推动双方产业合作实现质的提升，促进经济高质量发展。共建飞地产业园区分为四种合作模式：

（1）深圳全面主导模式。由深圳全面主导园区规划、土地开发、园区建设、运营管理、招商等全流程，发挥深圳国资国企各开发主体的专业能力和产业导入能力，将园区工程按性质分类，落实到各开发主体，分片、分期推进。

（2）两地共建合作模式。深圳与飞入地双方综合考虑权责关系和出资比例等实际情况，共同开发合作园区。一般由深圳做好启动区或首开区的开发、建设、运营和管理工作，做好品牌示范，同时导入深圳委托加工企业、行业组织、专业化运营服务公司、供应链公司、金融公司提供相关服务。合作园区鼓励当地政府，引入更多市场化主体，共同开发。

（3）政府引导下的市场化开发模式。飞入地主导土地开发，并将熟地出让或出租给市场投资人，鼓励深圳有实力的国企按照市场化收益率，参与园区开发工作，导入深圳经验、制度和服务，双方共同推进招商引资。

（4）对口援建模式。按照中央及广东省对口帮扶任务和要求，深圳为对口帮扶地区提供资金支持、人才支持和招商支持，完成对应考核任务。

2. 利益分成模式

（1）产值。积极推广“深圳母公司（委托加工方式）+合作园区子公司”模式，由深圳、当地和入驻企业三方签署合作协议的利益共享机制。引导深圳企业按照“企业总部/研发中心/核心工厂+生产基地”等形式在园区发展一定空间（原则上不高于园区厂房总面积的30%）的委托加工业务，或在园区设立分公司，通过总部汇缴等形式实现一定比例的产值在深圳纳统。

（2）税收。园区内税收中属省级分成部分，争取在项目建设期（10年，自合作园区缴纳的第一笔新增入驻企业地方留存税收所属纳税年度起计算，下同）内留存在园区。税收中属市、县级留存实得部分，在项目建设期作为产业政策扶持资金，100%用于支持开发运营公司发展，并滚动用于园区开发建设。上述10年期限届满后，双方按国家有关规定，另行协商新的分成比例和留存机制。

（3）进出口。在园区设立分公司的深圳企业，以深圳总公司为进出口收发货人向海关申报进出口；引导在园区设立独立法人公司的深圳企业，通过委托代理报关的形式，以深圳母公司、深圳报关公司或者深圳供应链企业为进出口收发货人向海关申报进出口。双方协商确定进出口数据分成比例。

（4）投资和利用外资。固定资产投资、技术改造投资按照项目所在地原则统计。外资项目数、合同外资、实际吸收外资等统计数据，双方协商确定分成比例。

专栏 14-1 深圳南山深汇通产业园利益分成机制

通过深圳市南山区与河源市政府签订框架协议，深汇通公司与连平县政府签订协议，河源市和南山区建立产值税收分成机制，产值七三分成，税收三七分成。

同时通过委托加工的形式，给予产值回归南山的企业1%的补贴奖励。最终以“南山总部+河源基地”“南山研发+河源生产”的形式实现深河两地合作共赢。2022年，深汇通产业园产值约23亿元，其中留在河源约10亿元，回归南山区约13亿元，为南山区带来税收4000多万元。

专栏 14-2 福田—博罗共建产业园利益分成机制

探索通过企业内部核算的方式，以福田母公司委托加工方式与飞地子公司合作，通过建立财务规则指导企业将产值、税收等经济指标在福田和博罗两地共享分成。福田区于2023年10月出台飞地园区收益共享分成工作指引。

3. 收益平衡模式

通过开展多元化经营以及充分利用各项支持政策，实现投资收益平衡。传统工具模式包括：一是土地收益，包含园区范围内土地一级市场出让区级分成收益、投融资、代建等收益（优先用于平衡土地一级开发成本）；二是园区运营服务收益，包括融资服务收入、运营管理服务及其他增值服务收益等；三是税收分成返还，约定合作期限内园区产生的税收按一定比例留存园区用于投资平衡；四是其他收益，包括获取矿产资源、导入优质资产项目等。创新工具模式包括：一是特许经营收益及项目建设运营收益，或公开出让特许经营项目经营权收益。包括加油站、燃气、采砂及风电、充电站、储能、光伏、垃圾焚烧发电等新能源项目收益，研究将特许经营权发包运营权益下放至管委会，支持园区开发运营公司联合有特许经营资质企业组成联合体招标，并约定联合体投资至合作园区金额及返还方式。二是反向飞地税收转移。出台优惠政策鼓励合作城市规上企业通过子公司、分公司、办事处等方式在深圳设立“反向飞地”集中园区，利用深圳优质资源为合作城市企业赋能，对合作园区所在城市投资深圳的企业所产生的新增投产产值、税收地方留成等，在一定年限内、按照一定比例划拨至合作园区，对飞地园区进行反哺。三是生产性服务业的专属收益权。支持深圳生产性服务业平台为飞地园区入驻企业提供定制化的“外贸+物流+仓储+检测+金融+产业”的贸易一体化服务。鼓励第三方深化对园区公共数据进行增值开发利用，加强数据资产授权运营和使用管理。以上所涉收益在项目建设期用于平衡园区土地一级开发成本以及园区开发运营公司实现项目投资运营平衡后，再留存园区用于其他项目开发建设。上述10年期限届满，双方另行协商收益使用和留存机制。

第四节　产业合作：构建“十个一”产业协同体系

产业协同合作方面提出十个工具选项，包括：

（1）组建一个产业协作联盟

发挥深圳与对口协作地区产业协会资源链接优势，支持深圳相关产业协会牵头，对口协作地区重点产业协会参与，组建产业协作联盟，在产业信息搜集、企业需求对接、上下游资源挖掘、产供销互联互通、创新资源链接、规则标准统一等方面协同合作。支持龙头企业、链主企业或业主用户等担任联盟理事长，发挥对产业发展的带动作用，支持联盟聚焦产业共性需求，滚动实施一批产业协同“旗舰”项目。

（2）搭建一批产业公共服务平台

发挥深圳平台资源优势，以服务延伸等方式搭建一批技术研发平台、应用示范平台、综合服务平台等产业公共服务平台。对接深圳国际创新产业信息服务平台，发挥产业大数据分析、产业链刻画、重点企业链接等功能，促进深圳与对口协作地区实现高质量联合招商。延伸“深 i 企”等平台服务，引进第三方服务平台机构，建设一批供应链信息化平台、融资服务平台、人才服务平台、检测认证平台等综合服务平台，为园区企业提供“一站式”服务。

（3）建立一支专业化服务团队

组建飞地园区产业集群培育发展“超级智囊团”，承担园区全生命周期指导工作。联合国内龙头产业园区运营机构、规划设计机构、供应链服务机构等第三方平台，为企业提供具体的专业厂房设计、产线设备采购指导、生产资质认证、供应链管理、测试认证服务、惠企政策和人才政策申请等“一条龙”服务。围绕园区强链、补链、延链环节，联合经验丰富、资金雄厚、熟知产业的专业招商机构，发挥深圳与对口协作地区产业协会和龙头企业作用，完善招商服务体系。

（4）设立一只产业投资基金

发挥深圳鲲鹏等专业化产业基金优势，与对口协作地区产业基金共同出资，设立一只多方联动的产业投资基金，建立适应市场化运作的考核机制。支持产业投资基金按照“投资一批、储备一批、意向一批”模式开展滚动投资服务，推动与两地种子基金、天使基金及并购基金等开展接续投资。充分发挥基金招商引智作用，加快引进一批创新型企业和高端人才。探索与财政专项资金、国家产业基金、银行信贷等联动，有效满足产业发展多元融资需求。

（5）建立一份联合招商引资清单

基于深圳与对口协作地区特色产业资源禀赋、产业链供应链情况、产业有序转移需求等建立靶向招商清单，一是基于对口协作地区绿电资源、化工园区资质、供应链配套等特色产业资源禀赋，梳理建链招商清单，重点招引相关链主企业；二是基于对口协作地区产业链、供应链情况，梳理补链、延链招商清单，重点招引关键缺失环节相关企业；三是基于深圳产业有序转移需求，梳理相关企业清单，重点招引相关企业在对口协作地区落户生产基地项目。

（6）形成一份重点投资项目清单

高水平建设完善道路、供水、供气、排水、通信、新能源汽车充电桩等公共基础设施和污水集中处理、金属表面处理、工业固体废物处置等环保基础设施。按照职住平衡原则，在园区周边集中规划建设职工住宅、人才公寓、保障性租赁住房等配套设施。围绕园区已有产业转型需要和产业集群培育需求，储备一批智慧化改造、“零碳”改造、新型基础设施、仓储物流中心等重点投资项目清单，高标准谋划飞地合作园区高质量发展。

（7）搭建一套双向创新协作体系

鼓励对口合作地区在深圳设立政府层面的“反向飞地”，承担联合招商引资、企业联络、部门协调等职责，打造成为深圳与对口合作地区的重要窗口。

支持对口合作地区龙头企业在深圳设立分支机构和创新载体，发挥深圳优良营商环境优势和科创资源优势，培育汕头龙头企业发展壮大反哺合作园区，形成“深圳培育+园区落地”的良性模式。充分挖掘对口协作地区领军人才资源，结合深圳优势人才优势，形成专业人才储备库。发挥对口协作地区人才引进政策优势，延伸深圳人才政策，持续推进招才引智，招引一批特色产业领军人才和团队入库、入园。围绕园区重点发展产业共性需求，鼓励深圳创新平台延伸相关服务，在飞地合作园区布局一批创新研发平台。

（8）构建一个政策工具包

围绕对口协作地区产业合作园区建设及运营过程中面临的招商引资、产业发展、平台建设、人才安居等政策需求，系统梳理深圳及对口协作地区现有相关政策文件，推动相关政策支持范围延伸至产业合作园区，构建联合政策工具包。聚焦现有政策无法覆盖的支持盲点，探索研究制定针对产业合作园区的专门性政策文件，“一揽子”解决相关政策“瓶颈”问题。建立两地政策推进执行协调机制，统筹两地资金盘子，形成统一政策资金出口。围绕对口协作遇到的政策堵点，深圳与对口协作地区共同争取国家、省级政策支持，为飞地合作园区可持续发展提供政策保障。

（9）打造一体化产供销体系

以总部、研发、核心制造环节保留在深圳为原则，将占地面积相对较大、能耗需要相对较高、附加值相对较低等难以在深圳大规模布局的生产环节有序转移至飞地合作园区，支持深圳企业根据自身发展需要，采用“总部+基地”“研发+生产”等模式，将产业链一般环节落户园区。合作共建产业发展平台，提升重点产业在园区的产业链配套水平，推动深圳企业和园区企业互采互供。瞄准对口协作地区龙头企业优势技术及产品，通过深圳研发资源导入、供应链对接、渠道推广、品牌设计等方式赋能当地龙头企业，提升产业链附加价值。

（10）办好一系列品牌展会

服务对口合作地区重点产业集群发展需要，培育若干行业影响力强、带动效应显著的专业展会，全力打造集产业交流、展示交易、创新技术及产品发布等多种功能于一体的特色展会论坛。依托深圳高交会等综合性展会影响力，精选若干发展态势好、发展成就显著的产业集群进行重点展示。鼓励当地企业与深圳企业合作，共同参加国际性品牌展会，开展行业趋势与技术前沿跟踪、产品展示与推销等活动。鼓励“数字+会展+X”新模式，联合举办飞地协作高端展会。

第五节　内外贸：推动内外贸一体化发展

一是推动深圳与对口合作城市内外贸规则制度衔接融合。促进深圳与对口合作城市内外贸检验认证衔接，延伸深圳市跨境电商线上综合服务平台，建立检验检测、认证认可“一站式”服务平台，探索将飞地合作园区生产产品纳入“圳品”品类，推动检验检测结果互认，实现深圳与对口合作地区内外贸产品同线同标同质。完善内外贸监管机制，推广企业集团加工贸易监管模式，推动深圳与对口合作地区监管制度有机衔接，建立飞地合作园区内外贸统一监管体系。

二是促进深圳与对口合作城市内外贸市场渠道对接。发挥深圳商贸服务业优势，支持对口合作地区企业在深圳设立批发贸易中心、在深进出口报关、建立跨境电商平台，鼓励深圳龙头企业在飞地园区设立供应链管理机构，建设产业链配套中心和集货前置仓，享受增值税免抵退政策，形成“贸易中心+供应链办事处”“生产在园区、贸易在深圳”的良性循环。围绕链主企业供应链物流需求，支持深圳物流资源导入对口合作城市，招引龙头物流企业，加强交通设施、物流园区等配套建设，实现当地物流体系降本增效。

三是优化深圳与对口合作城市内外贸一体化发展环境。加大对外贸企业商标权、专利权的保护力度，针对重点领域开展打击侵权假冒专项行动。推动深圳与对口合作城市信用信息共享，推动飞地园区等完善信用体系建设，营造良好信用环境。加强与跨区域、跨国境运输合作，鼓励航运企业基于市场化原则拓展内外贸货物跨境运输业务范围，提升物流便利性。搭建深圳与对口合作地区内外贸融合发展平台、对外经贸合作平台等内外贸一体化平台，支撑飞地合作园区开拓国内外市场。

第六节　政策保障：建立全方位扶持保障体系

1. 地方政策支持

园区入驻企业享受当地政策，包括但不限于税收政策、上市政策、产业政策等。集团或总部企业注册地在深圳市的园区企业可同等享受深圳市的有关政策优惠。政策建议清单如下。

（1）落户奖励政策。园区管委会会同双方政府共同协商研究，对于在共建园区落户的项目，视投资额和承诺贡献等情况给予落户奖励。重大项目实行“一事一议”，由园区管委会、双方政府共同协商研究。

（2）开通企业认定“绿色通道”。园区内的企业可申请深圳市市级“专精特新”“高新技术企业”等企业认定。

（3）扩产增效政策。通过扩产增效政策进一步引导深圳市委托加工企业规范统计，并按照企业所属中类行业增加值率测算扩产增效奖励的折扣率，提高委托加工企业增加值率。

（4）企业技术改造政策。对于深圳市工业企业在园区进行企业技术改造，且在深圳市实现的工业总产值、增加值以及财力贡献不低于上一年，并与园区内工业企业签订的委托加工协议中对企业技术改造项目所涉及设备等使用范围进行约定（只能用于该委托加工业务）的，适当放宽项目所在地为深圳市的限制。

（5）提高自主创新能力政策。对与深圳协同开展的重点领域核心技术攻关项目，深圳重点实验室、工程研究中心或企业技术中心等在园区设立的创新载体分支机构等，探索参照本地项目补贴标准的一半予以经费支持。

（6）促进产业高端发展政策。作为深圳企业产业链上下游配套的中试基地和中试生产线项目，对深圳企业的新产品、新技术、新业态、新模式在当地应用示范推广项目，对深圳自主创新成果在园区产业化项目，对国家或省产业发展专项计划项目等，探索参照本地项目补贴标准的一半予以经费支持。

（7）工业互联网政策。支持深圳市集团或总部企业利用工业互联网、大数据、人工智能等技术赋能全流程、线上化、智能化生产管理，促进效率提升和生产管控。对于符合条件的项目，可申请深圳市相关政策支持。

（8）放宽“鹏城优才卡”申领与服务范围。委托加工企业在园区设立子公司，并与委托加工企业开展委托加工业务，且委托加工企业在深圳市实现的工业总产值、增加值以及财力贡献不低于上一年的，适当放宽子公司高精尖缺人才工作地（社保缴纳地点）的限制。可由委托加工企业出具相关证明并按照《深圳市“鹏城优才卡”服务办法》申领“尊鹏卡”“钻石卡”“金卡”“银卡”，享受相关服务。

（9）进一步创新管理机制。园区主管部门负责具体产业扶持政策制定、组织实施、专项资金使用和绩效评价等工作。加强与当地政府沟通对接，推动园区叠加享受当地政府各类优惠政策，跨区域财税、纳统等政策需市财政、统计局等部门专项研究。

2. 省级政策争取清单

参考《促进产业有序转移财政支持方案（试行）》（粤财工〔2023〕13号）等省级政策支持文件，重点争取财税支持、金融支持、用房支持3类6条政策。

财政支持类：一是争取广东省财政以注入资本金方式支持园区建设，首期注入资本金2.4亿元；二是争取由省政府、深汕两市政府按照1∶1共同出资设立园区建设发展基金，并积极引入社会资本；三是争取省级主要税种税收分成部分留存用于园区建设发展，主要包括增值税、增值税附加、企业所得税、个人所得税4个税种。

金融支持类：一是争取省级财政对园区予以融资奖励。根据实际使用的中长期固定资产投资贷款的一定比例予以奖励，针对园区所在地级市按不超过2%予以奖励。二是积极争取省发展改革委、金融监管部门支持，为合作园区发行基础设施公募REITs提供“绿色通道”。

用房支持类：争取对园区标准厂房建设予以奖励。对园区开发商在园区新建成或扩建标准厂房，省财政按不超过650元/平方米且不超过当地标准厂房建设成本（不含土地购置成本）1/4的标准予以奖励。

3. 国家级政策争取清单

一是争取对设在园区内符合条件的企业减按15%的税率征收企业所得税；二是争取对在合作区内工作且经认定的境内外高端人才和紧缺人才，其个人所得税负超过15%的部分予以免征。

第七节　营商环境：带土移植“类深圳”营商环境

为更加有效地推进产业合作园区产业合作，有必要将深圳营商环境、企业服务延伸到产业合作园区，以“深圳标准”“深圳效率”推进园区涉企服务质效与深圳全面接轨，从园区审批质效、服务事项、办事标准、权益保护四个维度，研究提出产业合作园区营造“类深圳”营商环境的四类工具选项：

一是精简审批流程。对标深圳，在园区推广深圳营商环境改革先进经验，探索各项业务复用深圳流程，有序推广“秒批”“秒报”等审批模式，推动审批服务逐步达到深圳同一水平。深入推进工程建设项目分级分类管理，精简工程建设项目审批流程、压缩审批时限，保障园区内投资建设项目早落地、早开工、早投用。

二是拓展政务服务。搭建园区公共服务信息化平台，并推动接入“深i企”平台，提供政策咨询、办事指南、办事预约、政务地图、诉求解决等服务。探索延伸深圳惠企政策，适度放宽深圳高端人才、产业补贴、科技研发、技改投资等政策申请要求，允许园区符合条件的企业和项目申请深圳相关支持政策。

三是完善综合监管。统一两地政务事项办理标准，持续推动园区内政务事项与深圳“同事同标”，做到两地无差别受理、同标准办理、结果互认。优化园区监管行政执法制度，推行“信用分级分类+双随机”监管模式，积极运用人工智能、大数据等信息化、智能化手段，探索远程监管和“云执法”，实现监管和执法办案的全程数字化。

四是保障企业权益。建立园区纠纷多元化解机制，对标深圳建立健全多元化纠纷解决体系，支持深圳国际仲裁机构为园区企业提供仲裁服务。支持两地区级人民法院以驻园区法官工作站形式，共同开设园区“一站式”司法服务窗口。加大对园区知识产权执法保护工作指导，将知识产权纠纷快速处理试点延伸至飞地合作园区。

第八节　考核体系：构建动态考核监测评估体系

一是绩效考核。根据利益共享机制，对飞地园区管理部门提出合理的社会经济发展目标、园区建设目标和产业发展目标，引导建立正确的政绩观。绩效考核应遵循互利双赢原则，既实现深圳市飞地建设目标，又满足属地发展要求。对参与飞地园区建设的市属国有企业设立专门针对飞地园区发展的考核评价标准，适当放宽投资绩效、经营绩效等考核目标，充分调动国资参与飞地建设积极性。

二是园区体检。把园区体检作为统筹园区规划、建设、运营工作的重要抓手，整体推动园区结构优化、功能完善、品质提升，打造宜居、韧性、智慧城市。坚持问题导向，划细园区体检单元，聚焦飞地园区发展的难点、堵点、痛点问题。坚持目标导向，把园区作为“有机生命体”，以产城融合、职住平衡、生态宜居等为目标，查找影响园区竞争力、承载力和可持续发展的短板弱项，进而推动飞地园区实现更高质量发展。

三是实施监督。逐步建立飞地园区综合规划实施监督工具，从动态监测、及时预警、定期评估等方面形成监督监管机制。运用数字化手段，搭建飞地园区“一张图”平台，实时动态监测国土空间开发利用行为、产业生态体系运行情况和园区公共服务配套水平，设定及时预警指标，结合园区体检定期评估园区发展状态。

第九节　风险评估：及时做好风险评估

共建产业合作园区是一项系统工程，面临复杂的外部环境和内部环境，园区建设周期长、投资金额大、涉及主体多，园区开发、产业发展、政策支持、社会影响都存在一定的不确定性和开发风险。一是园区税收是否能够确保返还给平台公司，用于开发建设和产业发展；二是一级开发 ABO 服务费，政府能否按期支付给平台公司；三是物业开发的租售价格、去化率能否达到预期；四是政府奖励资金、补贴资金、对口帮扶资金等，能否如期落实到位。需要定期对园区的发展情况进行风险评估，并提出改进措施，保障园区的可持续发展。

为了确保合作园区的科学决策和良性运行，建议开展《共建产业合作园区风险评估研究》。

专栏 14-3　飞地园区风险评估报告书

一、面临环境研判

（一）宏观环境研判

（二）产业环境研判

（三）物业开发环境研判

（四）政策环境研判

二、合作及开发主体评估

（一）开发主体评估

（二）合作主体评估

三、项目风险评估

（一）管理体制机制风险评估

（二）房地产开发风险评估

（三）投资与融资风险评估

（四）政策实施风险评估

（五）产业发展风险评估

（六）重大工程风险评估

四、社会稳定评估

（一）利益相关主体评估

（二）社会风险稳定评价

五、经济和社会评估及风险应对

（一）财务风险评价

（二）经济风险评价

第十节 顶层设计：争取中央统筹支持

一是建议国家发展改革委联合财政部、税务总局、统计局出台促进“飞地经济”的政策文件，每年国家发展改革委联合财政部实行备案制，通过申报和认定一批“飞地园区”结对名单。经备案的跨省、跨市“飞地园区”可以实现 GDP、税收分成，实现干部的跨省、跨市任职（仅限飞地园区管委会）。督促各省、市出台支持“飞地经济”利益共享的实施细则，明确飞地操作流程、分成比例等关键要素，细则应包括具体的执行步骤、确认机制、监管措施等内容，推动“飞地园区”利益分成政策落地。

二是争取国家对备案的飞地园区给予一定政策倾斜。备案的“飞地园区”实行用地计划指标重点保障，优先安排省（区）级预留建设用地指标。鼓励政策性金融机构结合职能定位和业务范围加大对飞地园区支持力度，鼓励商业性金融机构通过市场化方式积极参与飞地园区建设发展，支持符合条件的飞地园区重点企业上市融资。支持省（区）税收分成部分全部留存“飞地园区”。

三是优化“飞出地”考核激励机制。建议国家在对“飞出地”的考核上，加入城市辐射带动力的考核指标，将带动飞地产业园建设的数量、质量作为考核依据。探索完善“飞出地”GDP 的统计和考核机制，除考核“飞出地”自身 GDP 外，还将考核带动飞地园区的 GDP 增量汇总值。

第十五章　深圳典型飞地案例总结

经过多年的探索实践，深圳市在飞地园区建设方面取得了丰硕的成果，部分飞地园区成为当地经济发展的重要推动力，也成为深圳市对外产业帮扶的样板项目。

第一节　深圳南山深汇通产业园

园区建设方面，深圳市南山区国有企业深汇通公司在河源市高新区和连平县一共建设了 4 个产业园，总占地面积 37 万平方米，投资约 20 亿元。其中，连平（南山）产业园一期项目占地面积为 10.6 万平方米，建筑面积 10.8 万平方米，建设投资约 2.7 亿元，于 2019 年 4 月正式开园运营。连平（南山）产业园二期项目占地面积为 10 万平方米，建筑面积 12 万平方米，总投资约 7 亿元。连平（南山）产业园三期（砺剑项目）占地面积为 5 万平方米，建设特型厂房 5 万平方米，总投资 2.5 亿元，2020 年 6 月开工。

开发模式方面，探索“政府引导、优势互补、政策叠加、园区共建”的跨区域合作模式，通过自资自建、共管共享的产业共建和撬动社会资本等多样形式。连平（南山）产业园一期由深汇通公司主导投建/二期项目采取国企引导民营企业自资自建的模式撬动社会资本投入建设。

利益共享方面，通过深圳市南山区与河源市政府签订框架协议，深汇通公司与连平县政府签订协议，河源市和南山区建立产值税收分成机制，产值 7∶3，税收 3∶7，以及“普惠+特惠”的多项政策叠加落地，可以为企业提供更多有力的保障，南山区出台专项扶持措施，对有产业外溢需求的企业，通过出台落户补贴、产值奖励等政策，引导其将总部留在南山，在河源设立子公司。同时通过委托加工的形式，给予产值回归南山的企业1%的补贴奖励。最终以“南山总部+河源基地”“南山研发+河源生产”的形式实现深河两地合作共赢。2022年，深汇通产业园产值约23亿元，其中留在河源约10亿元，回归南山区约13亿元，为南山区带来税收4000多万元。

招商引资方面，连平（南山）产业园一期项目目前项目招商运营情况良好，树立了深圳河源共建园区的品牌效应，提振了企业入园投资建设的信心。连平（南山）产业园二期项目已有4家企业入驻投产，涉及产品包括家具五金、特种纸等，全部达产后预计产值超10亿元。连平（南山）产业园三期（砺剑项目）专供砺剑集团承接国防重大项目生产任务，是提供特殊产业空间的重大项目生产基地。

第二节　福田—博罗共建产业园

园区选址方面，明确产业园意向选址地块为罗阳园区（首期规划面积2459.44亩）、博西园洲地块（规划面积1173亩）及博东杨桥地块（规划面积1496亩），聚焦新能源、半导体与集成电路、生物医药等战新产业方向，正加紧编制空间规划、产业发展规划。

体制机制方面，福田、博罗双方已共同研究拟定合作框架协议，建立福田—博罗对口协议联系会议制度，联席会议由双方主要领导担任主召集人、相关区县领导担任副召集人，下设综合协调组、政策规划组和联合招商组三个小组。

开发模式方面，以轻资产运营导向模式为主，辅以国企拿地建设高标准厂房，开展飞地经济先行先试。

利益共享方面，探索通过企业内部核算的方式，以福田母公司委托加工方式与飞地子公司合作，通过建立财务规则指导企业将产值、税收等经济指标分成在福田和博罗两地共享。

招商引资方面，目前已接洽超过30家先进制造业企业，14家企业在谈，1家企业已拿地（睿维盛，预计年产值3亿~5亿元），1家初步达成拿地意向（长江精工，企业拟拿地98亩并商谈在福田设立华南区总部事宜），1家企业已匹配标准厂房（瑞熙智能科技），2 家企业表示有意向建设产业园（仙瞳资本、大有农业）。

第三节　深圳—哈尔滨产业园

自 2014 年至今，特区建发按照深圳市委、市政府部署，积极开展国内外帮扶、区域合作共建工作，在充分发挥深圳经济特区先行示范作用、复制输出先行先试经验、推动合作区域经济协调发展等方面取得显著成绩。主要开发模式为特区建发代表深圳市政府出资，以合资公司为主体推进合作共建园区开发建设运营工作。

2017 年，国务院印发实施《东北地区与东部地区部分省市对口合作工作方案》，明确黑龙江与广东、哈尔滨与深圳等“三省四市”的对口合作关系，深哈两市签署了《哈尔滨市与深圳市对口合作框架协议》。深哈两市着手谋划以产业互补和营商环境优化为切入点，引入深圳的产业发展政策和园区建设管理经验，探索合作共建产业园。2019 年 5 月，按照“政府引导、市场运作、企业主体、合作共赢”为原则，特区建发与哈尔滨水务投资集团共同组建深圳（哈尔滨）产业园投资开发有限公司（以下简称深哈公司），负责深哈产业园的规划建设和运营管理。

深哈公司以自有资金自主投建首个园区启动项目深哈 · 科创总部，通过土地招拍挂获得园区土地所有权，以“政府引导、企业主体、市场运作、合作共赢”的原则，坚持市场化运作，无须政府投资及担保。深哈公司主要负责深哈产业园 1.53 平方千米核心启动区的规划设计、投资建设、产业招商运营和深圳政策“带土移植”等工作；哈尔滨新区主要负责园区基础设施建设、支持政策的出台和实施以及行政社会事务管理等。双方合作的边界相对清晰，分工明确。

空间布局方面，构建“一园多区”哈尔滨与深圳产业合作体系。“一园”为主导园区，即哈尔滨深圳产业园区，选址位于哈尔滨新区江北一体发展区，规划面积约 26 平方千米。“多区”为潜在合作项目，包括道里区群力西、南岗区花园街、哈药总厂等以及哈尔滨市现有的拟提升改造项目，如蓝天产业园、碧海产业园等。在此基础上，在26平方千米主导园区的南部板块，先期规划约1.53平方千米区域作为核心启动区，暂命名为哈深新兴产业生态园，由合资公司进行重点开发建设。新兴产业生态园重点发展科技创新及服务业、新一代信息技术、智能制造等新兴产业。

收益回报机制方面。一是税收返还。深哈产业园建设之初，便确定了利益分配方案，形成了稳定健全的利益分配机制。深圳哈尔滨两市按5：5分配园区税收地方留存部分，前10年全部税收分成作为产业政策扶持基金100%用于支持深哈公司及入园企业发展。二是给予深哈公司一定规模的住宅用地，用于平衡建设深哈产业园产生的亏损。深哈公司则通过建立“销售收入+租金收入+增值收益+产业投资收益”的盈利模式，实现自我“造血”。

产业发展方面。经过3年多发展，深哈产业园形成了重点发展数字经济、生物经济、新材料、创意设计及现代服务业的产业定位。截至2023年，园区累计注册企业480家，注册资本170.5亿元，深哈·科创总部（地块一）签约入驻率达84%。其中，华为“一总部双中心”、东软、惠达科技、思灵机器人、国家工业互联网中心等45家企业正式落户园区。初步形成了以新一代信息技术、人工智能为核心的数字经济产业发展态势，成为哈尔滨新区产业发展的新引擎，为助力哈尔滨产业结构优化、带动当地就业和经济社会发展发挥了重要积极作用。

收益方面。园区地块已于2021年10月正式投用，园区实行三年租金减免政策，减少企业投资成本，带动哈尔滨市产业发展。配套住宅项目于2022年12月首批交付。

体制机制方面。一是政府引导，顶层设计。通过深圳、哈尔滨建立两市联席会议、成立两市园区共建协调小组，顶层谋划，统筹解决园区开发建设重点工作。二是建立明晰的利益分享机制。深圳哈尔滨两市按5：5分配园区税收地方留存部分，前10年全部税收分成作为产业政策扶持基金100%用于支持深哈公司及企业发展，奠定园区发展基础。三是“带土移植”深圳先进经验和成功做法。以“能复制皆复制，宜创新即创新”为原则，从科技、人才、金融、产业、城市建设、自贸片区、营商环境等方面入手，推动系列创新举措实施。3年多来，累计推动45项深圳好经验、好做法在园区和新区复制，对提高哈尔滨新区行政审批效率、优化营商环境和提升服务水平发挥了积极作用。

盈利模式方面：项目经营收入主要为“物业租金收入+运营服务收入+产业投资收入”。起步期主要收入来源为房地产项目，以“时间换空间”，迅速培养产业招商与运营能力，整合园区运营资源，建立园区品牌形象。产业培育期基本形成公司专业化的运营队伍和产业投资能力，形成“地产销售+租金收入+运营收入”并驾齐驱的“三元化模式”。可持续发展期园区运营开始步入正轨，园区基金也将实现收益，最终形成“物业租金收入+运营服务收入+产业投资收入”的盈利模式。

深哈产业园的成功离不开两市政府的高度重视及契约兑现，同时离不开“带土移植”深圳政策和深圳做法的创新机制。通过积极推动深圳经验、政策导入工作，有序推进深圳新型产业用地、招投标评定分离等先进政策“带土移植”至合作区域，为当地创新发展发挥了积极作用，也为助力当地产业结构优化和带动就业等发挥了积极作用，最终实现经济效益和社会效益双丰收。

深哈产业园是深圳市与哈尔滨市落实国家对口合作战略，合作共建的产业园区，自 2019 年建设以来，得到了深哈两地的大力支持，属地政府也陆续出台了一系列支持政策，历经 3 年多的建设发展，已取得阶段性成效，实现了良好开局。

1. 空间选址

合资公司基于项目资金总体平衡、盈亏平衡、现金流平衡等因素，按照产城融合理念，通过科学测算，确定项目开发规模和时序，园区开发节奏与产业发展进度整体上保持一致。为保证对口合作效果，合资公司先期启动 153 平方千米核心启动区的开发建设，重点建设科创总部、科技创新与成果转化服务中心、人才住房等项目，在甲方、乙方共同支持下推进新一代信息产业单元、智能制造产业单元、产业基金及产业服务体系的建设。其中，科创总部项目作为哈深对口合作首个启动项目，拟打造成东北地区科技创新高地和新兴产业重要策源地。该项目位于核心启动区南部，占地面积约 20 万平方米，由合资公司按照高质量、高标准的要求统一规划设计，分期建设。甲方建立盈亏平衡机制，促进项目可持续发展。为实现深哈产业园快速启动建设、高效运营，双方股东创新建立高效务实的决策机制。在投资决策时，应从园区整体平衡的角度，算大账、长远账、整体账和综合账。

2. 支持园区专项政策

（1）资金税收政策方面

一是按照深哈两市合作共建深哈产业园协议，在 1.53 平方千米核心启动区范围内，自新增入驻企业缴纳第一笔地方留存税收所属纳税年度起 10 年内，将税收地方留存部分作为产业政策扶持资金 100%用于支持深哈公司发展，并滚动用于园区开发建设。二是约定深哈公司通过招拍挂方式取得 16.3 万平方米平衡用地，所缴纳地价款和相关税费哈尔滨市以产业扶持资金的方式全额补贴给深哈公司，以平衡首个投资建设项目科创总部项目亏损，目前已到账 8.18 亿元扶持资金。三是哈尔滨市以产业扶持资金的形式返还深哈公司科创总部项目 3 亿元土地出让金及契税。

（2）营商发展政策方面

深哈产业园始终以“能复制皆复制，宜创新即创新”为原则，借鉴引进深圳体制机制和政策经验，已持续复制推广了 45 项深圳先进经验和成功做法，充分发挥园区改革创新“试验田”作用。制定《哈尔滨新区深圳（哈尔滨）产业园区新型产业用地（M0）实施办法（试行）》，在深哈产业园核心区 1.53 平方千米内先行先试新型产业用地（M0）政策。制定《关于促进“飞地经济”发展的实施意见》《加快产业园区（功能区）高质量发展的若干措施》《哈尔滨新区特色产业园区认定与考核办法》《关于在深哈产业园区内推行行政审批“深圳许可，新区认可”的实施方案（征求意见稿）》等政策，“深哈互认”“评定标分离”“涉企经营许可告知承诺制”“工程风险分类分级管控机制”“拿地即开工”“区域能评改革”等政策均通过深哈产业园落地。哈尔滨新区支持与深哈产业园共建园区政企服务中心，186 项服务事项实现在园区政企服务中心进行集中受理；在深哈产业园内建立深圳国际仲裁院深圳（哈尔滨）产业园区庭审服务中心、哈尔滨市人力资源服务产业园新区分园、党群服务中心、知识产权服务平台等，服务推进深哈产业园高质量发展。目前，科技部、黑龙江省科技厅、哈尔滨市科技局和哈尔滨新区科技局正研究推动深哈产业园创新发展有关政策。

3. 省市区普惠性政策

深哈产业园位于哈尔滨新区，具有国家级新区、自贸试验区、经开区、高新区、行政区“五区叠加”的政策优势。一是黑龙江省陆续出台系列支持科技创新、成果转化、人才引育等专项政策，以及支持数字经济、生物经济、总部经济、创意设计、装备制造等重点产业创新发展支持政策，从引进落户、创新发展、营商服务等多方面给予支持。二是哈尔滨市和哈尔滨新区陆续出台系列政策，在黑龙江省政策基础上做到体系进一步完善、激励进一步加码。三是部分代表性政策，如《新时代龙江人才振兴 60 条》《黑龙江省进一步推进科技创新发展若干措施》《哈尔滨市支持哈大齐国家自主创新示范区哈尔滨片区建设若干政策措施》《黑龙江省支持数字经济加快发展若干政策措施》《黑龙江省金融开放招商若干政策措施（试行）》《哈尔滨新区关于鼓励产业集聚推动高质量发展的若干政策措施（试行）》《哈尔滨新区关于加强对外开放深化改革创新的若干政策措施》《哈尔滨新区暨自贸试验区哈尔滨片区关于推动企业进入资本市场实现高质量发展的十条政策措施》等。

4. 园区层面支持政策

一是为加快产业集聚，发挥示范带动作用，深哈公司制定了《支持深圳（哈尔滨）产业园区科创总部产业发展的若干措施（试行）》，在产业用房、商业用房和人才公寓三方面对符合条件的单位和个人按标准最高给予 3 年免租。二是推动成立了 10 亿元新兴产业投资基金和 1 亿元天使基金，通过机制建设和资本力量推动园区企业创新发展。三是制定《深哈产业园区产业扶持资金支持科创总部入驻企业发展管理办法》，推动园区企业高质量发展。

第四节　深圳—汕尾特别合作区

深圳—汕尾特别合作区利益共享经历了几个不同发展阶段。

GDP 纳统方面，合作区所产生的 GDP 数据全部纳入深圳统计，不纳入汕尾统计。2013 年以前，广东省将合作区 GDP 单独统计。在政府内部考核时，深圳、汕尾两市均可将合作区地区生产总值计入。从两市对外公布的统计数据来看，深汕特别合作区 GDP 等数据纳入了深圳统计。2013—2017 年，GDP 分成按照深圳计入 70%、汕尾计入 30%的比例进行纳统。2017 年以后，深汕特别合作区 GDP 已纳入深圳统计，除此以外，规模以上工业增加值、固定资产投资、社会消费品零售总额乃至常住人口也将深汕特别合作区的数据计入。

2017 年以后，汕尾市统计局对外发布的 GDP、工业、投资和消费数据不包含深汕特别合作区。

税收分成方面，按照“发展第一、尊重历史、权责对等、互利共赢”的原则，形成有利于深汕区较快发展的体制。合作区的财政体制执行“省直管”模式，委托深圳市全权代管。合作区产生的地方级税收在扣除省按体制规定的获益部分后，由深圳市、汕尾市和深汕区按 25%、25%和 50%的比例分成。2015 年前，深圳、汕尾两市将各自所得分成收入全额返还合作区。2020 年前，深圳、汕尾两市将各自所得分成收入的 50%返还合作区。另外，按照属地原则，合作区取得的政府土地出让的净收益，除小部分留成给汕尾市外，大部分返还合作区。

第五节　深圳—保定产业园

1. 协议签订阶段

2016 年 4 月 19 日，深圳市与保定市签署了《战略合作框架协议》，深投控公司与保定市签署了《共建高新区科创基地合作框架协议》《共建高新技术产业园合作框架协议》《金融服务合作框架协议》。

2. 动工建设阶段

2017 年 5 月 20 日，保定深圳高新技术科技创新产业园开工仪式隆重举行。深投控与保国控集团签署《河北深保投资发展有限公司出资框架协议》。2017 年 12 月 12 日，保定深圳高新技术科技创新产业园第一次联席会议在深圳五洲宾馆会议厅召开，审议并原则性通过了深圳园《联席会议制度实施方案》，标志深保两地协同工作机制正式落地，规划建设联审委员会和联合招商委员会（“两委”）正式组建。深圳园作为保定全面深化改革的“试验田”，聚焦“京津疏解、保定承接”“雄安引领、保定支撑”“深圳北上、保定落地”，以高质量发展为引领，植入深圳创新基因，努力争当京津冀协同创新共同体的排头兵。保定市委、市政府高度重视深圳园的发展，各区（管委会）、各部门和相关单位将为深圳园的早日建成和创新发展提供全面支撑。深圳园是保定市的亮丽名片，承载着梦想，寄托着希望，更将创造产业结构升级、产城融合发展、繁荣保定经济的未来。各部门、各区、各单位要把深圳园作为全市最重要的项目提供强力支撑，涉及深圳园事项要创新工作机制，开设“绿色通道”，优化审批流程，后续的工作要从六个方面强化政治、资金、要素、制度、法律、组织保障，全面推动园区建设发展。

2018 年 12 月 17 日，深圳园创投中心暨起步区市政基础设施开工仪式隆重举行，深圳园金融服务创业投资生态圈启动载体建设。深圳市属国资国企代表团到保定进行考察交流，其间参加了深圳园创投中心开工仪式及深保两地合作交流座谈会。保定市高新区管委会与深圳湾科技发展有限公司签订了关于委托运营“保定·深圳湾科技创新广场”的战略合作协议，深圳湾科技首个异地科创广场落地保定深圳园西区。

2020 年 3 月，深圳园创业广场项目动工（创业孵化、研发实验、科技办公），深圳园燕云城项目动工（配套居住）。

3. 全面提速阶段

2020 年 6 月 2 日，莲池区召开“鏖战深圳园，决胜五周年”集中攻坚誓师大会，加快深圳园开发建设步伐。深圳园东区征迁工作全面提速，市政配套 4 条园区道路及公园开工建设。

2020 年 12 月 29 日，保定市莲池区整体完成深圳园高新技术产业园 10000 亩土地征迁工作。

2021 年 3 月，深圳园数字产业基地动工（高标准厂房）；深圳园创智云谷项目动工（创业孵化、研发实验、科技办公）。

2021 年 9 月，深圳园综合能源站动工。

2021 年 10 月，深圳园燕华城项目动工（配套居住）；创投中心竣工交付。

2021 年 12 月，深圳园路网二期动工（深保大道以北）；深圳园再生水厂动工。

2022 年 1 月开始，佳瑞源生物芯片、合肥开拓核心惯性器件、极恒桓星飞行器、凯博瑞高端装备、施展电气、艾荻欧射线探测装备、维特瑞智能交通、富瑞能源、商海科技、联东科技谷等招商项目陆续落地。

2022 年 7 月，深圳园保定小学项目动工。

2022 年 8 月，深圳园创业广场竣工交付。

2022 年 10 月，深圳园路网三期动工（深保大道以南）。

2023 年 6 月，深圳园 110 千伏输变电站建成；深圳园燕云城竣工交付。

4. 社会效益评价

（1）承担首都都市圈职能化定位与雄保一体化发展

保定是首都都市圈 2 小时经济圈内的重要功能城市，在圈内主要承担“区域性中心城市、非首都功能重要承载区、京津冀科技创新转化示范区”职能，保定深圳园将成为保定承担首都都市圈功能承载的先锋区域。同时，保定深圳园在雄安和保定之间承上启下，能有效促进雄保一体化发展——深圳园既是承接疏解首都都市圈功能的重要平台，也是京津冀城市群和粤港澳大湾区区域合作的重点项目。

表 15-1　保定市在首都都市圈的功能定位与产业分工

职能分工定位——首都都市圈 2 小时经济圈内 7 座城市		
城市	功能定位	产业分工发展方向
北京	首都中心城市、国际交往中心、科技创新中心、文化中心	高端服务业、现代制造业、文化创意产业、科技创新产业
天津	北方国际航运核心区、渤海湾区域中心城市、京津冀协同发展示范区	现代服务业、物流业、海洋产业、高端制造业、高新技术产业
雄安新区	北京非首都功能疏解承接地	新一代信息技术、生物医药、人工智能、智能制造、新材料、节能环保
保定	区域性中心城市、非首都功能重要承载区、京津冀科技创新转化示范区	新一代信息技术、生物医药健康、新材料、新能源、高端装备制造、节能环保
廊坊	首都副中心、京津冀协同发展战略支点城市、全国性经济转型升级试验区	现代制造业、高端装备制造业、高新技术产业、现代服务业
唐山	环渤海区域中心城市、京津冀协同发展核心区域城市、全国现代制造业基地	现代制造业、物流业、高新技术产业、现代服务业、海洋产业
张家口	北京 2022 冬奥会比赛场馆集中区、京津冀协同发展重要节点城市	现代服务业、现代制造业、新能源产业、文化创意产业、生态农业

（2）引领保定市产业升级，打造经济新增长极

河北省委及保定市委均对保定深圳园提出了高点站位的要求，提出将深圳园建设成为“全国一流科技创新园区”“信息智能和生命健康产业的重要平台”。未来深圳园全面导入北京、深圳等地产业资源后，将打造成为保定经济

发展的新增长点，突出深圳园产业特色，加大招商引资、招财引智力度，将深圳园打造为信息智能和生命健康产业发展的重要平台。

（3）深圳园高标准规划建设将提升保定城市影响力

保定深圳园的建设对照两大标杆：一是基础设施对标雄安样板，打造集畅通、节能、节水、立体复合、管线综合、生态宜居、智慧市政于一体的一流园区；二是公共服务设施对标深圳品质，教育、公园、商业、居住等内容均按照深圳水准建设。深圳园高标准高质量的规划建设，为整个保定市的建设品质提供了一个示范样板，并将提升保定城市的影响力。

在建设先进性智慧园区领域，深圳园提出园区信息模型数据标准等系列建设标准，并与深圳园的智能建造实践结合应用，为保定成功申请全国智能建造试点城市打下基础。重点打造了三个信息化智慧管理平台：①深保发展建设管理平台：应用最新的 BIM 模型轻量化技术，采用信息化的技术管控措施实现数字化建造，“深圳园”所有参建设计施工团队遵循园区统一的 BIM 标准体系，应用各项最先进成熟的 BIM 技术，完成各阶段各专业的工程设计及施工建造工作。②深保发展智慧园区产业服务平台：基于 BIM 技术的数字化应用软件平台系统，运用 BIM+VR+数据+信息交互等技术手段，对园区进行可视化建模，再与入园标准、招商信息、招商政策、招商动态等元素相叠加，通过数字化的方式在园区尚未建设之前为用户带来最直观生动的形象展示，提升招商便捷度。③安全生产数字化平台：实现“深圳园”所有建筑智能化管理的多系统集成平台，运用物联网、BIM、大数据、人工智能等先进技术对安防、电力、设备、门禁等 14 套子系统进行智慧管理，为楼宇智能化设备的安全、稳定、高效运行提供保障。

（4）深圳园品质带来的产业与人才拉动

保定深圳园办公楼与办公空间的建设，遵循 MOBO 第五代高端商务办公标准（见图 15-1），集移动信息化办公、开放自由办公、“一站式”商务服务办公、花园式有氧办公于一体。随着园区的逐渐落成，增强了央企、外企等外来资金对保定的投入信心，提高了对高端专业人才吸引力，进而实现对保定市产业、城市发展的本质拉动。

深圳园的开发及企业入驻将带来约 8 万个各类就业岗位。深圳园围绕专业技术人才、创业者、职场新人、企业家/高层管理、技术工人五类人才的空

图 15-1　深圳园 MOBO 第五代高端商务办公标准

间需求（见图 15-2），配套定制了对应的办公、生产、服务、休闲、居住精品空间，以进一步提升人才吸引力。

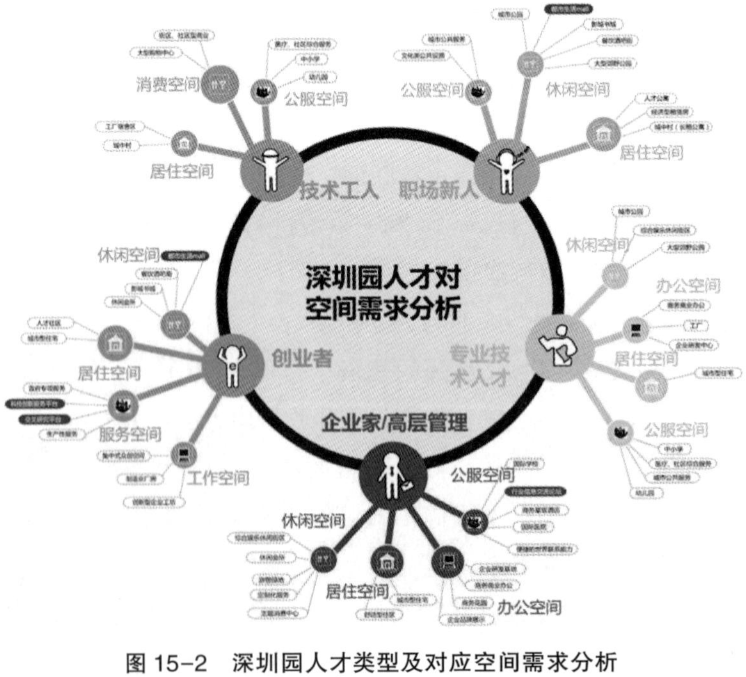

图 15-2　深圳园人才类型及对应空间需求分析

5. 品牌效益评价

（1）深投控品牌提升保定形象

深投控是世界500强企业，是以科技金融、科技园区、新兴产业及高端服务业为主的国有资本投资公司，是深圳市委、市政府的科技金控平台和科技创新、产业培育平台。2022年公司资产总额超10000亿元。深投控公司主要营业领域见图15-3。

图15-3　深投控公司主要营业领域

在科技金融领域，深投控积极布局证券、保险、担保、基金等业务范围，形成了全方位、全周期、全链条的多功能金融服务体系，具有金融服务科技创新、服务实体经济的强劲能力。

在科技园区领域，深投控成功开发运营了深圳湾科技生态园、深圳市软件产业基地、深圳湾创业投资大厦、深圳湾创新科技中心、深圳市生物医药创新产业园、深投控创智天地大厦产业园区。截至2023年底，全系统规划建设各类产业园区50多个，总建筑面积约3000万平方米，为科技产业发展提供了“肥沃土壤”。

在科技与高端服务领域，深投控积极“建平台、补链条、育龙头、强集群”，围绕产业发展导向，在电子信息、智慧城市、供应链管理等领域收购了多家优质上市公司，包括控股供应链龙头企业怡亚通，打造跨界融合的供应链共享经济平台，补强产业链供应链关键环节，提升城市发展服务能力。

（2）深圳园品质带动周边地价增值

在保定深圳园周边约 2 千米范围内，未来仍有大量可出让用地，其中未出让居住用地约 151 公顷（2273 亩）。未来随着保定深圳园逐渐落成，在精品化建设的深圳园区品牌带动下，按照周围土地出让金 10%溢价计算（约每亩 35 万元），周边经营性用地可提升土地价值约 8 亿元。

第六节　深圳—广安产业园

1. 建设背景

2014 年 8 月，为创新区域合作模式，支持、帮扶和促进小平故里发展，广安、深圳两市成功召开第一次市际联席会，协商成立广深产业园。2016 年 9 月 28 日，深圳市人民政府和广安市人民政府正式签署《合作共建广安（深圳）产业园协议》，批准深圳市特区建设发展集团有限公司（以下简称特区建发集团）和广安发展建设集团有限公司（以下简称广发建集团）成立合资公司，负责广深产业园的规划、建设、管理和运营。2016 年 10 月 28 日，四川深广合作产业投资开发有限公司（以下简称深广公司）注册成立，合作正式拉开帷幕。2018 年 10 月 15 日，两市签署《深入推进广安（深圳）产业园合作共建协议》，将深广合作推向深化。

2. 规划定位

（1）目标定位

广深产业园总体规划面积约 28 平方千米，以渠江为界分为两部分，跨广安经开区奎阁片区、广安区官盛片区，按照“统筹规划，分步实施，全面推进”的原则，坚持“园区开发、产业引进、城市建设”同步推进思路，打造区域发展协作区、合作机制创新区、产业转移示范区，努力实现“一年起好步，三年打基础，五年大发展”的目标，到2025年，产业园内基础设施较为完善，体制机制成熟运转，各个功能区基本形成，逐步形成现代化综合性产业新城和深圳产业延伸的示范基地，成为广安新的经济增长极。

（2）运营模式

一是根据“政府引导、市场主导、企业运作”的市场化运营机制，联合组建深广公司，主要负责广深产业园的规划、建设、管理和运营，自主经营、自我发展，实现项目资金总体平衡、盈亏平衡、现金流平衡。二是深广公司由特区建发集团和广发建集团共同出资组建，注册资本19.6078亿元，其中特区建发集团代表深圳市政府出资现金10亿元，占股51%，广发建集团代表广安市政府出资9.6078亿元（以土地注资的方式按照40万元/亩的标准，实现不少于2402亩产业配套用地）和现金方式首期出资5000万元注资到深广公司，占股49%。鉴于实际土地注资由广安区和广安经开区履行，广安市研究提议并在两市联席会第四次会议明确，深广公司广安方49%的股权由广发建集团单独持有变更为广安区广安国投持股21%、广安经开区恒生公司持股20%、广发建集团持股8%。三是深广公司经营管理层由双方共同选派，其中党委书记、董事长和总经理由深圳方选派，实现两地资源整合协调，保障深圳理念、经验和作风做法有效引进。四是两市按5∶5分配园区税收地方留存部分，前10年园区税收地方留存部分以产业扶持资金和向深广公司增资的方式，全部用于反哺公司发展、产业园建设。

（3）共建机制

建立“市际联席会议+共建协调小组+合资公司”三级决策管理模式。一是两市党政高层领导每年适时召开联席会议，商定重大发展战略、目标和工作措施，及时解决问题。二是联席会下设合作共建协调小组，其中深圳市乡村振兴和协作交流局、广安市广深合作产业园工作专班作为日常协调办事机构，畅通沟通、强化协调指导，督促议定事项落实。三是通过两地国企组建深广公司，引入市场化机制，搭建一体化产城平台。

（4）发展思路

深广公司聚焦产业发展、园区开发与运营、城市建设三大业务板块，构建产业运营、金融创新、产城配套开发三大平台，以产业发展为核心，通过核心龙头企业和上下游配套企业的招引，形成产业集群高地；以园区开发与运营为抓手，通过完善园区运营服务体系，提升营商环境，培育优质产业生态，形成人才集聚高地；以城市配套建设为依托，通过优质配套项目开发建设，打造产城融合高地。聚合湾区效应、产城效应、平台效应，汇集多元发展要素，焕发区域合作市场活力，积极为全国区域合作、园区经济建设输出深广合作模式。

①创新打造体制机制的“试验田”。将广深产业园作为体制机制创新的“试验田”，努力打造“深圳飞地”“广安特区”。对标深圳，充分发挥深圳品牌和小平故里优势，突出深圳元素，坚持高点定位、高品质发展，引进深圳先进理念经验，促进广安体制机制改革，优化投资和营商环境，以改革激发园区发展活力。推动招投标评定分离、土地作价出资办法、全流程综合规划、“单元控规”、新型产业用地（M1B1）等做法在园区先行先试，推动出台涵盖科学规划、审批流程、土地保障等 19 条支持政策。

②坚持“现金+土地”探索可持续发展路径。按照两市协议，探索以“现金+土地”企业化运作模式，通过 10.5 亿元现金启动园区建设，2402 亩土地滚动开发补贴产业园发展，实现“输血—造血—生血”功能。以注资土地资产盘活为基础，探索产城互哺经营方案，持续推进注资土地资产多元化盘活，以土地资产盘活为基础，推动产业招商、园区运营、资本运作等业务有机联动、相互支撑和滚动发展，不断撬动市场资源、资本和项目进入，支撑深广公司资产规模做大做强、信用评级建设和园区建设快速发展。

③坚持产业立园打造特色产业集群的发展思路。产业招商是广深产业园建设的第一要务，也是深圳、广安两市合作的初衷和目的，按照建设成为川粤合作的重要平台、深圳产业延伸示范基地、区域合作“精彩样板”的目标，争取整合两地政府资源形成招商合力，用好渠江云谷优质的合作平台，围绕招引市场前景好、产业附加值高的龙头企业入驻，循序形成产业集群和集聚洼地。坚持产业招大引强，集中优势资源和政策落地龙头企业，深耕龙头企业上下游配套企业，打造产业链集群。深化深广两地产业分工协作机制，巩固“深圳总部+广安生产基地”模式，市场化引导有拓展西部市场意向的深圳企业向广深产业园转移。协调两地市属国企协同共建，“强强联合”参与园区投资建设，形成国资国企先行带动作用。推进产业资本运作、资本招商、拓展招商渠道，建立产业基金和第三方招商代理平台，通过资本招商、渠道招商、平台招商、以商招商等方式调动社会力量参与园区发展。

④坚持配套先行推动产城融合发展。坚持配套先行、筑巢引凤、产城融合，高质量完成首期项目渠江云谷建设运营，打造集展览展示、政务服务、金融中心、中产中试、企业公馆、酒店办公、人才公寓、特色商业、人才公园等 11 种业态于一体的综合服务中心，搭建科创研发、企业总部、中试研发、金融创投、产业服务、生活服务“六大平台”，为入园企业提供全生命周期、“一站式”服务。推进智慧园区、清洁能源建设，发展数字经济，为高端产业的引进提供了先决条件，保障产业园迭代升级空间。

⑤不断优化园区运营服务职能。坚持以入园企业为中心，打造夯实产业服务生态，营造优质的发展配套环境，实行物业管理+园区运营“双管家”服务模式，全面提升园区运营服务水平。建立“1+1+N”运营服务体系，依托“1”个中心即园区运营服务中心，建立“政、园、企上下联动”平台，渠江云谷联合党委、商会、创新梦工厂、政务服务中心、科技创新中心、外国人管理服务站等服务要素已集聚。推进“1”个平台建设，即园区智慧化服务平台，提升园区管理水平及服务能力。拓展“N”种定制化服务，推出集成办公、商务行政、企业扶持、招商招租等服务项目，开发水电专户申请等 5 个定制服务，推动渠江云谷向智慧园区、科技园区升级。

⑥深耕优化公司资产结构提升融资能力。深广公司通过注资土地开发、资产经营、资产融资和基金撬动等方式，致力于壮大公司资产规模，优化资产结构，提高资信等级，强化融资平台功能。一是设立产业引导基金。联合政府、金融机构设立主导产业的引导基金，通过产业孵化、股权投资等方式，一方面吸引企业入驻，另一方面助力园区企业做大做强，实现股权投资收益。深广公司已参与广安市委、市政府发起设立的广安市战略性新兴产业发展基金，基金规模 2 亿元，深广公司出资 4000 万元占比 20%（首期认缴 30%）。二是依托深广公司的政府背景、强大的股东支持、优质的土地资源和业务资源，积极对接证券公司、基金公司、资产管理公司等金融机构，探索多元化融资方式。成功从工商银行取得 8 亿元渠江云谷项目贷款额度。三是提升公司资本运作能力，增强对开发项目的设计和包装能力，吸引更多的资本进入。

⑦始终坚定构建“政园企”命运共同体。努力推动政企共谋大局，充分融入广安市、广安经开区规划建设发展，构建“平台共建、资源共享，市场共拓、合作共赢”的命运共同体关系，充分调动激发各方积极性，团结一心、互信互助、整合资源、推动发展。

3. 建设进展

在两地市委、市政府的坚强领导和大力支持推动下，广深产业园开发建设、招商运营等各项工作稳步推进。截至2023年，园区累计签约产业项目75个，签约投资额85.04亿元，带动就业约10000人。园区综合配套服务中心渠江云谷全面建成，产城配套项目深广·仁恒公园四季主体工程完工并实现一期住宅交付，医院、学校、港口、海关等陆续落地，建成区面积达5平方千米。

（1）体制机制基本建立

两市联席会议制度和广深合作产业园专班工作机制基本建立，已成功召开5次两市联席会议和6次广深合作产业园工作专班会议，促进两市合作深化，解决园区发展中重点问题。

（2）产业招商扎实开展

园区坚持以高端装备制造为龙头，智能电子信息、新材料为主导的“1+2”产业定位，着力招大引强。广深产业园已签约项目75个，签约投资额85.04亿元：产业签约比亚迪、坤兴科技、启迪之星、广安市工业化信息平台、经准检测实验室等项目65个，签约投资额84.6亿元；商业签约中国平安、大秦娱乐等项目7个，签约投资额0.44亿元。渠江云谷项目产业用房累计租售面积8.09万平方米，出租率达77.21%；商业用房累计签约面积5995.58平方米，出租率达13.24%。

近期，园区重点推进以下项目：一是打造渠江云谷娱乐休闲特色经济。携手深圳市野火商业管理有限公司，在深广·渠江云谷落地汤谷城市温泉、麻将博物馆、体育小镇等现代服务业态，打造集城市创新、文化体验、社交娱乐、休闲度假于一体的城市温泉娱乐综合体项目。二是通过港澳工商驿站提升开放层级。动员港澳及海外工商界力量，联合港澳工商驿站，在渠江云谷建设三地合作交流平台——川港澳工商驿站，开展川港澳工商交流活动，提升四川对外知名度和吸纳引进外资，利用广安“红色”和“绿色”资源开展港澳交流活动，促进广安公益事业和川港澳文化交流。三是推动广安市数字经济产业园项目加快完成装修建设和落地工作。四是加快推动和邦生物项目区域总部尽快签订物业销售合同和入驻工作。五是建设广安电商产业园。通过协同广安数字经济产业园、工业信息化平台建设，携手盘古天地集团，打造“互联网+电商”产业园、区域电商示范基地，在渠江云谷谋划建设广安盘古电商产业园，打造广安数字经济产业基地。六是集聚力量推进土地项目招商工作。按照广安市委、市政府相关工作指示，广深产业园招商工作全面融入广安经开区招商统筹，坚持把园区的招商当成广安经开区的招商，组建攻坚专班，优化招商举措，采取以商招商、中介平台、“敲门招商”等方式，广泛对接商协会、重点企业，抓实土地项目产业招商，促进全年力争落地签约 2 家以上制造企业。

（3）产城配套项目建设有序推进

对标深圳前海，投资 15.69 亿元高品质建设渠江云谷项目（总建筑面积 26.69 万平方米），打造“一站式”生产生活配套服务中心。投资 13.4 亿元建设深广·仁恒公园四季项目（占地面积 112 亩，总建筑面积 25.8 万平方米），引入新加坡仁恒置地品牌，采用设计、施工、营销及物业全流程综合服务管理模式，规划 1474 套精装高层住宅，住宅一期已于 2021 年 10 月底顺利交付，住宅二期主体建设已完成，项目配套的幼儿园已移交政府并挂牌广安市第一幼儿园广深产业园分园实现运营。与深圳能源集团强强联合，投资 7600 万元建成渠江云谷地源热泵项目，在园区高标准推行清洁能源，助力打造生态低碳示范园区。

（4）运营服务全面开展

园区综合配套服务中心渠江云谷项目已竣工验收，深广展览馆、党群服务中心、人才公园、园区食堂等建成开放，广安市工业信息化服务平台、经准检测实验室等项目建成运营，酒店、商业、人才公寓等生活配套建设快速推进。在运营服务板块，成立了渠江云谷联合党委、国家级经开区商会、创新梦工厂，引入广安科技创新中心，加快导入广安智慧政务综合体，整合政务服务中心、大数据中心、公共资源交易中心等功能，完善园区政务配套资源。园区党群服务中心、外国人管理服务站为企业提供综合服务，政务搭桥、创新扶持申报、行政审批委托、人才招聘、酒店、会议会展等服务业务均已展开。

（5）合作影响力逐渐彰显

园区发展已纳入《四川省川东北经济区振兴发展实施意见》《四川省建立更加有效的区域协调发展新机制实施方案》，纳入《深化粤川全面战略合作框架协议》。联合小平干部学院研究的课题《广安（深圳）产业园：东西部合作的典范》入选中央党校《深入贯彻习近平新时代中国特色社会主义思想实践案例》脱贫攻坚卷，入选四川省委组织干部教育培训“好案例”。

第十六章 其他城市飞地园区案例借鉴

国外以及国内其他城市都在飞地园区建设方面开展了多层面的探索，包括政府引导、企业主导等多种方式，发展至今已经总结了丰富的经验和教训，可为国内其他城市在未来探索飞地园区建设提供有益的参考。

第一节 美国田纳西河流域合作

1. 田纳西河流域概况

田纳西河位于美国东南部，地跨美国 7 个州，全长 1043 千米，流域面积 10.4 万平方千米。20 世纪 30 年代，美国经历了严重的经济危机，为摆脱经济危机的困扰，时任美国总统的罗斯福以凯恩斯理论为指导，开始实施“新政”，试图通过大规模的基础设施建设来扩大内需，并以田纳西河流域为试点。经过几十年的开发实践，田纳西河流域不仅摆脱了贫穷落后的面貌，而且改善了流域内的自然生态环境和社会环境，成为流域管理成功的典范。

2. 田纳西河流域合作经验

一是制定专项法，奠定流域合作法律基础。田纳西河流域地跨美国 7 个州，如果不能在州与州之间达成共识，则难以对田纳西河流域进行统一的开发管理。为了实现对田纳西河流域的统一开发管理，美国国会在 1933 年通过了《田纳西河流域管理局法案》，并成立了田纳西河流域管理局（Tennessee Valley Authority，TVA）。根据《田纳西河流域管理局法案》，田纳西河流域管理局被确定为联邦政府一级机构，在行政上不受流域沿岸各州政府的管理，并赋予田纳西河流域管理局在田纳西流域水利建设、发电、航运、渔业等广泛的权力。此后，随着时代发展和流域开发管理的需要，《田纳西河流域管理局法案》不断修改和补充，使凡是涉及流域开发管理的重大举措都有相应的法律支撑，奠定了田纳西河流域统一开发管理的法律基础和体制机构保障。

二是设计管理组织结构，突出机构权威性和民主性。田纳西河流域的管理由具有政府权力的机构——田纳西河流域管理局董事会和具有咨询性质的机构——地区资源管理理事会进行，机构间相互配合，各司其职。田纳西河流域管理局董事会是流域水资源的最高行政管理机构，董事会由 3 人组成，成员由总统提名。董事会下设执行委员会，以《田纳西河流域管理局法案》为依据，保证了职权能够充分行使。地区资源管理理事会由州长代表、配电商代表、受益方代表及地方社区代表组成（见图 16-1）。理事会每届任期 2 年，每年至少举行 2 次会议。每次会议的议程提前公告，并记录在案，公众可以列席会议。通过广泛征集各利益相关方意见，承担组织协调工作，并对田纳西河流域管理局的流域自然资源管理提供咨询性意见，成为田纳西河流域管理局与各利益相关方沟通的纽带。

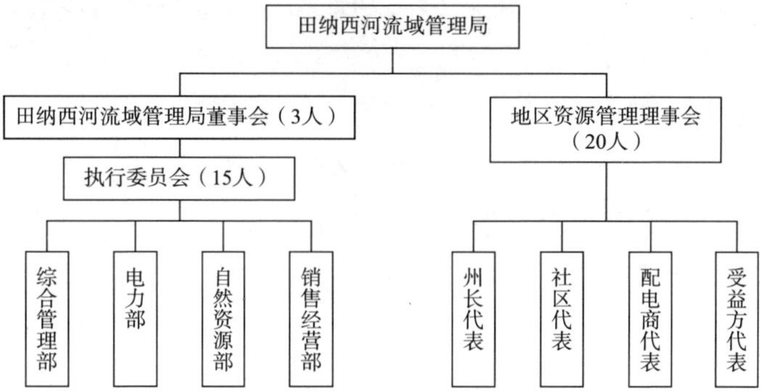

图 16-1　田纳西河流域管理组织结构

第二节　新加坡苏州工业园

1. 苏州工业园概况

苏州工业园是中新两国政府间重要的合作项目，1994 年经国务院批准设立，同年 5 月正式启动。园区地处苏州城东金鸡湖畔，行政区域面积 288 平方千米，其中中新合作开发区规划面积 80 平方千米，下辖 4 个街道，常住人口约 80.78 万。发展 20 多年来，苏州工业园以占全市 3.4%的土地、5.2%的人口创造了 15%左右的经济总量，并连续两年名列“中国城市最具竞争力开发区”榜首，综合发展指数居国家级开发区第二位。苏州工业园不仅成为率先实现统筹发展的排头兵，还创新发展了一种工业园模式，为其他园区的发展提供了借鉴。

2. 苏州工业园区域合作经验

一是企业化运作，实现政企分开、自主经营、自负盈亏。苏州工业园区由中新双方合作开发，主权管理完全由中方负责。园区管委会代表苏州市政府行使管理职能，与苏州一些知名企业联合组建一个投资公司，称作苏州财团。苏州财团与来自北京的一些大公司合资组成中国苏州工业园区股份有限公司，简称中方财团。中方财团与新加坡财团携手组建成中新苏州工业园区开发有限公司（CSSD），双方出资的比例分别为 65%和 35%。参加新方财团的公司来自新加坡、日本和美国等国家，共计 23 家；参加中方财团的有国家和省、市公司共计 23 家。在具体运作过程中，园区的行政管理由中方全权负责，成片开发由中新合资的开发公司负责，对外招商引资由中新联合负责。园区管委会行使行政管理职能，中新苏州工业园区开发有限公司行使企业管理职能，相互独立、各司其责，实行政企分开、自主经营、自负盈亏的原则。

二是借鉴先进管理理念，搭建多层次组织架构。苏州工业园从一开始就将发展目标设定为借鉴吸收新加坡开发、管理裕廊工业园的经验，紧密结合中国国情，在苏州建设一个具有世界水准、类似新加坡裕廊镇的现代化国际化工业园。不仅采用合理的招商方式，而且在管理上全方位借鉴新加坡的模式，在管理思想上建立了先进的理念，建立了合理的组织架构——三个层次的管理框架：最高层是中新双方政府高层组成的中新联合协调理事会，一般 1~2 年召开一次；第二层是由苏州市政府和新加坡裕廊工业区裕廊镇管理局组成的双边工作委员会，定期开会；第三层是由苏州工业园借鉴新加坡经验办公室和新加坡贸工部软件项目办公室组织的管理委员会，经常碰头开会，解决日常问题（见图 16-2）。

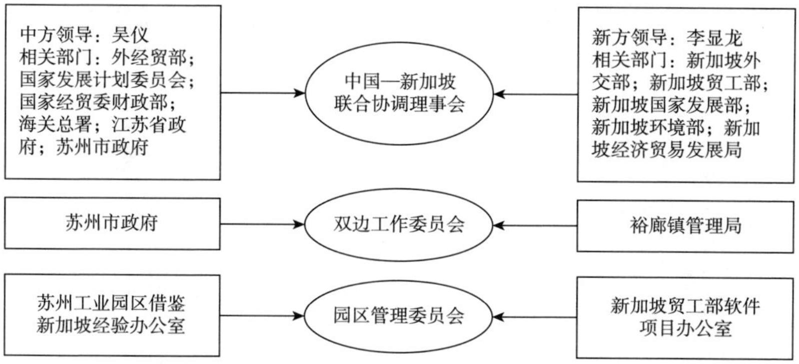

图 16-2　苏州工业园区三级政府组织架构

第三节　苏宿工业园

1. 苏宿工业园概况

2006 年底以来，苏州、宿迁两市共建了 6 个工业园区。其中，苏宿工业园区是两市在市级层面的合作载体，也是江苏省南北挂钩合作的典范。苏宿工业园是江苏省委、省政府实施“区域共同发展”“加快苏北工业化”“实现宿迁更大突破”等一系列重大战略决策的重要举措。根据两市协议，苏宿工业园的运作以苏州方为主，主要依托苏州工业园组织实施开发、建设、管理。组建相对独立、具有开发区功能与权益的管理机构和具备市场运作主体功能、能进行独立投融资的开发主体，实施滚动开发。

2. 苏宿工业园管理体制

一是建立了充分授权的管理体制和分工有序的组织架构（见图 16-3）。苏宿两市借鉴苏州工业园区和新加坡合作的经验，成立了由两市市长领头的联合协调理事会，下设双边工作委员会，由两市分管副市长挂帅。同时，市政府充分授权，园区封闭运作，宿迁市给予苏宿工业园区副市级建制，授权园区工委、管委会在园区范围内行使宿迁市组织、人事、财务、国土等部门相应管理权限，同意园区管委会刻制、使用“宿迁市人事局”“宿迁市财政局”等 12 个印章。处级干部由苏州市提名、宿迁市任命。宿迁市委组织部把副处级干部的任免权下放到园区。管委会下设机构由园区自行决定。

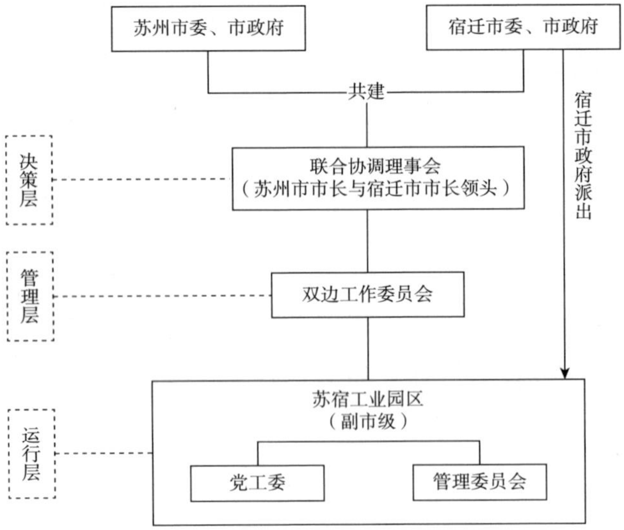

图 16-3 苏宿工业园区管理体制

二是开发建设采用股份制融资、企业化管理、市场化运作。园区成立之初，苏州市政府出资 5000 万元、苏州工业园区管委会出资 1 亿元、宿迁市政府出资 5000 万元、江苏省国信集团（省属企业）出资 1 亿元，共同成立了江苏省苏宿工业园区开发有限公司。公司作为开发机构，采用股份制融资、企业化管理、市场化运作的方式进行土地综合开发。苏州工业园区因自身资金实力雄厚有信誉优势，承担融资担保任务。园区的行政经费以苏州为主承担。为保证苏宿工业园区分享财政收入，苏宿两市还规定，10 年内不从苏宿工业园区分享财政收入，苏宿工业园区开发公司的各股东 10 年内不分红，使管委会的财政收入和园区开发公司的经营收入全部留在园区。

3. 苏宿工业园区域合作

苏州宿迁工业园区是江苏省委、省政府落实国家区域协调发展战略、推进省内全域一体化发展的重要载体。园区原规划面积 13.6 平方千米，以通湖大道为界，东侧为现代新城示范区，西侧为工业区，规划人口 12.2 万人，于 2006 年 11 月启动。2019 年，启动拓园发展，拓园首期规划面积 7.75 平方千米，园区规划总面积达到 21.35 平方千米，规划总人口 20 万。2022 年，苏州宿迁工业园区以占宿迁 0.16%的土地实现地区生产总值 75.1 亿元，一般公共预算收入 10 亿元。苏州宿迁工业园区的商业模式主要是，园区管委会主要运作和经济部门负责人由苏方选派，园区封闭运作，税收留存园区发展。此外，当地政府和园区管委会在征地拆迁上形成合力，园区发展带动了周边地价上升，当地政府可通过园区周边土地收益增加财政收入，同时其承担了20%的园区征地拆迁费用，支持园区发展。

（1）组织机构。一是苏州宿迁工业园区联合协调理事会。作为高层协调机构，前期由两市市长共同担任联合主席，2019年10月起升格为由两市市委书记共同担任联合主席，两市市长担任联合常务副主席。联合协调理事会在每年两市党政代表团互访期间召开，负责对园区发展的重大问题和重要工作进行决策。二是苏州宿迁工业园区双边工作委员会。由两市分管副市长牵头，苏州工业园区党工委、管委会主要领导和两市开发建设有关部门主要负责人参加，协调处理开发建设中的重要问题，对联合协调理事会负责。三是苏州宿迁工业园区党工委、管委会。作为宿迁市委、市政府的派出机构，代表宿迁市委、市政府行使工业园区内党的领导、经济管理及其他相应的行政管理权，实行充分授权、封闭运作的管理模式。

（2）开发机构。开发机构是江苏省苏宿工业园区开发有限公司（注册资本6亿元人民币），由省、苏州市、宿迁市、苏州工业园区按1∶0.5∶0.5∶4共同出资组建。公司按《中华人民共和国公司法》等有关法律组建，实行现代企业制度管理。开发公司受苏州宿迁工业园区管委会委托进行土地综合开发。苏州、宿迁两市支持开发公司的开发建设，并采取必要措施帮助其实现收支平衡、良性发展。

（3）职能权限。宿迁市委、市政府授权苏州宿迁工业园区党工委、管委会在规划建设、土地管理、经济管理、环境保护、招商、财政、外事、组织人事等方面代表宿迁市委、市政府行使省辖市管理职能和管理权限。党工委、管委会内设机构享有与宿迁市对应职能部门同等管理权限。

第四节　江阴—靖江工业园

1. 江阴—靖江工业园区概况

江苏江阴—靖江工业园区成立于2003年8月29日，是江阴、靖江两市跨市跨江联合投资开发的省级开发区，江苏省联动开发的先导区、示范区。江苏省江阴经济开发区靖江园区位于靖江市南侧，总体规划面积 60 平方千米，首期启动区 8.6 平方千米，园区拥有 11.1 千米的黄金长江岸线。园区的建设目标是依托丰富的长江岸线资源，建成以船业、特色冶金、机电、能源、物流、商贸为主导产业的具有临江产业特色的重要国际制造业基地，集工业园、生态园、新港区、新城区“两园两区”于一体的 21 世纪新型工业园区，成为江苏省跨江联运开发的先导区和示范区。

2. 江阴—靖江工业园区域合作经验

一是形成江阴主导、靖江配合的管理模式。为全力支持江阴—靖江工业园进行开发建设，江阴市政府在园区成立管委会，负责投资开发和管理工作；靖江市政府在园区成立办事处，负责社会事务。另外，工商、地税由江苏省派驻，国税、质监由江阴相关部门负责，国土、规划、建设、水利、公安由靖江管辖。2013 年，随着靖江港获批一类开放口岸，园区口岸查验管理权限由江阴划归泰州。在干部遴选上，园区管理人员主要来自江阴市，园区的党工委书记、管委会主任由江阴市一名副市长兼任，另抽调两名干部担任党工委副书记和管委会副主任；靖江有一名副主任名额，协调园区社会事务。

二是提前明确园区投入收益规则。江阴—靖江工业园成立之初，即以协议方式规定园区操作规则。按照协议，投资、管理以江阴为主，土地、劳动力和环境配套以靖江为主。具体方案包括以下四个方面：①靖江提供 60 平方千米土地，由江阴经济开发区在靖江注册成立投资公司。②江阴、靖江按照 9∶1 的比例共同出资 1 亿元成立江阴经济开发区靖江园区投资有限公司。随着开发的持续推进，还将进一步追加投资。③10 年内两市都不从园区提取投资收益而将其全部留在园区滚动发展，上交省里的税收全部返还，同时省里每年给园区财政补贴 1000 万元。④10 年后若有收益分成，两市各得 50%。

三是创新体制机制。江阴—靖江两市成立了联动开发协调委员会作为最高决策机构，协调解决联动开发过程中出现的重大问题（见图 16-4）。江阴市政府在园区成立了江阴—靖江工业园区管委会，负责园区投资开发和管理工作，同时负责国税、质监工作。靖江市政府在园区成立了办事处，负责园区的社会事务，同时负责国土、规划、建设、水利、公安等方面的管理工作。另外，采取“干部互挂制度”，由江阴市政府选派本地国土、规划、建设等部门相关人员到园区办事处任职，由靖江市政府选派本地国税、质监等部门相关人员到园区管委会任职，互相协助处理相关工作。

图 16-4　江阴—靖江联动开发协调委员会会议

第五节　华夏幸福固安工业园

2017 年 6 月 2 日，国家发展改革委、国土资源部、环保部等八部门联合下发《关于支持“飞地经济”发展的指导意见》，指出完善飞地经济合作机制，鼓励采取政府和社会资本合作（PPP）等模式，吸引社会资本参与园区开发和运营管理，而作为中国领先的产业新城运营商，华夏幸福基业股份有限公司（以下简称华夏幸福）与地方政府积极发展 PPP 合作模式，在充分尊重政府在合作过程中的主导地位，并发挥市场化效应的基础上，创造性地引入了一套互利共赢、政府没有任何财政风险的合作机制。截至 2017 年底，华夏幸福的 PPP 合作模式已遍布北京、广东、江苏、浙江、河南、四川、湖北、河北、湖南、安徽等多个地区，其中有 21 个项目已入选财政部 PPP 综合信息平台项目列表。2002 年，华夏幸福与固安县在 PPP 模式方面的合作成果，先后得到了国务院办公厅通报表扬，并成为国家发展改革委首批 PPP 项目典型案例。从最初深耕固安产业新城，到现在大厂、香河、嘉善、江门等一批可复制的产业新城进入成熟收获期，华夏幸福在产业新城运营领域已发展成行业内名副其实的标杆。

1. 华夏幸福固安工业园概况

2002年，固安县政府与华夏幸福签订排他性特许经营协议，设立三浦威特园区建设发展有限公司（以下简称三浦威特）作为双方合作的项目公司（SPV），华夏幸福向项目公司投入注册资本金与项目开发资金。项目公司为投资及开发主体，充分发挥市场主体的优势，负责固安工业园区的设计、投资、建设、运营、维护一体化市场运作，着力打造区域品牌。固安工业园区管委会则履行政府职能，负责决策重大事项、制定规范标准、提供政策支持。在固安县政府与华夏幸福合作的15年时间内，固安县财政收入增长了46倍，2013—2017年增速均超过60%，位居廊坊地区首位，公共财政预算名列前茅。

2. 华夏幸福固安工业园公私合作经验

一是建立利益共享、风险共担的公私合营共同体。华夏幸福提供土地整理投资、基础设施建设、公共设施建设、产业发展服务、咨询服务和运营服务六大类服务，并对这些服务的投资回报都作了约定。以园区业务为例，华夏幸福主要通过托管分成获得收入，结算按照审计后所产生费用或新增投资额对应加成或者分成，政府可以选择一次性支付或者分期支付，但分期支付年限不超过5年（见表16-1）。同时，为体现风险共担，企业投资回报设有上限，上限不高于园区财政收入增量的企业分享部分，若财政收入不增加，则企业无利润回报，并且不形成政府债务。即若园区综合发展未达到预期，政府不对回报率进行兜底，县政府不承担债务和经营风险。华夏幸福则通过市场化融资，以固安工业园区整体经营效果回收成本，获取企业盈利，同时承担政策、经营和债务等风险。

表16-1　固安工业园区业务的社会资本结算方式

业务名称	业务内容	结算金额	结算方式	支付方
基础设施建设	在委托区域进行道路、供水、供电、供暖、排水设施、公共项目等基础设施建设管理	实际投资×110%	一次性或分期不超过3年	管委会
土地整理	对委托区域内进行土地整理	实际投资×110%	一次性或分期不超过5年	管委会

续表

业务名称	业务内容	结算金额	结算方式	支付方
产业发展服务	对委托区域内工业园区进行宣传、推广并进行招商引资	新增落地投资额×145%	一次性或分期不超过3年	管委会
园区综合服务	对委托区域进行物业管理、公共项目经营与维护等	实际投资×110%	一次性或分期不超过3年	管委会

二是引进高效专业化的招商引资模式。市场主体往往具有政府不具备的招商优势。华夏幸福拥有500余人的招商团队、15万条信息的企业数据库和研究院、产业中国等研究平台。与其他行业的龙头企业，如中国航天科技集团公司、中国国际电视总公司、京东商城、中科金财等签有战略合作协议。在招商过程中，华夏幸福可为入园企业提供24小时全程无忧的管家式服务。

第六节　广清产业园

2021年5月，广东省委、省政府批复实施《广清经济特别合作区建设总体方案》，合作区下辖“三园一城”（广清产业园、广德产业园、广佛产业园、广清空港现代物流产业新城），总面积112.5平方千米。方案明确合作区由广州主导开发建设、管理运营，清远主要负责社会管理事务，双方按约定分享开发收益。广清两市组建投资开发公司，按规定开展合作区开发运营业务。合作区享有地级市经济管理权限，并承接省政府及其有关部门赋予的部分省级经济管理权限。合作区管理机构方面，依托两市及“三园”现有机构编制等行政管理资源来统筹设置，“三园”均设立管理机构，由黄埔区（广州开发区）、园区所在县（区、市）政府派人共同管理，共派出正式编制人员50人左右；“一城”不单设行政管理机构，由广州城投集团、岭南商旅集团和清远交投公司三家出资（分别占45%、35%、20%）组建广清空港建设公司，作为政府平台公司来主导开发建设。广清经济特别合作区商业模式一是将土地拍卖给企业自建厂房；二是园区封闭运作，税收留存园区发展。

广清产业园建设初期，广州、清远和广东省分别出资7亿元（其中黄埔区出资4亿元）、2亿元、1亿元成立广东广清产业园投资开发有限公司，作为园区的开发主体负责园区相关设施的建设、运营和维护等。园区累计签约项目286个，累计投（试）产项目84个，拥有高新技术企业21家、规模以上企业44家。已成为清远工业经济增长的重要引擎，是全省产业转移工业园、产城融合发展的示范园区，多次在全省工业园区大会上作为先进典型进行宣传介绍等。通过打造“广州总部+清远基地”“广州研发+清远制造”等模式，发挥出产业帮扶协作带动广泛就业的强大效益。截至2023年，带动清远本地近7000人就业，占园区企业员工总数的40%。

第七节 川渝高竹新区

川渝高竹新区于2020年10月成立，是川渝两省市共同批准设立的跨省域省级新区。由川渝两省市共建，重点探索经济区与行政区适度分离改革。园区总面积262平方千米，其中涉及渝北区124平方千米、广安市邻水县138平方千米。

体制机制方面，党工委书记由广安市选派，管委会主任由重庆市选派。新区管理机构由川渝两地共同抽调31人组成，其中重庆21人，四川10人。除国家审批核准或国家、省（市）明确规定不得下放的权限外，依法推动其余省（市）级项目管理权限下放高竹新区。

利益共享方面，按照“锁定存量、分享增量”原则，对高竹新区批复前设立的企业缴纳的地方税收，按属地关系分别由广安市和渝北区征缴。对高竹新区批复后新落地的企业缴纳的地方税收收入，广安市和渝北区按照各占50%比例共享。

政策设计方面，允许园区产业项目自主选择申报两省市产业扶持政策、奖补资金，并通过两省市争取国家产业扶持政策、奖补资金。

第八节 中新苏滁高新区

中新苏滁高新区（原名“苏滁现代产业园”）于2011年由苏州中新集团和

滁州市政府合作共建，是苏州工业园首个省外合作共建项目。

体制机制方面，园区成立中新苏滁高新区管理委员会（副厅级），作为市政府派出机构和管理主体，负责行政审批、征迁安置、公共设施配套等事务。根据 2011 年安徽省政府出台《支持中新苏滁现代产业园建设专题会议纪要》，园区享有省级开发区各项政策，园区管委会享有省辖市经济管理权限。园区建立“一会两委”（管委会、中新公司联席会，招商委员会、规划委员会）工作机制，园区重点工作均由“一会两委”共同协商、共同决策。园区组建成立中新苏滁（滁州）开发有限公司作为开发主体，负责规划、基础设施建设、招商引资等事务。中新苏滁（滁州）开发有限公司由滁州市政府通过城投集团与苏州中新集团成立合资公司共同设立，其中，苏州中新集团持股 56%。中新集团负责园区前期的所有基础设施投资并从招商、运营和服务中获取回报。

利益共享方面，中新苏滁高新区管委会根据工业用地、商业用地出让收入的一定比例给予苏州中新集团分成。同时，针对招商引资项目，以内资项目总投资、外资项目注册资本金为基数，区分中新苏滁（滁州）开发有限公司招引项目、园区管委会招引项目两大类项目按照约定比例分别计算招商代理费。

附录1：关于支持“飞地经济”发展的指导意见

发改地区〔2017〕922号

各省、自治区、直辖市发展改革委（区域合作主管部门）、国土资源厅（局）、环境保护厅（局）、商务厅（局）、工商局（市场监管部门）、质监局、统计局，新疆生产建设兵团发展改革委、国土资源局、环保局、商务局、质监分局、统计局，海关总署广东分署、天津、上海特派办、各直属海关，各出入境检验检疫局，国家统计局各调查总队：

近年来，有关省（区、市）打破行政区划界限，创新跨区域合作模式，探索政府引导、企业参与、优势互补、园区共建、利益共享的“飞地经济”合作，取得了积极成效，同时也面临一些问题和制约。为贯彻落实国家“十三五”规划《纲要》等有关文件要求，支持“飞地经济”发展，现提出以下意见。

一、总体要求

（一）指导思想。全面贯彻党的十八大和十八届三中、四中、五中、六中全会精神，深入贯彻落实习近平总书记系列重要讲话精神和治国理政新理念新思想新战略，按照党中央、国务院决策部署，牢固树立和贯彻落实新发展理念，深入实施区域发展总体战略，服务“一带一路”建设、京津冀协同发展、长江经济带发展三大战略，创新“飞地经济”合作机制，发挥不同地区比较优势，优化资源配置，强化资源集约节约利用，提升市场化运作水平，完善发展成果分享机制，加快统一市场建设，促进要素自由有序流动，为推进区域协调发展做出新贡献。

（二）基本原则。政府引导、市场运作。政府加强统筹协调，完善组织管理架构，健全议事协调机制，加强跨区域政策衔接，提高公共服务质量。发挥“飞地经济”在对口支援、帮扶、协作中的积极作用。遵循市场规律，引导企业积极参与，发挥行业协会作用，着力提升合作园区开发建设、经营管理的市场化和专业化水平。

优势互补、合作共赢。充分发挥各地区比较优势，促进土地、技术、管理等资源优势互补和优化配置，共同参与园区建设和运营管理，建立合理的成本分担和利益共享机制，促进合作各方良性互动、互利共赢。

平等协商、权责一致。强化合作发展理念，从合作大局和长远发展出发，着力扩大发展成果，充分调动合作各方积极性，共同协商规划建设、运营管理、成本分担、利益分配等事项，实现权利与责任对等。

改革创新、先行探索。充分尊重基层首创精神，创新“飞地经济”合作机制，积极探索主体结构、开发建设、运营管理、利益分配等方面的新模式，有条件地创新政策供给，力争在重点领域和关键环节取得突破。

二、完善“飞地经济”合作机制

（三）支持“飞地经济”合作方共同研究商定规划建设、运营管理、利益分配等事项，签订规范、详细、可操作的合作协议，做到分工明确、权责对等、共建共享。

（四）支持合作方创新合作模式，允许以资金、技术成果、品牌、管理等多种形式参与合作；如各方共同组建市场化运营主体的，应符合《中华人民共和国公司法》等相关法律规定。支持各方合理分担园区建设运营成本，征地拆迁、基础设施建设、招商引资、社会管理、环境保护等事项产生的投入和费用，由合作方根据协议商定分摊比例。

（五）支持合作方建立常态化的议事协调机制，加强在产业发展、功能布局等方面的政策对接，及时研究解决园区建设、项目引进和运营管理中的问题。支持合作方共同建立园区管理委员会，选派干部到园区任职、挂职，不断创新管理体制，完善组织架构。

（六）请园区所在地政府提供相关公共服务和保障。合作各方要做好政策衔接和统筹协调，促进跨区域转移项目落地和正常运营。

（七）鼓励按照市场化原则和方式开展“飞地经济”合作。鼓励合作方共同设立投融资公司，采取政府和社会资本合作（PPP）等模式，吸引社会资本参与园区开发和运营管理。提高园区专业化运行水平，支持通过特许经营、政府购买服务等方式，将园区部分或全部事务委托给第三方运营管理，条件成熟地区可探索园区管理与日常运营相分离。

三、强化资源高效集约节约利用

（八）园区建设用地原则上使用所在地土地指标，原则上应依托现有各类开发区（园区）开展“飞地经济”合作，如涉及征地拆迁、土地整理等事务，相关工作由所在地政府负责。加强耕地资源保护，防止在园区建设过程中违规侵占永久基本农田。充分利用未利用地资源，加强未利用地的生态保护和开发利用。加强土地集约节约利用，制定相关行业建设用地控制标准，提高土地投资强度，设置合理的建筑密度和容积率，鼓励和推广多层厂房建设。

（九）强化绿色发展理念，鼓励建设绿色园区，推进节能、节水、减排和资源综合利用，严格执行能耗、水耗、环保等政策，禁止不符合国家和地方产业政策的项目入驻园区，避免低水平重复建设。

（十）围绕改善环境质量目标，依法开展规划环评并优化规划编制和实施。园区环境质量实行属地化管理，由所在地政府负责，园区环境污染防治监管、污染减排和达标排放监管、排污许可证核发监管、环境执法等各项环境管理事项由所在地环保部门负责。

四、规范指标统计口径和方法

（十一）在统计经济社会发展情况时，园区各项指标由所在地政府统计部门按现行统计制度和口径进行统计、核算和发布。

（十二）在政府内部考核时，对于地区生产总值、工业总产值、固定资产投资额、进出口额、外商投资额等经济指标，允许合作方综合考虑权责关系和出资比例，以及能源消费、污染物排放等资源环境因素，进行协商划分，仅作专门用途供内部使用。园区污染物排放等指标应按照属地管理原则由所在地政府有关部门按现行制度和口径进行统计考核。

五、加快统一市场建设

（十三）支持合作方优化行政审批流程，逐步探索行政许可跨区域互认，推进转移企业工商登记协调衔接。

（十四）支持合作方开展质检、通关、市场执法等领域的标准对接和结果互认。

六、支持在各类对口支援、帮扶、协作中开展“飞地经济”合作

（十五）在对口支援（对口帮扶、对口协作）中，支持援受双方发展“飞地经济”，积极发挥市场机制，探索互惠互利的合作模式。鼓励援助方输出成熟的园区管理经验，选派干部到园区任职、挂职。

（十六）在东西部扶贫协作中，支持结对双方共建飞地园区，加强产业合作，引导企业参与，促进产业转移，积极吸纳贫困地区劳动力就业。

（十七）支持通过“飞地经济”模式，探索完善异地开发生态保护补偿机制，在生态受益区共建合作园区，健全保护区与受益区的利益分配机制。

（十八）在推动长江经济带发展战略中，鼓励上海、江苏、浙江到长江中上游地区共建产业园区，共同拓展市场和发展空间。

七、保障措施

（十九）国家发展改革委会同有关部门加强对“飞地经济”发展的指导，帮助协调解决“飞地经济”发展中的重大问题。

（二十）各省（区、市）和新疆生产建设兵团发展改革委（区域合作主管部门）会同有关部门加大对“飞地经济”发展的支持力度，遇到的新情况和新问题要及时报告。

（二十一）相关省（区、市）内部开展的“飞地经济”合作，可参照执行。

附录 2：京津冀协同发展产业转移对接企业税收收入分享办法

经国务院批准，为推动京津冀协同发展，促进资源要素合理流动，实现京津冀地区优势互补、良性互动、共赢发展，我们制定了《京津冀协同发展产业转移对接企业税收收入分享办法》，现印发你们，请遵照执行。

一、分享方案

（一）分享税种。纳入地区间分享范围的税种包括增值税、企业所得税、营业税三税地方分成部分（以下简称“三税”）。

（二）企业范围。由迁出地区政府主导、符合迁入地区产业布局条件且迁出前三年内年均缴纳“三税”大于或等于 2000 万元的企业，纳入分享范围。具体企业名单，由迁入地区、迁出地区省级政府分别统计、共同确认。属于市场行为的自由迁移企业，不纳入分享范围。

（三）分享方式。以迁出地区分享“三税”达到企业迁移前三年缴纳的“三税”总和为上限，达到分享上限后，迁出地区不再分享。具体办法是：

1. 迁出企业完成工商和税务登记变更并达产后三年内缴纳的“三税”，由迁入地区和迁出地区按 50%：50%比例分享。

2. 若三年仍未达到分享上限，分享期限再延长两年，此后迁出地区不再分享，由中央财政一次性给予迁出地区适当补助。

二、保障措施

（一）确认划转数额。企业迁移前三年缴纳“三税”情况（包含缴纳和退库，下同），由迁出地区省级税务部门负责统计并提供省级财政部门，省级财政部门报财政部驻迁出省（市）财政监察专员办事处审核确认。企业迁移后三年（或五年）缴纳“三税”情况，由迁入地区省级税务部门负责统计并提供省级财政部门，省级财政部门报财政部驻迁入省（市）财政监察专员办事处审核确认。

（二）办理资金结算。每年年度终了后，财政部根据三省市财政部门上报的迁移类企业缴纳“三税”情况和财政部驻三省市财政监察专员办事处分别确认的数额，通过当年中央和地方结算，办理上年地区间税收收入划转事宜。

（三）规范迁移行为。各地不得为吸引企业迁入，对辖区内各类区域、企业及其投资者（或管理人员）等制定或实施违反国家法律法规的财税优惠政策，制造政策洼地，损坏国家整体利益。对违反本办法规定的行为，由相关部门进行监督检查，并按规定予以处理处罚。

（四）加强绩效评估。京津冀三省市财政部门应定期进行工作总结和效果评估，密切关注出现的新情况新问题，积极研究解决办法，提出政策建议，完善配套措施，支持京津冀产业对接协作，确保京津冀协同发展工作有序进行。

本办法自印发之日起执行。在本办法印发前，已经达成税收分享协议或已有明确分享办法的，继续按原有分享协议和办法的规定办理。共建产业园区的税收分享，按京津冀三地政府协商意见执行。

附录3：辽宁省人民政府关于支持“飞地经济”发展的实施意见

各市人民政府，省政府各厅委、各直属机构：

为牢固树立和贯彻落实新发展理念，深入实施区域发展总体战略，按照高质量发展要求，进一步优化产业布局，加快发展县域经济，繁荣壮大乡镇经济，加强区域合作，构建区域协调发展新格局，提出如下实施意见。

一、支持方向与原则

（一）本实施意见中“飞地经济”是指打破区划限制，以目前已经批准的位于各市、县（市、区）省级以上各类开发区为主要载体，在园区内划分部分区域，通过创新规划、建设、管理和税收分成等合作机制，把招商引资过程中因功能区位不同、资源环境制约、规划或产业配套限制等原因不宜在本区域（即飞出地）实施的项目到承接区域（即飞入地）落户建设的经济合作模式。

各市可根据实际需要设立“飞地经济”园区，并明确园区名称、四至范围、面积等信息，统一上报并纳入省“飞地经济”政策支持和考评奖励范围，原则上每市“飞地经济”园区数量不超过5个。

（二）支持各市、县（市、区）依托现有园区共建“飞地经济”园区，完善产业链条，做强做大优势产业；支持各地与省外合作共建“飞地经济”园区，承接产业转移，吸引和培育优质总部企业落户；支持各地与境外合作共建“飞地经济”园区，开展国际产能合作，推进我省“一带一路”建设。

（三）“飞地经济”园区项目应符合国家和地方产业政策，鼓励引进战略性新兴产业、先进装备制造业、数字经济等新动能培育项目，严格限制产能过剩行业以及高污染、高耗能、高排放项目。

二、合作与分享机制

（一）跨省“飞地经济”合作原则上双方按5∶5比例进行利益分享，重大项目双方可协商确定分享比例。(责任单位：各市政府)

（二）建立飞入地与飞出地财税分成、利益共享机制，利益分享期为10年。全部税收收入，包括项目建设、土地使用等缴纳的税款由飞入地税务机关负责征管，按属地原则就地缴库。对新上产业项目达产后10年内缴纳的增值税、企业所得税市县分成部分，飞出地与飞入地原则上按5∶5比例分享；对既有企业搬迁项目投产后10年内缴纳的增值税、企业所得税市县分成部分，前5年飞出地与飞入地原则上按6∶4比例分享，后5年按4∶6比例分享。重大项目双方可协商确定分享比例。(责任单位：各市政府，省财政厅)

（三）省财政让利于市。利益分享期内，省财政从各市“飞地经济”项目形成的税收收入、非税收入的50%返还飞出地所在市（省财政返还部分不与其他省级返还政策兼得)。(责任单位：各市政府，省财政厅)

（四）市财政让利于县（市、区)。利益分享期内，市财政从各县（市、区）“飞地经济”项目形成的税收收入、非税收入和政府性基金等收入的50%返还原县（市、区)。(责任单位：各市政府)

（五）县（市、区）财政让利于乡镇。利益分享期内，乡镇招商引资企业入驻乡镇外符合要求的“飞地经济”园区，按照“飞地经济”税收管理，实现的县（市、区）以下财政收入原则上全部留给乡镇。(责任单位：各市政府)

（六）统计指标共享。相关统计指标实行属地化统计，由飞入地政府统计部门负责统计，在利益分享期内全额计入飞入地，同时，按利益分享比例以标注形式计入飞出地，供考核时使用。(责任单位：各市政府)

三、鼓励与支持政策

（一）支持“飞地经济”园区基础设施建设。

1. 从2019年开始，省本级基本建设投资辽西北3亿元专项资金，每年安排不少于50%资金用于辽西北各市“飞地经济”园区“七通一平”、园区所属标准厂房等基础设施建设。(责任单位：锦州、阜新、朝阳市政府，省发展改革委、省财政厅)

2. 安排省本级交通专项投资，用于“飞地经济”园区与路网连接道路等交通基础

设施建设。（责任单位：省交通运输厅）

（二）支持“飞地经济”园区产业发展。

1. 从2019年开始，每年整合3亿元“飞地经济”园区产业发展专项资金（从加快突破辽西北发展10亿元专项资金调剂安排），用于各市“飞地经济”园区招商引资新落地的高端装备制造、新能源、新材料、节能环保等战略性新兴产业，以及高新技术产业、国家级创新平台、园区公共服务平台等项目建设。（责任单位：各市政府，省发展改革委、省财政厅）

2. 争取国家东北振兴新动能培育、创新链整合、老工业基地搬迁改造等各类中央预算内投资及财政资金，用于“飞地经济”园区项目。（责任单位：省发展改革委、省财政厅）

3. 在符合国家政策的前提下，整合涉农资金，用于“飞地经济”园区农产品深加工龙头企业建设特色农产品原料供应基地、农业废弃物资源化利用和农村一、二、三产业融合发展等项目。（责任单位：省农业农村厅）

4. 对落户到“飞地经济”园区从事农业生产的农产品加工企业，购置所需农机具按照国家和省农机购置有关政策执行。（责任单位：省农业农村厅）

（三）整合资源要素，支持“飞地经济”发展。

1. 利用围填海存量，用于“飞地经济”发展用海项目需求。（责任单位：省自然资源厅）

2. 积极争取国家扩大我省土地储备专项债券发行额度，收储“飞地经济”园区低效用地，促进盘活存量土地资源。（责任单位：省财政厅、省自然资源厅）

3. 对“飞地经济”园区项目用地，在当地计划指标不足的情况下，在全省范围内统筹年度计划指标予以保障。（责任单位：省自然资源厅）

（四）提升服务能力，助推“飞地经济”发展。

1. 为“飞地经济”园区用地开展勘测定界、征地补偿安置等前期准备工作开启绿色通道，采取容缺受理方式对申请用地材料进行审查，在最短时间内完成用地审批程序，保障园区用地需求。（责任单位：省自然资源厅）

2. “飞地经济”园区项目环评与规划环评联动管理，简化规划环评中已包含项目的环评文件内容和审批流程，组织审查时限由60日压缩至40日。（责任单位：省生态环境厅）

3. 对在“飞地经济”园区设立博士后科研工作站、省创新实践基地等的企事业单位、研发机构，按规定给予10万~15万元经费资助，对其新招收的博士后研究人员按规定给予每人10万元生活补贴。（责任单位：省人力资源和社会保障厅）

4. 企业迁入“飞地经济”园区，允许保留包括行政区划在内的原企业名称不变。（责任单位：省市场监管局）

四、考评与奖励办法

以市为单位，对“飞地经济”园区建设情况进行考核，考评对象为各市确定的“飞地经济”园区。省财政每年安排不超过5亿元“飞地经济”发展专项资金，采取“以奖代补”形式，对经考核认定“飞地经济”发展成效显著的市给予奖励。（责任单位：省财政厅、省发展改革委）

附件：辽宁省“飞地经济”园区考核奖励办法

辽宁省人民政府

2018年12月29日

附件

辽宁省“飞地经济”园区考核奖励办法

一、考核条件

纳入考核范围的市应具备以下基本条件：

（一）设立“飞地经济”园区，明确园区名称、范围、面积等信息，统一上报并纳入省“飞地经济”政策支持和考评奖励范围。

（二）落实“飞地经济”园区土地指标，基础设施配套齐全。

（三）制定合理的“飞地经济”园区财税利益分配机制。

二、考核办法

考核内容包括各市“飞地经济”园区当年新增税收、单位面积税收额、规模以上工业增加值、新增就业人数4项指标。对园区按上述指标分别排序，各项指标前30名纳入奖励计算范围。

（一）当年新增税收、规模以上工业增加值、新增就业人数（资金分配系数分别为0.25、0.25、0.25），以每个园区当年该项指标占30个园区总和的比重测算得出园区该项指标应得奖金额。

（二）单位面积税收额（资金分配系数为0.25），以每个园区当年该项指标进行排序，对排名前30名的园区打分，第一名得30分，依次递减1分，以每个园区得分占30个园区总分的比重测算得出园区该项指标应得奖金额。

三、奖励办法

（一）根据各市园区按上述4项指标测算应得资金额，汇总得出各市“以奖代补”奖励资金总额。

（二）奖励资金用于支持“飞地经济”园区开展基础设施建设、精准招商引资、推动产业集群发展、促进新旧动能转换等，以及对在园区建设、招商引资工作中作出突出贡献的机构和个人给予奖励。

附录4：山东省淄博市支持市域“飞地经济”发展的若干政策

为进一步促进资源要素合理流动，优化全市产业布局，实现市域“飞地经济”规范有序发展，结合我市实际，制定本政策。

一、健全税收分享机制

1. 资本链接类“飞地”项目。由“转出地”政府或国有企业投资引进，但因产业集聚发展或空间资源要素限制而变更到“转入地”的产业项目，企业投产达效后，主体税收收入（区县级留成部分，下同）优先覆盖“转出地”投入（包括政府直接投资及相关优惠政策支出）；覆盖完“转出地”投入后，20年内，主体税收收入由“转出地”和“转入地”按照6∶4比例分享。20年后主体税收收入全部归“转入地”。[责任单位：市财政局、市税务局，各区县政府（含高新区、经济开发区、文昌湖省级旅游度假区管委会，下同）]

2. 政府主导搬迁类“飞地”项目。因全市产业结构调整或统筹布局等原因由政府主导搬迁的产业项目，企业投产达效后，5年内主体税收收入由“转出地”和“转入地”按照6∶4比例分享。其后主体税收收入按照“核定存量、增量分成”的原则，以搬迁年前一个年度为基期，主体税收收入基数部分划归“转出地”，增量部分由“转出地”和“转入地”按照6∶4比例分享。覆盖完“转出地”投入（包括政府直接投资及相关优惠政策支出）后，主体税收收入全部留归“转入地”。（责任单位：市财政局、市税务局，各区县政府）

3. 洽谈引进类“飞地”项目。经“转出地”前期洽谈引进，因全市统筹布局而变更到“转入地”的招商引资项目，企业投产达效后，前3年主体税收收入由“转出地”和“转入地”按照5∶5比例分配，后2年按照4∶6比例分配；5年后全部留归“转入地”。（责任单位：市财政局、市税务局、市投资促进局、市商务局，各区县政府）

二、完善指标考核运用

4. 资本链接类“飞地”项目和政府主导搬迁类“飞地”项目。原则上，“飞地”项目产生的产值、营业收入、利润等经济指标及固定资产投资指标，在移交前全部计入“转出地”，移交后全部计入“转入地”。同时本着鼓励转移、兼顾公平的原则，对“转出地”“转入地”考核基数做出相应调整。重大考核事项“一事一议”。（责任单位：相关市直部门）

5. 洽谈引进类“飞地”项目。自开工之日起5年内，招商引资任务指标以及固定资产投资、地区生产总值等主要经济指标按照5：5比例分别计入“转出地”和“转入地”。对“转出地”在招商引资绩效考核中给予加分激励，具体办法另行制定。（责任单位：相关统计部门、市投资促进局）

三、加强项目监管保障

6. 强化行政监管。“飞地”项目的安全生产、环保监管、社会稳定、行政执法等责任，原则上按照属地管理原则执行，双方已有约定的除外。（责任单位：各区县政府）

7. 加强服务保障。优化“飞地”项目审批、服务和管理流程，压缩审批时限、提高审批效率。在符合有关规定和条件的前提下，“飞地”项目可优先申报省、市重点项目，优先保障用地需求和能耗、煤炭消费指标。“飞地”项目的能耗及减排指标，原则上参照“转出地”“转入地”主体税收分配比例及年限确定。洽谈引进类“飞地”项目同等享受“转入地”招商引资以及其他各项优惠政策。（责任单位：相关市直部门）

本政策所称“飞地经济”，是指在推进新旧动能转换和“双招双引”过程中，按照协商一致、互利合作的原则，打破行政区划限制，跨区县转移建设项目（即由“转出地”区县转移到“转入地”区县）的经济合作模式。本政策自发布之日起施行，由市发展改革委会同有关部门负责解释。之前有关政策与本政策不一致的以本政策规定为准。涉及功能区调整优化的项目，相关事宜按照关于优化部分功能区管理范围和机构设置促进高质量发展的有关文件要求执行。

附录5：海南省关于在园区实行“飞地经济”政策的实施意见

为落实《海南自由贸易港总体方案》要求，促进全省各园区优化资源配置和项目合理布局，推动产业集聚，加快推进全省“3+1”产业体系发展，积极实施“引进来、走出去”战略，立足自身所需、对方所长，以共建共享、产业高质量发展为导向，实现互利共赢，制定本实施意见。

一、“飞地经济”适用范围

（一）园区方面

“省内飞地”是自贸港重点园区、省级园区和市县级园区作为“转出地”或“转入地”。“省际飞地”是鼓励我省园区“引进来”，支持协调引进先进地区和先进园区优势资源和优势产业合作共建产业园区（200亩以上）。

（二）产业方面

以“3+1”产业体系为引领，符合节能减排、安全生产、环境保护要求和有关法律法规规定，与“转入地”产业规划、产业布局、产业功能定位相符。涉及产业要符合《海南自由贸易港鼓励类产业目录（2020年本）》和《海南省“十四五”时期产业结构调整指导意见》规定，不含各类房地产项目。

（三）项目方面

1. 跨市县合作园区项目（总投资1亿元人民币或外资1000万美元以上）。主要指“转入地”在本地划出一定面积土地（200亩以上），与“转出地”共同投资或由“转出地”单独投资开发建设的合作园区或项目。

2. 跨市县搬迁产业项目（总投资1亿元人民币或外资1000万美元以上）。主要指由“转入地”与“转出地”双方主导推动，税务登记在我省各级税务机关办理，因实际生产经营由“转出地”整体迁移至“转入地”，按照政策规定需进行税收征管关系调整的企业搬迁项目。

3. 跨市县新上产业项目（总投资 5 亿元人民币或外资 5000 万美元以上）。主要指“转入地”与“转出地”双方在招商过程中均做出较大努力的项目，具体认定由双方协商。战略性新兴产业项目可适当降低标准，由“转入地”确定；同时，承担主体须是在“转入地”注册并纳税的独立法人企业，且依法经营、管理规范，具有健全的会计核算和管理体系。

“省内飞地”和“省际飞地”项目认定由“转入地”与“转出地”协商确定，报海南省省级园区发展建设联席会议办公室备案，同时抄送省财政厅、省统计局、省税务局。

二、职责分工、利益分享和投入分担

（一）责任分工

1. “省内飞地”

“转出地”承担项目能耗指标和招商工作，以“要素入股”形式参与飞地园区，“转入地”负责征地及农转用报批、土地供应、环评、安全生产、行政审批、行业监管等属地工作，具体由“转入地”与“转出地”双方根据实际情况协商确定。涉及新增建设用地指标、林地定额指标、耕地占补指标原则上由“转入地”承担，“转入地”无法保障的，可由“转出地”承担或者部分承担，具体由双方协商确定。

2. “省际飞地”

紧盯先进地区和先进园区，用足用活自贸港政策，以双方合作共建等多种方式建设“省际飞地”园区。

（二）利益分享

主要针对“省内飞地”园区构建利益分享和投入分担机制，调动双方积极性，形成合作共赢局面。市县间税收分享由“转入地”和“转出地”协商一致后联合向省财政厅提出申请，省财政厅按程序通过省与市县财政年终结算办理调整事宜。“省际飞地”园区探索以市场化方式，构建合作共赢机制。

1. “省内飞地”

（1）税收由“转入地”负责征缴，具体分享比例可由双方协商确定，报省财政厅、省税务局备案。

（2）相关统计工作执行现行国家统计制度规定，由“转入地”政府统计部门负责统计，具体分享比例由双方协商确定，报省统计局备案。“飞地经济”分享数据仅用于市县（园区）年度考核，各市县（园区）不得对外公开发布和使用，各市县（园区）

的基本统计数据仍按“在地统计”口径进行统计和对外使用。

（3）分享期限由“转入地”与“转出地”双方根据园区基础设施投入、园区项目性质、优惠政策等因素协商确定。

2. “省际飞地”

“飞地经济”项目相关统计工作按照《中华人民共和国统计法》及相关法律法规和现行国家统计制度规定执行。

（三）投入分担

“飞地经济”项目投入由“转入地”与“转出地”双方根据园区基础设施投入、园区项目性质、优惠政策等因素协商确定。

三、支持政策

（一）在园区年度综合考核中，对成效突出的园区或项目予以加分奖励。其中，实质性推动“飞地经济”项目落地的园区综合评价加1分，对形成标志性项目（当年落地，项目建设周期内总投资10亿元人民币或外资1亿美元以上）的园区综合评价加1分，形成1亿元以上税收的园区综合评价加1分，可累计加分。

（二）“飞地经济”项目在符合有关规定和条件的前提下，可优先申报纳入当年度省级重点（重大）项目，优先申报当年度各类产业资金支持。

（三）总投资10亿元人民币或外资1亿美元以上“省际飞地”项目按照《海南省人民政府办公厅关于做好省重点（重大）项目土地要素保障的通知》保障用地需求。

（四）优先在“海澄文定”、“大三亚”、儋州洋浦地区选择基础较好的园区及成熟度较高的项目探索“飞地经济”模式。支持博鳌乐城国际医疗旅游先行区与海口国家高新技术产业开发区、海南生态软件园、琼海市加强联动，形成“前店后厂”格局。支持海口江东新区与琼山区加强联动，依托甲子机场探索飞地经济，打造成为海口江东新区通航及公务机产业新模式。

（五）坚持“项目为王”，“转出地”和“转入地”要以项目合作为突破。省级层面建立“飞地经济”项目库，实行动态调整。

（六）鼓励按照市场化原则和方式开展“飞地经济”合作。鼓励合作方共同设立投融资公司，采取政府和社会资本合作（PPP）、PPP+REITs、PPP与专项债等模式，吸引社会资本参与园区开发、项目开发、产业导入和运营管理等。支持提高园区专业化运营水平，支持通过特许经营、政府购买服务等方式，将园区部分或全部事务委托给第三方运营管理，条件成熟地区可探索园区管理与日常运营相分离。

附录6：浙江省支持省际“创新飞地”建设和发展的指导意见

为深入实施人才强省、创新强省首位战略，加快推进省际“创新飞地”（以下简称“创新飞地”）规范化建设和发展，提升我省创新资源配置和集聚能力，特制定本指导意见。

一、总体要求

（一）指导思想

坚持以习近平新时代中国特色社会主义思想为指导，深入贯彻党的十九大和十九届二中、三中、四中、五中全会以及省委十四届历次全会精神，以数字化改革为引领，突破创新资源区域分布不平衡问题，系统化、规范化推进“创新飞地”建设，集聚高端创新资源，推动跨区域合作共享，打造区域联动实现高质量发展新模式，为加快建设共同富裕示范区和高水平创新型省份提供有力支撑。

（二）基本原则

按照“政府引导、市场运营、按需设置、合理布局”的原则，规范“创新飞地”建设，创新区域合作机制，发挥比较优势，优化资源配置，强化集约利用，促进要素自由有序流动和区域协调发展。

（三）总体目标

省市县联动高质量建设一批“创新飞地”，探索创新资源跨区域联动共享合作机制，实现资源集聚与利用能力、科研攻关与联动能力、人才引育与服务能力、产业培育与协同发展能力的显著提升。

二、功能定位

“创新飞地”是我省各级政府、园区等结合自身需求，打破行政区划界限，到浙江省外创新资源丰富的地区设立的跨区域创新合作平台。主要包括以下功能定位：

（一）企业研发创新中心。着眼特色产业发展和地方龙头企业科技创新需求，结合“飞入地”创新资源优势，单独或联合打造研发设计创新平台，助推企业创新发展。

（二）高端人才服务中心。着眼高端人才需求，以政府和市场相结合的方式，为高端人才提供与“飞出地”或“飞入地”市民同等的落户、子女就学及就医等待遇，助力高端人才集聚。

（三）新兴产业孵化中心。着眼信息技术、生命健康、新材料等战略性新兴产业，综合区域实际情况与长远功能定位，吸引科技型初创企业及科研成果入驻孵化，构建“研发—孵化—产业化”的立体化、链条式发展格局。

（四）产业协同发展中心。着眼产业链创新链安全可控，发挥比较优势，跨域协同建设产业合作园区和创新中心，招引重大项目、重点企业，共同提升区域产业链创新链水平。

三、政策措施

（一）“创新飞地”入驻企业，根据自身发展需要可选择在“飞出地”或“飞入地”注册，或依法在两地分别进行注册。对入驻企业根据股份情况实施分类管理。飞出地企业全资或股权比例在 51%及以上控股的入驻企业为 A 类企业，股权比例在 51%以下参股的入驻企业为 B 类企业。

（二）对“创新飞地”入驻的 A 类企业全职引进的海内外高层次人才，根据聘用合同及社保关系（或实际工资支付关系），可作为“飞出地”企业人才团队成员申报省领军型创新创业团队等人才项目。

（三）对“创新飞地”注册的企业可作为合作单位与我省科研主体联合申报我省科技项目，A 类企业的科研人员，可根据聘用合同及社保关系（或实际工资支付关系），作为联合申报项目负责人。

（四）支持在“创新飞地”注册的企业向注册地科技部门申报科技型中小企业，经评审符合条件的，A 类企业可全额、B 类企业可按参股比例折算，计入“飞出地”政府内部考核指标。

（五）支持“创新飞地”或在其内注册的企业向注册地科技部门申报科技企业孵化器（众创空间），经评审获批的，A 类企业可全额、B 类企业可按参股比例折算计入“飞出地”政府内部考核指标。

（六）在“创新飞地”注册的 A 类企业，符合有关条件的，可在首台套认定、首批次应用示范、首版次申报等方面予以支持。“创新飞地”的企业可作为合作单位与“飞出地”发起企业联合申报产业链上下游企业共同体及有关工业和信息化项目，A 类企业有关人员，可根据聘用合同及社保关系（或实际工资支付关系），作为联合申报项目负责人。

（七）对“创新飞地”中以数字经济为主的产业飞地，经经信部门评价考核，可直接纳入省级数字经济飞地示范平台体系建设，享受相关政策支持。

（八）鼓励各地探索设立跨区域创新一体化发展产业投资和创新引导基金，支持科研主体围绕重点产业领域开展共性技术联合研发、科创成果产业化。

（九）鼓励各级政府职能部门发挥数字化改革优势，按照整体智治要求，将政府公共服务办理延伸至“创新飞地”，保障入驻企业员工在医疗、教育、社保等方面享受市民同等公共服务。入驻企业迁出“创新飞地”后，即行终止相关支持政策。

（十）支持地方政府根据具体合作情况，与“飞入地”建立健全利益分享和补偿机制。

四、组织保障

（一）各“飞出地”承担“创新飞地”管理的主体责任，加强跨区域政策统筹协调。“飞出地”的各级组织、发展改革、经信、科技等部门建立“创新飞地”管理协作机制，研究协调绩效评价等重大问题并提出工作建议。

（二）“创新飞地”根据隶属关系到“飞出地”科技部门进行登记备案，纳入评价体系并享受相关政策。

（三）各地科技部门加强对“创新飞地”的绩效管理，在统一的评价指标体系基础上，可结合各地实际情况，补充完善评价指标体系，委托第三方开展年度绩效评价，并根据评价结果给予适当的激励。

（四）涉及法定国民社会经济统计、税务等事项按国家有关规定执行。

该指导意见由省科技厅会同相关部门负责解释，自 2021 年 12 月 1 日起施行。

附件：1. 浙江省省际“创新飞地”登记备案表

2. 浙江省省际“创新飞地”绩效评价指标体系

附件 1：浙江省省际“创新飞地”登记备案表

<table>
<tr><th colspan="9">一、飞地基本情况</th></tr>
<tr><td colspan="2">飞地名称</td><td colspan="3"></td><td>地　址</td><td colspan="3"></td></tr>
<tr><td colspan="2">建设主体</td><td colspan="3"></td><td>建筑面积</td><td colspan="3"></td></tr>
<tr><td colspan="2" rowspan="2">设立时间</td><td rowspan="2"></td><td colspan="2" rowspan="2">运营主体</td><td rowspan="2"></td><td colspan="2">负责人</td><td></td></tr>
<tr><td colspan="2">联系电话</td><td></td></tr>
<tr><th colspan="9">二、工作绩效情况</th></tr>
<tr><td colspan="2">飞地年收入（万元）</td><td colspan="7"></td></tr>
<tr><td rowspan="2">入驻企业数
（家）</td><td colspan="2" rowspan="2"></td><td colspan="4">A 类公司（家）</td><td colspan="2"></td></tr>
<tr><td colspan="4">B 类公司（家）</td><td colspan="2"></td></tr>
<tr><td rowspan="2">引进落地企业
（家）</td><td rowspan="2"></td><td rowspan="2">落地企业实际到
位资金额（万元）</td><td rowspan="2"></td><td colspan="3">内资（万元）</td><td colspan="2"></td></tr>
<tr><td colspan="3">外资（万元）</td><td colspan="2"></td></tr>
<tr><td colspan="2" rowspan="2">国家人才工程入选专家数
（名）</td><td rowspan="2"></td><td colspan="4">A 类公司雇用数量</td><td colspan="2"></td></tr>
<tr><td colspan="4">B 类公司雇用数量（折算后）</td><td colspan="2"></td></tr>
<tr><td colspan="2" rowspan="2">省级人才工程入选专家数
（名）</td><td rowspan="2"></td><td colspan="4">A 类公司雇用数量</td><td colspan="2"></td></tr>
<tr><td colspan="4">B 类公司雇用数量（折算后）</td><td colspan="2"></td></tr>
<tr><td colspan="2" rowspan="2">吸引副高以上或硕士
以上人才（名）</td><td rowspan="2"></td><td colspan="4">A 类公司雇用数量</td><td colspan="2"></td></tr>
<tr><td colspan="4">B 类公司雇用数量（折算后）</td><td colspan="2"></td></tr>
<tr><td colspan="2">跨区域数字化公共服务平台
及相关管理制度配套情况</td><td colspan="7"></td></tr>
</table>

附件 2：浙江省省际“创新飞地”绩效评价指标体系

指标分类	指标名称	评价标准	分值
资源集聚与利用方面（25 分）	*飞地场地使用率	场地使用率超过 90%，得 10 分；80%~90%，得 8 分；70%~80%，得 6 分；60%~70%，得 5 分；50%~60%，得 4 分；40%~50%，得 3 分；30%~40%，得 2 分；30%以下，不得分。	10
	*研发机构集聚度	入驻研发机构（含企业内设研发中心等）每满 2 家，得 1 分，满分为 10 分。	10
	科技企业集聚度	入驻企业新认定为省级科技型中小企业每满 2 家，得 1 分；新认定为高新技术企业，每认定 1 家，得 2 分；累计不超过 5 分。	5
科研攻关与联动方面（25 分）	*关键共性技术攻关成效	入驻企业单独或联合其他单位攻关解决关键共性技术难题，至少达到国内先进水平并实际应用在飞出地企业，每个成果得 3 分，满分为 12 分。	12
	企业研发获奖情况	入驻企业单独或联合其他单位获得国家科技奖每项得 4 分，获得省部级科技奖每项得 2 分，满分为 7 分。	7
	科研协同联动度	飞地内企业、人才联合我省科研主体新承担 1 个国家级项目，每项得 3 分；新承担 1 个省部级项目，每项得 2 分；新承担 1 个市、县级项目，每项得 0.5 分；累计不超过 6 分。	6
人才引育与服务方面（25 分）	*高端人才引育量	飞地每引进 1 名国家人才工程入选专家，得 3 分；每引进 1 名省级人才工程入选专家，得 2 分；每引进 1 名市级人才工程入选专家，得 1 分；累计不超过 12 分。	12
	研发人才密集度	每千平方米从事研发人员数每满 4 人，得 1 分，满分为 7 分。	7
	跨区域人才公共服务覆盖情况	设有跨区域数字化公共服务平台，且相关管理制度及配套体系较为完善，得 6 分；设有跨区域数字化公共服务平台，但相关管理制度及配套体系不够完善，酌情得 2~4 分；未设有跨区域数字化公共服务平台，不得分。	6
产业培育与协同发展方面（25 分）	*新兴产业孵化成效	入驻企业毕业后，落地浙江每满 2 家，得 1 分，满分为 10 分。	10
	产业协同发展成效	引进落地浙江的项目、企业数量每满 1 家且实际到位资金达 1500 万元，得 1 分；累计不超过 8 分。	8
	获投资机构融资额	每千平方米获得投资机构融资额满 50 万元，得 1 分；累计不超过 7 分。	7

参考文献

［1］李海平．区域协调发展的国家保障义务［J］．中国社会科学，2022，（04）：44-63+205.

［2］韩佳容．中国区域间的制度性贸易成本与贸易福利［J］．经济研究，2021，56（09）：124-140.

［3］金太军．从行政区行政到区域公共管理——政府治理形态嬗变的博弈分析［J］．中国社会科学，2007，（06）：53-65+205.

［4］周子航，张衔春，张旭亮．风险社会理论下珠三角飞地经济发展的机遇与风险研究［J］．世界地理研究，2024，33（05）：123-135.

［5］陈露，刘修岩．产业空间共聚、知识溢出与创新绩效——兼议区域产业多样化集群建设路径［J］．经济研究，2024，59（04）：78-95.

［6］叶文平，李新春，朱沆．地区差距、社会嵌入与异地创业——“过江龙”企业家现象研究［J］．管理世界，2018，34（01）：139-156. DOI：10.19744/j. cnki. 11-1235/f. 2018. 01. 013.

［7］白俊红，蒋伏心．协同创新、空间关联与区域创新绩效［J］．经济研究，2015，50（07）：174-187.

［8］李明，王卫．基于飞地经济视角的区域经济高质量发展机理与路径［J］．经济纵横，2023，（06）：90-98. DOI：10. 16528/j. cnki. 22-1054/f. 202306090.

［9］汤玉刚，张鹤鹤．中国特色对口帮扶及其效应研究：来自珠三角“飞地经济”的证据［J/OL］．财贸经济，1-16［2024-08-13］. https：//doiht-bprolorg-s. libdb. ucass. edu. cn/10. 19795/j. cnki. cn11-1166/f. 20240418. 005.

［10］张勇．长三角飞地经济的特征及优化策略［J］．宏观经济管理，2023，（08）：53-61. DOI：10. 19709/j. cnki. 11-3199/f. 2023. 08. 008.

［11］胡航军，张京祥．创新型反向飞地——飞地经济模式的跨梯度创新

发展［J］. 城市规划，2022，46（09）：30-39.

［12］姚子健．飞地经济合作中的税收利益分配制度构建［J］. 中南大学学报（社会科学版），2023，29（04）：52-62.

［13］张贵．飞地经济的发展逻辑及效能提升［J］. 人民论坛，2021，（26）：68-72.

［14］金飞，孙攀．长江经济带 FDI 与区域协调发展空间交互影响研究［J/OL］. 长江流域资源与环境，1-15［2024-08-15］. https：//knshtbpro-lcnkihtbprolnet - p. libdb. ucass. edu. cn/kcms/detail/42. 1320. X. 20240730. 1150. 002. html.

［15］钟业喜，吴思雨．新质生产力推动区域协调发展的困境、机理与对策［J/OL］. 重庆大学学报（社会科学版），1-15［2024-08-15］. https：//knshtbprolcnkihtbprolnet-p. libdb. ucass. edu. cn/kcms/detail/50. 1023. C. 20240724. 1037. 004. html.

［16］赵扬．以高水平区域协调发展推进中国式现代化［J］. 红旗文稿，2024，（13）：29-32.

［17］唐琼，孙健．新质生产力促进城乡区域协调发展的机理与路径［J］. 湖南社会科学，2024，（03）：31-40.

［18］谢治菊，陈香凝．协同治理视域下东西部劳务协作研究［J］. 广州大学学报（社会科学版），2023，22（02）：5-15.

［19］陈建斌，唐龙辉．新时代我国区域协调发展战略的推进路径［J］. 行政论坛，2024，31（03）：33-41. DOI：10. 16637/j. cnki. 23-1360/d. 2024. 03. 004.

［20］蒋晟，贺灿飞，李志斌．以加快形成新质生产力推动区域协调发展理论逻辑与实现进路［J］. 兰州大学学报（社会科学版），2024，52（02）：5-14. DOI：10. 13885/j. issn. 1000-2804. 2024. 02. 001.

［21］李明．以新时代区域高质量协调发展推进中国式现代化［J］. 人民论坛·学术前沿，2024，（04）：63-71. DOI：10. 16619/j. cnki. rmltxsqy. 2024. 04. 008.

［22］张可云，冯晟，席强敏．东西部协作政策效应评估——基于要素流动的视角［J］. 中国工业经济，2023，（12）：61-79. DOI：10. 19581/j. cnki. ciejournal. 2023. 12. 004.

［23］谢治菊，梁嘉俊．东西部协作中的社会帮扶：类型、逻辑与未来

[J]. 贵州财经大学学报，2023，(04)：82-90.

[24] 万鹏飞，吴雨坤. 东西部扶贫协作：模式的研究与未来的发展——以北京市东西部扶贫协作为例 [J]. 贵州民族研究，2021，42 (03)：87-95. DOI：10.13965/j.cnki.gzmzyj10026959.2021.03.012.

[25] 祝慧，雷明. 东西部扶贫协作场域中的互动合作模式构建——基于粤桂扶贫协作案例的分析 [J]. 苏州大学学报（哲学社会科学版），2020，41 (01)：95-101+192. DOI：10.19563/j.cnki.sdzs.2020.01.012.

[26] 张天悦. 从支援到合作：中国式跨区域协同发展的演进 [J]. 经济学家，2021，(11)：82-90. DOI：10.16158/j.cnki.51-1312/f.2021.11.010.

[27] 谢治菊，陈香凝. 东西部协作项目制：运行逻辑、实践困境与治理路径 [J]. 社会科学研究，2023，(01)：94-103.

[28] 凌经球. 东西部扶贫协作制度创新的思考——基于广东对口帮扶广西的案例分析 [J]. 改革与战略，2015，31 (10)：27-31. DOI：10.16331/j.cnki.issn1002-736x.2015.10.007.

[29] 蔡昉，都阳. 中国地区经济增长的趋同与差异——对西部开发战略的启示 [J]. 经济研究，2000，(10)：30-37+80.

[30] 魏守华，王缉慈，赵雅沁. 产业集群：新型区域经济发展理论 [J]. 经济经纬，2002，(02)：18-21. DOI：10.15931/j.cnki.1006-1096.2002.02.004.

[31] 马茹，罗晖，王宏伟，等. 中国区域经济高质量发展评价指标体系及测度研究 [J]. 中国软科学，2019，(07)：60-67.

[32] 潘文卿. 中国的区域关联与经济增长的空间溢出效应 [J]. 经济研究，2012，47 (01)：54-65.

[33] 李敬，陈澍，万广华，等. 中国区域经济增长的空间关联及其解释——基于网络分析方法 [J]. 经济研究，2014，49 (11)：4-16.

[34] 周成，冯学钢，唐睿. 区域经济—生态环境—旅游产业耦合协调发展分析与预测——以长江经济带沿线各省市为例 [J]. 经济地理，2016，36 (03)：186-193. DOI：10.15957/j.cnki.jjdl.2016.03.025.

[35] 陈建军. 中国现阶段的产业区域转移及其动力机制 [J]. 中国工业经济，2002，(08)：37-44. DOI：10.19581/j.cnki.ciejournal.2002.08.005.

后　记

本书在综合开发研究院（中国·深圳）参与的多个区域合作规划研究课题的基础上，梳理深圳市异地产业园建设情况，最终提出我国区域合作和可持续发展背景下的飞地经济模式探索，历经数次集中讨论修改而成。

在本书的准备和写作过程中，参与编撰工作的各位同人不遗余力，精诚团结。郭毅、陈颖仪、钱成、陈昱江、尹小蒙等多位同事深度参与了飞地园区的规划工作，为本书提供了丰富的素材，他们多次组织参与讨论会，在本书整体框架搭建、主线梳理、核心观点提炼等方面提出了好的建议。

此外，特别感谢深圳市乡村振兴和交流协作局、深圳市国有资产监督管理委员会、深圳市城市规划设计研究院、深圳国家高技术产业创新中心的各位领导给予本书的指导。

在本书完成之际，我要向参与写作的所有人员表达最诚挚的谢意，向你们全身心的投入和所付出的辛苦及汗水致敬。

刘　祥

2024 年 5 月于深圳